E-Book inside

Mit dem Kauf dieses Buchs erhalten Sie das zugehörige E-Book gratis. Sie können dabei aus zwei Dateiformaten wählen: EPUB (gängiges Format für E-Reader und Tablets) und PDF (für PC und Laptop). So kommen Sie an Ihr kostenloses E-Book:

Rufen Sie im Internet diese Website auf:
↗ http://www.junfermann.de/ebook-inside

Geben Sie den unten stehenden Code in das dafür vorgesehene Feld ein und klicken Sie → Code einlösen. Nach Eingabe Ihrer E-Mail-Adresse und Auswahl des E-Book-Formats erhalten Sie sofort einen Download-Link für das gewünschte E-Book an Ihre E-Mail-Adresse.

Bitte beachten Sie, dass der Code für Sie personalisiert wird und nur einmal gültig ist. Die Datei müssen Sie zunächst auf Ihrem Computer speichern, bevor Sie sie auf ein mobiles Endgerät überspielen können.

AF638496

QCZGQWA7

Sonia Lippke & Christiane Smidt

Verbunden statt einsam

Wege zu mehr Resonanz mit sich und anderen

www.junfermann.de

planetpsy.de

blogweise.junfermann.de

www.facebook.com/junfermann

x.com/junfermann

www.youtube.com/user/junfermann

www.instagram.com/junfermannverlag

SONIA LIPPKE & CHRISTIANE SMIDT

VERBUNDEN STATT EINSAM

WEGE ZU MEHR RESONANZ MIT SICH UND ANDEREN

Junfermann Verlag
Paderborn
2024

Copyright © Junfermann Verlag, Paderborn 2024

Coverfoto © WoodenheadWorld (https://www.istockphoto.com)

Abbildungen 1.6, 2.1, 2.2, 11.1, 12.1 sowie auf S. 96 u. 114 © Greta Bischoff

Covergestaltung / Reihenentwurf JUNFERMANN Druck & Service GmbH & Co. KG, Paderborn

Satz & Layout JUNFERMANN Druck & Service GmbH & Co. KG, Paderborn

Bibliografische Information der Deutschen Nationalbibliothek

Die Deutsche Nationalbibliothek verzeichnet diese Publikation in der Deutschen Nationalbibliografie; detaillierte bibliografische Daten sind im Internet über http://dnb.d-nb.de abrufbar.

ISBN 978-3-7495-0474-9

Dieses Buch erscheint parallel als E-Book.

ISBN 978-3-7495-0555-5 (EPUB), 978-3-7495-0556-2 (PDF).

MIX
Papier | Fördert gute Waldnutzung
FSC® C013205

Inhalt

Zu diesem Buch erhalten Sie Arbeitsblätter, die Ihnen die Auseinandersetzung mit dem Thema Einsamkeit erleichtern und Sie zum konkreten Handeln inspirieren sollen. Immer wenn ⬇ auftaucht, können Sie sich das Material herunterladen. Gehen Sie dazu unter ↗ http://www.junferman.de auf die Produktseite zum Buch und scrollen Sie etwas nach unten zur Mediathek. Dort finden Sie die Zusatzmaterialien.

Einleitung

Verbundenheit und Resonanz mit anderen sind seit Menschengedanken existenzielle Grundbedürfnisse. Werden sie nicht erfüllt, fühlen wir uns unwohl, isoliert und allein. Alleinsein ist nicht in jedem Fall eine Belastung: Eine gewisse Zeit allein zu Hause, in einer abgelegenen Berghütte oder an einem schönen See zu verbringen, kann zur Erholung beitragen, seelische Entlastung und mehr Resonanz mit uns selbst ermöglichen. Dies sind wichtige Voraussetzungen dafür, sich auch mit anderen verbunden zu fühlen. Doch wann erwächst aus dem Alleinsein Einsamkeit – und damit das Gegenteil von Verbundenheit?

Einsamkeit ist ein Zustand, der im Widerspruch zu unseren eigenen Bedürfnissen und Wünschen steht. Er wird als Mangel empfunden. Einsamkeit und das Gefühl von Mangel, ein Verlust oder der Wunsch nach Änderung kann jeden und jede von uns (be-)treffen. Mit diesem Buch richten wir uns insbesondere an die Menschen, die unter Einsamkeit leiden und Ansätze zur Selbsthilfe suchen. Wir wollen aber auch diejenigen ansprechen, die von Menschen in ihrer Umgebung wissen, die unter Einsamkeit leiden, und die ein Gespür für die möglichen Gründe bekommen und die Betroffenen unterstützen möchten. Denn: Einsamkeit ist keine Krankheit, aber sie kann einschränken oder sogar krank machen. Es gibt kein Medikament, das direkt gegen Einsamkeit wirkt.

Erinnern Sie sich an die extremen Einschränkungen während der Coronapandemie? Durch die notwendigen Maßnahmen zur Eindämmung des Virus, die primär aus Kontaktbeschränkungen und freiwilliger Isolation bestanden, erfuhr ein Großteil der Menschheit, was es heißt, nicht nur allein, sondern auch einsam zu sein. Denn das Gefühl, mit anderen Menschen gut verbunden zu sein, wurde empfindlich getroffen. Nachdem die Impfkampagnen langsam Fahrt aufgenommen hatten und wir uns unter Auflagen wieder begegnen konnten, war es wie ein kollektives Aufatmen. Die meisten Menschen hatten ein verändertes Bewusstsein für den Wert ihrer sozialen Kontakte. Familie, Freunde, Gemeinschaft – vieles wurde intensiver wahrgenommen. Für viele Menschen war es wie die Wahrnehmung der Natur nach einem reinigenden Regen. Alles war auf einmal klarer und schärfer, und bisher Selbstverständliches wurde wie eine neue Errungenschaft gefeiert.

Diese Dimension der Einsamkeit unter Pandemiebedingungen war neu. Lockdown und Co. haben das Phänomen Einsamkeit für viele Menschen „fühlbarer“ gemacht. Als leidvolles Symptom kursierte es bereits lange vor Corona in unserer Gesellschaft. Die paradox anmutende Tatsache lautet nämlich: Wenn Sie, liebe Leserin und lieber

Leser, zu diesem Buch gegriffen haben, weil Einsamkeit in Ihrem Leben eine Rolle spielt, dann sind Sie damit *nicht allein.*

Gemäß bevölkerungsrepräsentativen Umfragen in Deutschland gaben im Jahr 2019 ungefähr 18 Prozent der Befragten und im Jahr 2020 ca. 39 Prozent an, an einem oder mehr Tagen pro Woche einsam zu sein.[1] Im Jahr 2024 fühlten sich laut einer Umfrage ca. ein Drittel der befragten Erwachsenen in Deutschland mehrfach pro Woche oder täglich einsam (vgl. auch Abb. 1.1).[2]

Dabei darf Einsamkeit nicht mit selbst gewähltem Alleinsein oder sozialer Isolation verwechselt werden. Unter „den Einsamen“ finden sich neben Menschen, die sich (nach einer persönlichen Krise oder einer längeren Krankheit) ausgeschlossen fühlen, auch Personen, die sozial gut eingebunden sind, aber dennoch darunter leiden, sich mit niemandem wirklich in Resonanz zu fühlen. Die Gründe dafür können unterschiedlich sein und mithilfe dieses Buchs werden sie sichtbarer und damit bearbeitbar.

Mit diesem Ratgeber haben wir Ihnen eine „Schatzkiste“ aus Informationen und Informationsquellen, Anleitungen, Tipps und Empfehlungen zum Thema Einsamkeit und Resonanz zusammengestellt. Wir bieten Ihnen Antworten auf eine Vielzahl von Fragen, die sich einsame Menschen unserer Erfahrung nach oft stellen. Unsere Ausführungen können Sie bei der Bewältigung von Problemen und Schwierigkeiten im Zusammenhang mit Einsamkeit unterstützen. Auch wollen wir Ihnen helfen, Ihre persönlichen Ziele zu erreichen und das Erreichte langfristig aufrechtzuerhalten.

Ein Ratgeber verfolgt klassischerweise das Ziel, praktische Informationen und Handlungsoptionen bereitzustellen, um die Lesenden zu befähigen, ihre individuellen Herausforderungen zu bewältigen. Zudem wollen wir dazu beitragen, Ihr Wissen und Ihr Verständnis zu dem Themenkomplex Einsamkeit zu erweitern. Wir freuen uns, wenn Sie verstehen, warum und wieso bestimmte Tipps gegeben werden und welche Ermutigungen hilfreich sein können bzw. wieso bestimmte Ratschläge, die andernorts erteilt werden, evtl. nicht zum Erfolg führen. All das erfolgt aufbauend auf Erkenntnissen aus der Beratungspraxis und der wissenschaftlichen Forschung.

Unser Ziel ist es, dass Sie nach der Lektüre dieses Ratgebers und der Umsetzung der für Sie passenden Handlungsimpulse zufriedener sind, weil Sie folgendes für sich erreicht haben:

- Sie haben für sich wertvolle soziale Kontakte und Beziehungen gefunden, sodass Sie sich *nicht einsam* fühlen. Einsamkeit wird hier als emotionaler (= gefühlter) Zustand verstanden, der entstehen kann, wenn Sie das Gefühl haben, mit anderen nicht (ausreichend) in Verbindung zu stehen oder von anderen nicht (so, wie Sie es sich wünschen) verstanden zu werden.

- Sie können besser einschätzen, ob Ihre Wünsche bzgl. Kontakten und Beziehungen wirklich „Ihre eigenen“ sind oder durch ein vermeintliches Ideal – suggeriert beispielsweise in den Medien oder durch soziale und kulturelle Normen – geformt wurden und damit gar nicht zu Ihnen passen.
- Sie sind in der Lage, zu differenzieren, ob Sie wirklich neue Kontakte knüpfen und mehr Beziehungen aufbauen sollten, oder ob die Beziehungsqualität mit einigen Mitmenschen vielleicht auch durch die Reflexion Ihrer eigenen Verhaltensweisen verbessert werden kann.
- Sie fühlen sich als Teil einer Gruppe und dieses Wirgefühl haben Sie fest verinnerlicht. Das Gefühl dieser sog. *sozialen Identität* ist größer als das Gefühl für sich selbst und dafür, wie wir uns selbst als „ich“ wahrnehmen. Entstehen kann die soziale Identität aufgrund von Gemeinsamkeiten wie Sport, kulturellen Aktivitäten, Religion oder anderen gemeinsamen Merkmalen.
- Sie kennen mindestens eine Person, von der Sie Unterstützung, Hilfe und Verständnis bekommen und der Sie ebenfalls gerne zur Seite stehen. Diese *soziale Unterstützung* ist gegeben, wenn Sie wissen, auf wen Sie sich verlassen können, wenn es Ihnen mal schlecht geht oder Sie Hilfe brauchen, und wem Sie diese Unterstützung auch zurückgeben mögen.
- Sie haben ein *soziales Netzwerk* bzw. sind in eines eingebunden. Ein soziales Netzwerk umfasst die Gesamtheit der Beziehungen und Verknüpfungen, die Sie zu anderen Menschen haben. Dies können Freunde und Freundinnen, Familie, Kollegen und Kolleginnen sowie andere Kontakte umfassen, die Einfluss auf Ihr Leben haben oder mit Ihnen bestimmte Eigenschaften teilen.
- Sie gehen in *Resonanz* mit anderen Menschen. Der Begriff „Resonanz“ leitet sich ab vom lateinischen *resonare* und bedeutet „widerhallen“. In der Psychologie meint Resonanz das Mitansprechen von Gefühlen und den „Widerhall, den Gefühle oder Gedanken in einem anderen Menschen finden“[3]. Das bedeutet, dass wir mit anderen in Interaktion treten und mit ihnen „erfüllend“ kommunizieren. Wir hören zu und sind „da“, d. h., wir sind nicht abgelenkt durch andere Einflüsse. Wenn wir anderen Menschen zuhören, diese beobachten und wahrnehmen, dann ist dies auch immer ein Streben nach einem Verstehen von uns selbst. Resonanz ist ein dynamischer Prozess mit anderen Menschen – aber es geht auch um das subjektive Erleben von uns selbst mit anderen, um in Verbindung zu treten und gut verbunden zu bleiben.

Nun aber zurück zu ganz grundlegenden Fragen: Was ist überhaupt Einsamkeit? Wie und warum entsteht sie? Warum bzw. wann ist Einsamkeit unangenehm? Was ist der Nutzen von Einsamkeit und was sind die negativen Seiten, die die Einsamkeit mit sich bringen kann? Wie kann (mehr) gute Verbundenheit entstehen und gepflegt werden? Um diese Fragen wird es im Folgenden gehen und sie sollen auf

Basis der aktuellen Evidenz (Wissen aus wissenschaftlichen Studien) und bewährten Erfahrungen aus der Praxis bestmöglich beantwortet werden. Die Perspektive der angewandten Forschung und des Wissenschaftstransfers (d. h. Menschen in der Praxis motivieren und befähigen, wissenschaftlich fundiert zu agieren) wird zusammengebracht mit der aus der Praxis des Coachings, der Betriebsführung und der Persönlichkeitsentwicklung. Angereichert durch persönliche Erkenntnisse zeigen wir Ihnen damit nicht nur die Problemfelder auf, sondern bieten auch verschiedene Lösungswege an – Wege, Ansätze und Hilfen für Betroffene und die ihnen nahestehenden Menschen. Diese Unterstützung können und müssen individuell ausgewählt und angepasst werden, denn es gibt keine Patentlösung.

Eine Welt, die von existenziell bedrohlichen Krisen gebeutelt wird (Fehl- und Desinformation, gesellschaftliche Spaltung, Cyberunsicherheit, bewaffnete Konflikte und Kriege, extreme Wetterereignisse und Umweltverschmutzung, demografischer Wandel, soziale Unsicherheit), verstärkt auch das Gefühl von persönlichen Krisen und damit bei einigen Menschen die Einsamkeit. In der psychotherapeutischen und Coaching-Praxis erleben wir Menschen, die das Weltgeschehen als bedrohlich empfinden und aus der Überforderung heraus in den ungewollten sozialen Rückzug gehen. Die Flut an Negativnachrichten verlangt zwar, dass wir uns Phasen des Rückzugs gönnen, um den Herausforderungen des Alltags langfristig standhalten zu können. Wenn dabei aber Austausch und Gemeinschaft mit anderen Menschen zu kurz kommen, wird das Leben ebenfalls beschwerlich(er). Das zu verstehen, ist ein wichtiger Schritt auf einem längeren Weg zurück zu dem Gefühl,

- in ein soziales Netzwerk eingebunden zu sein,
- enge und vertrauensvolle Beziehungen zu haben, die guttun, und
- sich als Teil der Gesellschaft zu fühlen.

Einsamkeit hat viele Gesichter und wir möchten Ihre Wahrnehmung für diese „Vielgesichtigkeit" schärfen, also dafür, wie unterschiedlich Einsamkeit zum Ausdruck kommen kann. Wenn Sie das Ihnen bekannte Gesicht „Ihrer" Einsamkeit in unseren Beschreibungen wiederfinden, können Sie noch besser verstehen, was dahintersteckt, und einen guten, (selbst-)empathischen Umgang mit Ihrer Einsamkeit bzw. sich selbst entwickeln. Wir möchten gemeinsam mit Ihnen herausfinden, wohin es für Sie gehen soll, möchten Ideen für Veränderung anbieten und Sie darin unterstützen, motiviert und freudvoll „dranzubleiben", um den Zustand des ungewollten, belastenden und leidvollen Alleinseins bzw. Ausgeschlossenheitserlebens zu beenden bzw. zumindest zu reduzieren. Dieses Werk zielt auf eine bewusste Erweiterung des eigenen Horizonts ab – vor dem Hintergrund, dass Menschen, die in Einsamkeit leben, ein Vertrauen in sich selbst und auch andere Menschen brauchen, um aus diesem Zustand herauszukommen und kleinschrittig zu lernen, einen für sie passenden Weg zu mehr Verbundenheit und Resonanz zu finden. Das Gefühl der Bindungssicherheit ist dabei wichtig, denn der Glaube daran, dass wir anderen vertrauen können, und die Erwartung, dass sie verfügbar und ansprechbar sind, wenn wir sie brauchen, bedingt, wie wir Zeiten des Alleinseins und die Interaktion mit Mitmenschen wahrnehmen und gestalten: Bindungssicherheit kann die Grundlage dafür bieten, das zwischenzeitliche Gefühl der Einsamkeit positiv zu erleben und die Fähigkeit zu entwickeln, gut allein zu sein – weil wir uns sicher sind, dass es Menschen gibt, die grundsätzlich für uns da sind und auf die wir uns verlassen können. Im Gegensatz dazu erleben Menschen, die eher durch Bindungsunsicherheiten geprägt sind, Alleinsein, Abschied und Nicht-Zugehörigkeit als unangenehm, bedrohlich und möglicherweise sogar schmerzhaft. Diese Prägung kann durch zurückliegende Erfahrungen bedingt sein, die schwierig zu ändern sind. Aber das Verständnis, warum wir unterschiedliche Bedürfnisse und Wahrnehmungen haben, kann helfen, sich und andere anzunehmen und kleine Schritte der Veränderung zu gehen.[4] Natürlich mag niemand ausgeschlossen sein, niemand sucht das Gefühl, nicht dazuzugehören, nicht gemocht zu werden oder nicht die gleichen Chancen zu haben wie „die anderen". Aber wie wir damit umgehen, kann bedeutsam dafür sein, wie wir auf andere wirken und ob bzw. wie wir (wieder) Teil der Gruppe werden, zu der wir gehören möchten.

Insbesondere wenn Einsamkeit die Folge einer Erkrankung darstellt oder als Begleiterscheinung von belastenden Lebensereignissen auftritt, werden Impulse aus dem Außen benötigt, um Veränderung zu bewirken. Begeben Sie sich mit diesem Buch auf eine „gedankliche und gefühlte Reise". Reisen weckt Neugierde und motiviert uns, neue Wege auszuprobieren, neue Perspektiven einzunehmen. Wir kommen mit anderen Menschen zusammen und erfahren, dass es gar nicht immer auf die gemeinsame Sprache ankommt, um verstanden zu werden. Wichtiger ist das Gefühl, gut mit anderen verbunden und wertgeschätzt zu *sein*, etwas *miteinander teilen* zu können und *zusammen Glücksgefühle* zu erleben.

Wenn Sie dieses Buch in die Hand nehmen und zu Ihrer Reise aufbrechen, nehmen Sie Ihre Gefühle, Gedanken und Sorgen also mit. Lassen Sie das Gelesene nicht nur theoretisch oder rational auf sich wirken, sondern kommen Sie ins Fühlen. Bevor Sie in Resonanz mit anderen gehen können, ist es wichtig, zunächst (mehr) in Resonanz mit sich selbst zu sein bzw. zu kommen.

Wir machen auf dieser (Lese-)Reise Halt an verschiedenen Stationen, die lauten:
- Selbstreflexion
- Impulse
- Erste Ideen für den Umgang mit Einsamkeit
- Weg zu anderen Gefühlen und Gedanken

Selbstreflexion kann dazu beitragen, negative Gefühle wie Einsamkeit besser zu verstehen: Welche Faktoren oder Lebensumstände bedingen Einsamkeit und soziale Eingebundenheit? So können zum Beispiel nicht zielführende Gedanken und ungesunde Selbstgespräche durch Reflexion deutlich gemacht und gestoppt werden. Reflexionen ermöglichen es uns, mit mehr Selbstmitgefühl und Kreativität auf Lösungssuche zu gehen.

Damit Sie gut in die Reflexion eintauchen können, empfehlen wir Ihnen für die Bearbeitung der vielen Fragen, die wir Ihnen im Verlauf des Buches stellen werden, Folgendes: Zusätzlich zu den vorgegebenen Schreibräumen hier im Buch nehmen Sie bitte ein leeres Heft oder eine Kladde dazu, um sich darin weiterführende Notizen machen zu können. Auf diese Weise legen Sie sich Ihre „persönliche Schatzkiste" zum Thema „Wege aus der Einsamkeit und zu mehr Resonanz" an.

Einsamkeit kann auch durch individuelle Faktoren verstärkt werden, wie zum Beispiel durch soziale Bedürfnisse und Autonomiestreben, wahrgenommene Diskrepanz zwischen benötigten und realen sozialen Beziehungen, Selbstwirksamkeitserwartung bzw. gelernte Hilflosigkeit. Durch die im Folgenden immer wieder an Sie gerichteten Reflexionsfragen können diese möglichen Barrieren identifiziert und Strategien entwickelt werden, um sie zu überwinden.

Wir (die Autorinnen) wissen nicht, was genau Sie derzeit bewegt. Wir kennen Ihren persönlichen Hintergrund nicht. Aber das ist auch nicht erforderlich, um hilfreiche **Impulse** für Veränderung zu geben. Unsere Impulse erfolgen in Form von sogenannten Tools, also Werkzeugen: Fragen, Techniken und Methoden aus dem Coaching, die sich bewährt haben und die in der Forschung als wirksam nachgewiesen wurden. Dazu zählen auch Hilfestellungen, um Ihr vielleicht noch recht diffuses Gefühl der Einsamkeit oder Unzufriedenheit klarer einordnen zu können, wünschenswerte Ziele zu definieren und diese Ziele in kleinere Zwischenziele zu unterteilen, damit sie besser umgesetzt werden können.

Am Ende der Kapitel erfolgt jeweils ein Fazit: Was folgt aus dem von uns Erläuterten, aus den Impulsen und Anstößen zur Selbstreflexion? Inspirationen verhelfen Ihnen zu **ersten Ideen für den Umgang mit „Ihrer" Einsamkeit**, die peu à peu immer konkreter werden. Damit wollen wir Ihnen auch mögliche **Wege zu anderen Gefühlen und Gedanken** aufzeigen. Die Hoffnung und die Zuversicht ist der erste Schritt, dem dann viele weitere Schritte folgen. Machen wir uns also auf die gemeinsame Reise.

Viel Freude auf Ihrer persönlichen Expedition zu mehr Resonanz und guter Verbundenheit wünschen Ihnen

Christiane Smidt und Sonia Lippke

Anmerkung der Autorinnen

Wir vereinen in diesem Buch zwei Bereiche zum Thema Einsamkeit: die Erkenntnisse der Forschung in den Bereichen Psychologie, Gesundheitsförderung und Prävention, vertreten durch Professorin Sonia Lippke, und die Erfahrungen aus der Arbeit mit Menschen in Coaching- und Therapiezusammenhängen, vertreten durch Christiane Smidt. Dafür stützen wir uns auch auf wissenschaftliche Erkenntnisse und Publikationen, die unsere Kollegen und Kolleginnen und wir bereits veröffentlicht haben. Die Quellen sind größtenteils im Literaturverzeichnis aufgeführt, sodass interessierte Leser und Leserinnen auch die Originaltexte aufsuchen können.

Begriffe wie „Leser", „Partner", „Freund", „Patient", „Kunde", „Teilnehmer" etc. verwenden wir häufig nur in der maskulinen Form. Wir meinen jedoch immer alle Genera, es sei denn, es ist anders vermerkt.

Teil I

Das Gefühl der Einsamkeit

In den folgenden Kapiteln werden Sie erfahren, was Einsamkeit genau ist, wie wir feststellen können, ob Menschen einsam sind, wie verbreitet Einsamkeit ist und welche Bedeutung Einsamkeit für uns in der Gesellschaft hat. Dazu schauen wir uns verschiedene Daten an und gehen der Frage nach, ob wir es tatsächlich – wie in den Medien oft suggeriert – mit einer Einsamkeitsepidemie zu tun haben.

Wir betrachten Zusammenhänge mit Gesundheit und Wohlbefinden, um besser zu verstehen, ob und wann Einsamkeit zu einem Gesundheitsproblem wird – oder ob gewisse gesundheitliche Einschränkungen einsam machen.

Weitere Aspekte, die mit dem Gefühl des Ausgeschlossenseins und dem Risiko, missverstanden zu werden, zusammenhängen, werden wir beleuchten und genauer unter die Lupe nehmen: Alter, Freundschaft und Beziehung bzw. Singledasein, Wohnsituation, Kinder, Migrationsgeschichte, Lebensstil und digitale Kommunikation. Dabei stellen wir Ihnen immer wieder konkrete Fragen, die Sie zur aktiven Auseinandersetzung mit dem Thema anregen können. Im dann folgenden Teil wollen wir diese Fragen nutzen, um mit Ihnen in den Austausch zu kommen – denn Austausch mit sich und anderen Menschen ist ein zentraler Schritt, um Einsamkeit zu überwinden. So werden Sie auch besser verstehen können, was bei Ihnen wirklich „los" ist, was nur Einsamkeitsmythen sind und wo und wie Veränderungen möglich sind.

1. Einsam oder nicht einsam – das ist hier die Frage

Wir Menschen sind soziale Wesen und nehmen uns in der Gemeinschaft wahr. Das Gefühl, dazuzugehören, gut im Austausch zu sein, verstanden zu werden und solche Beziehungen zu haben, die wir uns wünschen, ist für uns zentral. Wer etwas vermisst, ist unzufrieden und kann sich einsam fühlen. Menschen leiden unter dieser Einsamkeit. Manche Menschen sind sich dessen nicht bewusst oder geben dies nicht zu. Sie sind vielleicht sozial gut vernetzt und es scheint so, als wären sie ausreichend verbunden, aber in Wirklichkeit fehlen ihnen andere Menschen, denen sie sich wirklich nahe fühlen. Das Verschweigen der Einsamkeit hängt u. a. auch mit dem gesellschaftlichen Umgang mit diesem Gefühl zusammen. Da sind Scham, Minderwertigkeitsgefühle und Misserfolgserleben nicht weit.

Wenn Sie dieses Buch im Hinblick auf Ihre eigene Lebenssituation lesen, haben Sie bereits einen großen Schritt getan: Sie sind der Einsamkeit als mögliche Ursache für Ihr Unglücklichsein oder Ihre Unzufriedenheit auf die Schliche gekommen und gestehen sich diese ehrlich ein. Das ist eine wichtige Voraussetzung für Veränderung. Die gute Nachricht lautet: Grundsätzlich können wir selbst Einfluss darauf nehmen, in welchem Maß wir uns einsam fühlen oder auch nicht.

Um es gleich vorwegzunehmen: Einsamkeit ist nichts Objektives oder physiologisch Messbares. Ob Menschen sich einsam fühlen, lässt sich nur dann sicher feststellen, wenn sie ehrlich Auskunft über ihre Gefühle geben können. Menschen von außen zu beobachten, lässt lediglich die Annahme zu, dass diese sich einsam fühlen *könnten.* Dahinter steht aber primär die Erfahrungswelt des Beobachtenden, die ihn bzw. sie zu dieser Annahme veranlasst. Die gefühlte Wirklichkeit des Beobachteten kann ganz anders sein.

Glauben wir den Schlagzeilen, dann scheint es so, als würde Deutschland von einer wahren „Einsamkeitsepidemie“ heimgesucht.[5] Für Sie haben wir uns das mal genauer angesehen. Dazu haben wir die aktuelle Lage und die Entwicklung der letzten Jahre analysiert.

1.1 Befindet sich Deutschland in einer Einsamkeitsepidemie?

Um diese Frage zu beantworten, wollten wir die Menschen in Deutschland selbst zu Wort kommen lassen und haben deswegen gefragt: „Wie oft fühlen Sie sich einsam?" Es konnte geantwortet werden: „täglich", „mehrfach pro Woche", „einmal die Woche" oder „selten / nie". Die folgenden Daten wurden zum Teil bereits veröffentlicht[6], zum Teil sind sie aber auch so aktuell, dass sie hier zum ersten Mal und exklusiv für Sie aufbereitet wurden.[i] Im Jahr 2023 gaben 5 Prozent an, sich „täglich" einsam zu fühlen, von „mehrfach pro Woche" berichteten 15 Prozent und mit „einmal die Woche" antworteten 16 Prozent. Die weiteren 63 Prozent machten die Aussage, sich „selten oder nie" einsam zu fühlen. Wie sich das Einsamkeitsempfinden in Deutschland im Vergleich zu vorherigen Jahren darstellt, zeigt Abbildung 1.1:

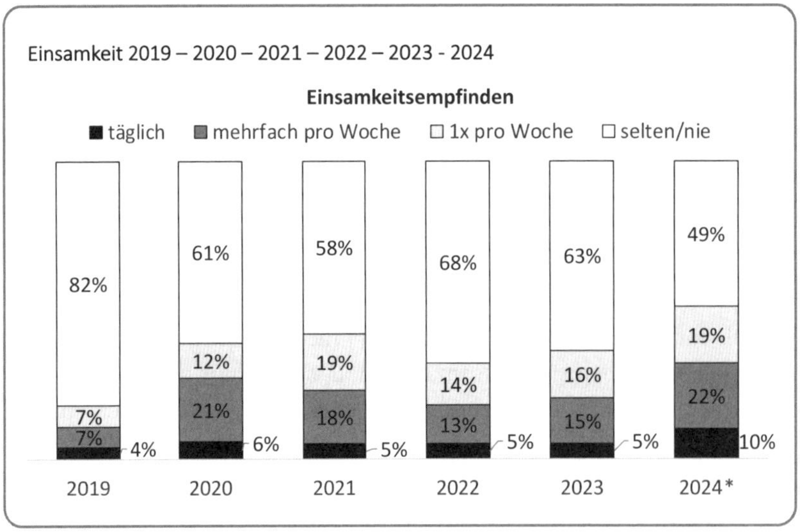

Abbildung 1.1: Anteil an befragten Menschen, die sich einsam fühlten im Lauf der letzten fünf Jahre

i Es wurden im September 2023 insgesamt 1109 bevölkerungsrepräsentative Personen in Deutschland befragt. 50 % waren weiblich, etwas weniger als 50 % männlich und weniger als 1 % bezeichneten sich als divers. Die Befragten waren mindestens 18 Jahre alt: 18–29 Jahre waren 18 %; 30–39 Jahre waren 17 %; 40–49 Jahre waren 16 %; 50–59 Jahre waren 21 %; 60+ Jahre waren 28 %. Jedes Bundesland wurde durch eine gewisse Anzahl an Befragungsteilnehmenden repräsentiert. Baden-Württemberg: 12 % / Bayern: 14 % / Berlin: 5 % / Brandenburg: 3 % / Bremen: 1 % / Hamburg: 3 % / Hessen: 7% / Mecklenburg-Vorpommern: 1 % / Niedersachsen: 10 % / Nordrhein-Westfalen: 23 % / Rheinland-Pfalz: 5 % / Saarland: 1 % / Sachsen: 5 % / Sachsen-Anhalt: 3 % / Schleswig-Holstein: 9 % / Thüringen: 3 %. Anmerkung: Im Vergleich zu den Vorjahren basieren die Daten aus dem Jahr 2024 auf einem sogenannten Convenience Sample, einer Gelegenheitsstichprobe, die mit 105 Personen nicht bevölkerungsrepresentativ ist und nur einen Trend wiedergibt.

Vor Corona, im Jahr 2019, waren 18 Prozent der Befragten täglich, mehrfach pro Woche oder einmal pro Woche einsam (schwarzer, dunkelgrauer oder hellgrauer Balken in Abb. 1.1). Dieser Anteil nahm mit der Coronapandemie stark zu, er wuchs auf 39 Prozent (2020). Im Jahr 2021 war der Anteil von Menschen, die sich einmal pro Woche oder häufiger einsam fühlten, am größten (42 %). Aber auch wenn diese Zahlen sich wieder zum Positiven entwickelt haben, indem dieser Anteil im Jahr 2022 auf 32 Prozent und im Jahr 2023 auf 36 Prozent abnahm, konnte das Niveau aus der Zeit vor der Pandemie (2019 und davor) bisher nicht wieder erreicht werden.

Die erlebten persönlichen Krisen und die Kontaktbeschränkungen scheinen also einen langfristigen Effekt gehabt zu haben: Alles deutet darauf hin, dass die Maßnahmen zur Einschränkung der Pandemie nicht nur kurzfristige, sondern bei einigen Menschen auch langfristige Folgen für die empfundene Einsamkeit haben. Auch wenn die Einsamkeitswirkung der Pandemie und der pandemieeinschränkenden Maßnahmen abzunehmen scheinen, fühlen sich nach der Pandemie immer noch mehr Menschen einsamer als vor der Pandemie.

Um genauer zu verstehen, wer sich einsam fühlt, können verschiedene Altersgruppen genauer betrachtet werden (Abb. 1.2). Was dabei auffällt: Die Mitglieder der ältesten Gruppe (60+ Jahre) scheinen sich gut verbunden, also durchschnittlich nicht einsam zu fühlen. Dagegen ist die jüngste Gruppe (18–29 Jahre) nicht so eindeutig optimistisch, d. h., das Einsamkeitsempfinden der Jüngeren scheint stärker ausgeprägt als in den anderen Altersgruppen.

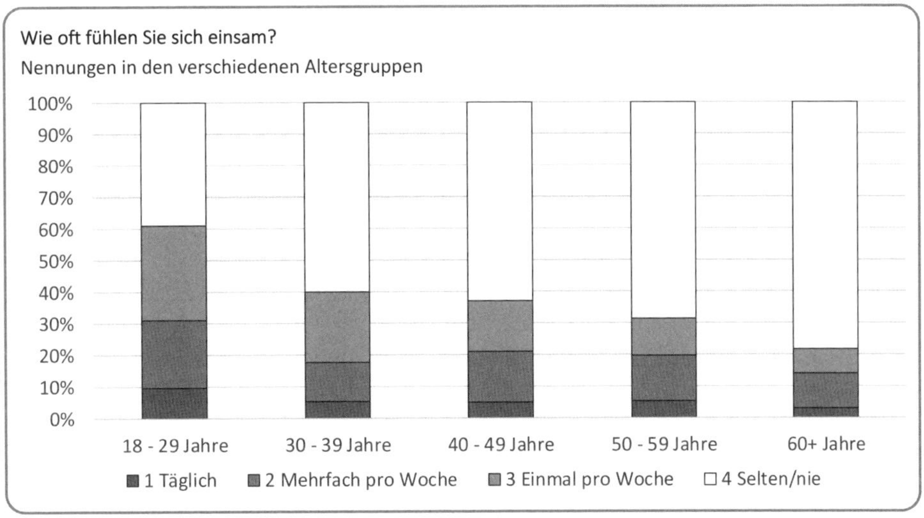

Abbildung 1.2: Berichtete Einsamkeitshäufigkeit in den verschiedenen Altersgruppen (2023)

Abgesehen vom Zusammenhang mit der Coronapandemie zeigt sich mit Blick auf die Gesamtbevölkerung *keine generelle Zunahme der Einsamkeit* über die letzten Jahrzehnte, und dies ist auch in vielen anderen Studien so festgestellt worden.[7] Um dies genauer zu betrachten, wollten wir des Weiteren von den Befragten wissen: „Fühlen Sie sich jetzt einsamer als vor der Coronapandemie?“ Der Antwort „Nein, überhaupt nicht“ stimmten 58 Prozent zu, „Eher nicht“ antworteten 25 Prozent, „Eher ja“ berichteten 13 Prozent und „Ja, vollkommen“ meinten 4 Prozent. Es scheint positiv, dass die meisten Menschen sich nicht einsamer fühlen als vor der Coronapandemie. Nicht vergessen sollten wir aber die 16 Prozent der Menschen, die sich nun einsamer fühlen – und dies sind eher jüngere Menschen (siehe Abbildung 1.3 mit den Mittelwerten der verschiedenen Altersgruppen):

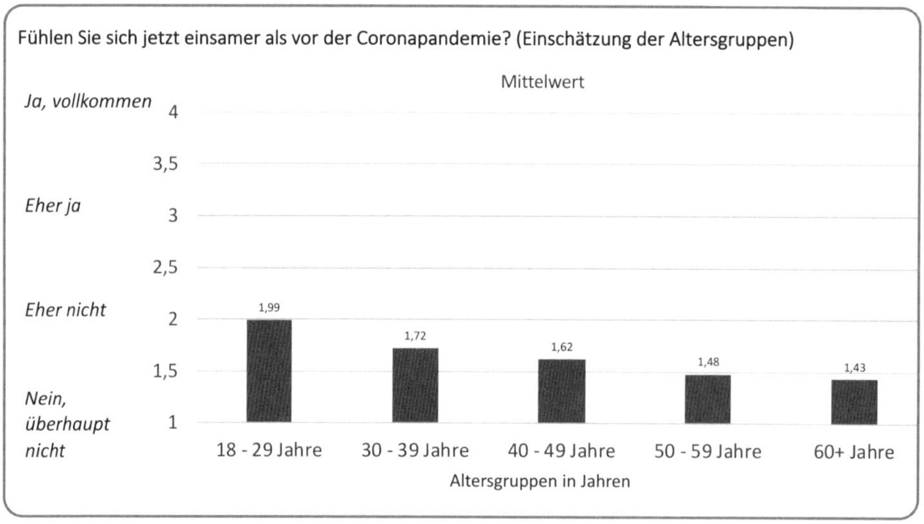

Abbildung 1.3: Berichtete Zustimmung, sich einsamer zu fühlen als vor der Coronapandemie in den verschiedenen Altersgruppen (2023)

Nicht berücksichtigt sind hier stark gesundheitlich eingeschränkte Menschen wie von Post-Covid Betroffene oder pflegebedürftige Personen: Anhaltende oder wiederkehrende Beschwerden setzen diesen Menschen auch psychisch enorm zu, erschweren die Teilhabe und begünstigen Einsamkeit.[8] Zusammenfassend können wir festhalten: In Deutschland hat die Einsamkeit allgemein über die Zeit *nicht* zugenommen. Auch wenn es methodisch schwierig ist, die Daten aus unterschiedlichen Studien zu vergleichen (Zeitraum, Alter der befragten Personen, untersuchtes Land und Messung der Einsamkeit), kommen viele andere Forschende ebenfalls zu dem Ergebnis, dass die Einsamkeit generell über die Zeit *nicht* zugenommen hat. Auch ein Bericht der europäischen Kommission[9] und verschiedene andere deutsche Erhebungen der letzten Jahre lassen wissenschaftlich betrachtet *keine* Zunahme erkennen. Das heißt: Von einer „Epidemie der Einsamkeit" zu sprechen, spiegelt eher die Sorgen von Menschen[10], die Begleiterscheinung der (positiven) Entstigmatisierung oder mangelndes Verständnis von denjenigen, die darüber kommunizieren, wider. Der Ausdruck „Einsamkeitsepidemie" *(Loneliness Epidemic)* ist vermutlich eher ein Indiz für die allgemeine Zukunftsangst, die Furcht vor modernen Lebensstilen und die Sorge, was bestimmte Lebensformen und Gesellschaftsideale mit sich bringen. Auch werden Menschen mit zunehmendem Alter *nicht einsamer.* Es scheinen eher die Jüngeren betroffen zu sein, und es gibt viel Hoffnung, dass Menschen in jedem Alter aus der Einsamkeit herauskommen. Und auch wenn es keine Zunahmen und keine Einsamkeitsepidemie gibt, so ist doch klar: Jeder und jede Einzelne, der bzw. die von Einsamkeit betroffen ist, ist eine bzw. einer zu viel und sollte die Chance bzw. Unterstützung bekommen, aus der Einsamkeit heraus und zu mehr Resonanz und Zufriedenheit zu kommen.

1.2 Faktoren, die Einsamkeit begünstigen können

Besonders in Lebensphasen, die Umbrüche beinhalten, ist das Risiko, unter zu wenig (erfüllenden) sozialen Beziehungen und unter Einsamkeit zu leiden, besonders hoch. Ein kurzer Überblick über die Ergebnisse der Erforschung der Einsamkeitsfaktoren kann Ihnen dabei helfen, Ihre eigene Situation besser einzuordnen und Ihr Empfinden – unter Berücksichtigung dieser Faktoren – genauer unter die Lupe zu nehmen.

Faktor Alter

„Es sind doch die alten Menschen, die einsam sind. Junge Leute sollten nicht von Einsamkeit reden, wenn sie mal ein bisschen allein sind!" Haben Sie ähnliche Aussagen auch schon einmal gehört? Im obigen Abschnitt und den Abbildungen 1.2 und Abbildung 1.3 wurde bereits verdeutlicht, dass diese Aussage so nicht stimmt: Jüngere Menschen leiden stärker unter Einsamkeit, und Alleinsein ist nicht dasselbe wie Einsamkeit. Hier gilt es, das subjektive Empfinden besser zu verstehen.

Detaillierte Untersuchungen haben gezeigt, dass es einen sogenannten u-förmigen Zusammenhang zwischen Einsamkeit und Lebensalter gibt.[11,12] Das bedeutet, dass junge (s. Abb. 1.2 u. 1.3) und hochaltrige Menschen (die wir in unserer eigenen Studie kaum berücksichtigt haben) durchschnittlich einsamer sind als diejenigen im Alter zwischen 40 und 60 Jahren.

Einsamkeit betrifft also nicht nur hochaltrige Senioren, sondern ganz besonders jüngere Menschen. Es sind drei typische Lebensphasen definiert worden, in denen die Wahrscheinlichkeit, von Einsamkeit betroffen zu sein, steigt[13]:

- Bei Jüngeren ist das die Phase nach der Schule, wenn sie für eine Ausbildung oder ein Studium ihre vertraute Umgebung verlassen, den Wohnort wechseln oder ins Ausland gehen. Ist alles fremd und neu, fällt es erst einmal schwer, so viele und gute soziale Beziehungen zu pflegen, wie dies vielleicht gewünscht wäre bzw. gebraucht würde. Neue Freunde müssen erst gefunden werden, der Weg dorthin ist vielleicht erst mal unangenehm.
- Bei Menschen zwischen Mitte 40 bis Anfang 50 beginnt ein neuer Lebensabschnitt, sobald die Kinder aus dem Haus sind oder andere Bedingungen zu Änderungen führen. Das bisherige Leben und die Partnerschaft verändern sich, die eigenen Bedürfnisse, aber auch unerfüllte Wünsche, werden spürbar. Einsamkeit ist dann ein Gefühl, das diesen Zustand gut beschreiben kann und einen Impuls auslöst, etwas anders zu machen und dem Leben eine neue Qualität zu geben.
- Bei über 80-Jährigen werden soziale Kontakte häufig aufgrund von eingeschränkter Gesundheit und Mobilität erschwert. Es versterben Gleichaltrige und neue Kontakte werden nicht mehr so einfach geknüpft – auch weil weniger Gleichaltrige verfügbar sind. So läuft diese Altersgruppe eher Gefahr, sozial isoliert zu werden. Aber das muss nicht sein, denn es gibt viele Möglichkeiten, um gut verbunden zu bleiben oder es wieder zu werden. Es gibt viele Beispiele von Menschen in dieser Altersgruppe, die sich nicht (oft) einsam fühlen.

Um zu verstehen, warum jüngere Menschen stärker unter Einsamkeit leiden, ist es auch wichtig zu erkennen, dass es unterschiedliche Phasen im Leben gibt: In jüngeren Jahren kommt es mehr auf eine Vielzahl von Kontakten an, unter denen dann die erfüllenden Beziehungen gesucht und intensiviert werden. Eine Partnerschaft wird aufgebaut und vielleicht eine Familie gegründet. Später kommen auch immer wieder neue Beziehungen dazu, aber dann kommt es nicht so sehr auf eine große Anzahl (Quantität) an möglichen sozialen Beziehungen an, sondern mehr auf die Qualität. Es verändern sich die Bedürfnisse, aber auch die Ansprüche. Wer frühzeitig gelernt hat, neue Kontakte zu knüpfen und Beziehungen so zu pflegen, dass sie erfüllend sind, dem fällt es auch später leichter. Wer viele negative Erfahrungen gemacht hat, ist vorsichtiger und muss erst mal wieder neuen Mut gewinnen.

Wie ging es Ihnen in Ihrer Jugendphase? Wie ging es Ihnen, nachdem Sie bei Ihren Eltern ausgezogen sind? In dieser Zeit kann Einsamkeit aufgrund des Übergangs zu neuen Lebensphasen, der Suche nach Identität und sozialer Integration erhöht sein. Was hat Ihnen in dieser Phase geholfen, neue Kontakte zu knüpfen, Menschen kennenzulernen und in einen Austausch zu kommen, der Ihnen gutgetan hat?

Haben Sie schon eine Zeit lang in einem anderen Land gelebt? Oder haben Sie eine einschneidende Erfahrung im Urlaub in einem anderen Land gemacht? Beispielsweise einen Armbruch auf Reisen und dann der Aufenthalt in einem Krankenhaus, in dem keiner Ihre Sprache gesprochen hat? Kennen Sie das Gefühl, dass es in einer ungewohnten Umgebung schwieriger ist, mit anderen Menschen in einen erfüllenden Austausch zu kommen?

Umzug oder Migration

Umzug in eine neue und fremde Umgebung, Migrationskontext und kulturelle Unterschiedlichkeit können das Gefühl des Ausgeschlossenseins und das Risiko von Missverständnissen verstärken. Aber das muss es nicht, denn Menschen, die offen sind für neue Erfahrungen und diese generell als Chance oder zumindest als anregend und spannend erleben, können die Situation auch nutzen und sogar etwas Positives daraus ziehen.

Den Verlust der vertrauten Heimat sowie kulturelle und sprachliche Unterschiede gilt es so zu bewältigen, dass ein neues soziales Netzwerk und eine erfolgreiche Integration gelingen können. Das kann schon damit beginnen zu verstehen, dass in einer neuen Nachbarschaft andere Gewohnheiten vorherrschen. Zum Beispiel können „Alteingesessene“ eher zurückgezogen leben und Einblicke in ihre Privatsphäre vermeiden wollen. Wenn in dieser Umgebung jemand einzieht, der es gewohnt ist, dass das Leben auf der Straße stattfindet, Gardinen als nicht notwendig ansieht und andere auch akustisch gerne am eigenen Leben teilhaben lässt, fühlen sich die Alteingesessenen befremdet oder sogar belästigt. Und „die Neuen“ fühlen sich ausgegrenzt und unverstanden, obwohl sie genauso behandelt werden, wie alle anderen. Wie wichtig ist es da, aufeinander zuzugehen, über Gewohnheiten und bisherige Erfahrungen, aber auch Bedürfnisse in Austausch zu kommen?!

Auch im Arbeitskontext kennen das viele Menschen: „Südländer“ wie Bayern gelten als redseliger als Norddeutsche. Ein freundlicher Plausch wird von den „kühlen Nordlichtern“ u. U. schon als aufdringlich erlebt. Andersherum fühlen sich dann Menschen, die mehr Austausch gewöhnt sind oder brauchen, ausgeschlossen oder gar isoliert, obwohl es in der Umgebung vollkommen normal ist, distanzierter zu sein, und sie von anderen Menschen keinesfalls als ausgeschlossen gesehen werden.

Ein Umzug oder Migration bringt Vielfalt mit sich – für die, die umziehen oder migrieren, aber auch für diejenigen, die als Zuzügler dazubekommen. Das kann erst mal als schwierig erlebt werden, aber es bietet auch viele Chancen. Letztere zu erkennen, fällt jüngeren Menschen offenbar leichter[14], wohingegen Ältere stärker erwarten, dass „die Neuen“ sich anpassen. Neben diesen Einstellungen und dem Alter gibt es weitere Charakteristika, die die Offenheit für neue Erfahrungen bzw. das Risiko für Einsamkeit bestimmen, nämlich Persönlichkeitsmerkmale.

Persönlichkeit

Wer eher nach innen gekehrt und verschlossen (introvertiert) ist, hat größere Schwierigkeiten, auf andere zuzugehen und neue Situationen zu nutzen. Hinzu kommt, dass manche Menschen generell eine geringere Stressresistenz haben, also von Herausforderungen stärker belastet sind, als andere. Dies kann einhergehen mit mehr Ängstlichkeit, der Tendenz zur Impulsivität, einer erhöhten Selbstaufmerksamkeit, Reizbarkeit, Verletzlichkeit und schlechter Stimmung generell.

Sollten Sie sich in diesen Beschreibungen wiederfinden, dann bewerten Sie dies bitte nicht negativ! Es geht dabei um ähnlich individuelle Merkmale wie z. B. die Körpergröße. Vergleichbar mit Körpermerkmalen sind auch die Persönlichkeitsmerkmale zu einem Teil genetisch bedingt, also angeboren. Zu einem anderen Teil sind sie geprägt durch das, was wir erleben durch Mitmenschen (Beziehungs- und Bindungserfahrungen) und kulturelle bzw. gesellschaftliche Werte. Und nicht zuletzt bedingen wir diese Erfahrungen auch selbst durch das, was wir (ungewollt) sagen, (unbewusst) tun und wie wir reagieren bzw. wie wir auf andere wirken (z. B. durch unsere Zurückweisungsempfindlichkeit).

Wenn Sie eher introvertiert sind, zeichnet es Sie vielleicht zugleich aus, dass Sie sich selbst gut wahrnehmen können und sensibel sind. Eine eher besorgte Haltung und eine gewisse Ängstlichkeit können Sie vor negativen Erfahrungen schützen. Dass bestimmte Ereignisse Sie nicht „kalt“ lassen, dürfen Sie als Teil von Ihnen annehmen, der wertvoll ist und hilfreich sein kann. Wenn Sie darüber hinaus noch sehen, dass Sie mit der richtigen Strategie nicht nur *trotz,* sondern *gerade wegen* dieser Sensibilität gut auf andere zugehen bzw. diesen freundlich begegnen können, dann spricht nichts dagegen, dass Sie bald genauso gut vernetzt und verbunden sind wie ein extrovertierter Mensch, bzw. wie Sie es sich wünschen.

Arbeit und Arbeitslosigkeit

Menschen in Voll- oder Teilzeitbeschäftigung fühlen sich weniger oft einsam als Arbeitsuchende oder Studierende und Auszubildende (s. Abbildung 7.1)[15]. Ein (unerwartetes) Lebensereignis, das auf die Einsamkeit einzahlt, kann z. B. Arbeitslosigkeit sein. Der Verlust der Arbeit und damit verbundener wichtiger Rollen im Leben bedeutet nicht nur den Wegfall des Einkommens, sondern auch den Verlust der selbstverständlichen Kontakte zu Kollegen und Kunden und die Anerkennung durch die berufliche Stellung. In der Folge kann die Zeit, die auf das Suchen eines neuen Jobs verwendet wird, dann vielleicht für den Kontakt zu Freunden fehlen.

Viele erwerbslose Menschen erleben auch eine Unsicherheit in Bezug auf ihren persönlichen Wert. Sie zweifeln an ihrer Bedeutung für ihr direktes Umfeld und auch für die Gesellschaft an sich. Wo sind jetzt die Möglichkeiten, sich einzubringen, und wie kann mit der besonderen Herausforderung der Ablehnung umgegangen werden? Auch hier gibt es wieder viele Aspekte, die direkt und indirekt mit dem Gefühl der Verbundenheit bzw. der Einsamkeit im Zusammenhang stehen.

Beziehungsstatus und Haushaltsgröße

Alleinleben, Single sein oder Scheidung sind weitere Ereignisse, die zu mehr Einsamkeitserleben beitragen können. Wer *allein lebt,* kann sich trotzdem in einer Beziehung befinden, etwa wenn der Partner einen anderen Wohnort hat. Die Singlewohnung bietet gegenüber der Wohngemeinschaft Vorteile wie mehr Unabhängigkeit, mehr Freiheiten zu haben und weniger Rücksicht auf andere nehmen zu müssen. Viele ältere Menschen bleiben auch dann in ihrem Haus wohnen, wenn die Kinder ausgezogen sind und der Partner im Pflegeheim lebt oder verstorben ist. Dann wird aus dem Familienheim ein Einpersonenhaushalt. Auch wenn es banal klingt: Alleinleben bedeutet, dass nicht automatisch andere Menschen getroffen werden. Dafür muss eine Verabredung getroffen oder zumindest der Weg nach draußen in den Park, zum Verein oder ins Museum geschafft werden. Aus den Vorteilen der Unabhängigkeit wird ein Nachteil, wenn „Mehraufwand" betrieben werden muss, um in Kontakt mit anderen Menschen zu bleiben.

Aber das Zusammenleben mit anderen Menschen kann auch Schwierigkeiten mit sich bringen: Die Beziehung zu Mitbewohnern in der Wohngemeinschaft oder einem Mehrgenerationenhaus kann kompliziert und spannungsreich sein. Gleiches gilt für einen Ehe- oder Liebespartner: Eine Partnerschaft allein ist keine Garantie dafür, sich gut sozial eingebunden und nicht einsam zu fühlen. So zeigen unsere eigenen Daten das folgende Bild (Abb. 1.4).

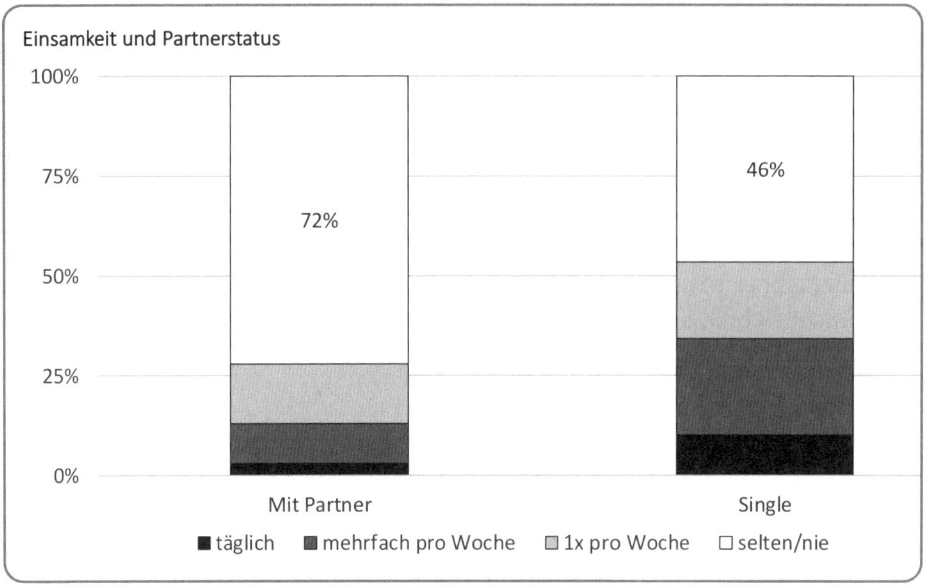

Abbildung 1.4: Menschen mit und ohne Partner, die berichten, sich einsam zu fühlen, unterscheiden sich, aber ein Partner ist kein Garant dafür, sich nicht einsam zu fühlen.

Auch wenn der Anteil derjenigen, die sich selten oder nie einsam fühlen, bei Menschen mit Partner deutlich größer ist als bei Singles (72 % gegenüber 46 %), gibt es doch auch einige Menschen, die sich trotz Partner täglich (3 %), mehrfach pro Woche (10 %) oder mindestens einmal pro Woche (15 %) einsam fühlen.

Eine geringe Beziehungsqualität oder häufige Partnerschaftskonflikte gehen mit dem Gefühl der Einsamkeit einher. Das Verständnis dieses Zusammenhangs ist deswegen wichtig, weil nicht das Fehlen eines Partners das eigentliche Problem ist: Es ist das Gefühl der nicht *ausreichenden Verbundenheit*. Weitere Kontakte neben der Partnerschaft können Abhilfe schaffen. Aber das Bestreben allein, einen (neuen) Partner zu suchen, wird das Gefühl der Einsamkeit (wahrscheinlich) nicht lösen. Vielmehr gilt es herauszufinden, wie eigene Erwartungen aussehen und ob diese realistisch sind. Es ist hilfreich, auf dem Weg zur Problemlösung bei sich selbst zu starten:

Was kann ich selbst in der Beziehung mit meinem Partner verbessern? Welche meiner Verhaltensweisen fördern das ungewünschte Verhalten meines Partners oder meines Kindes? Zu konkreten Beispielen kommen wir später im Buch bei den verschiedenen „Gesichtern der Einsamkeit" (Kap. 4–8).

In den letzten Dekaden haben sich die üblichen Wohnformen und die verschiedenen Lebensstilfaktoren (vgl. unten) verändert und es hat sich der Trend fortgesetzt: Es leben mehr Menschen allein als je zuvor, was sich in der zunehmenden Anzahl an Einzelpersonenhaushalten widerspiegelt.[16] Aber ist es so, dass diejenigen, die allein leben, auch häufiger einsam sind im Vergleich zu Menschen, die mit anderen zusammenleben? Die Vermutung, dass alleinlebende Menschen sich einsamer fühlen als Menschen, die mit anderen zusammenwohnen, konnte mehrfach belegt werden[17]. Die aktuellen Daten zeichnen folgendes Bild (Abb. 1.5):

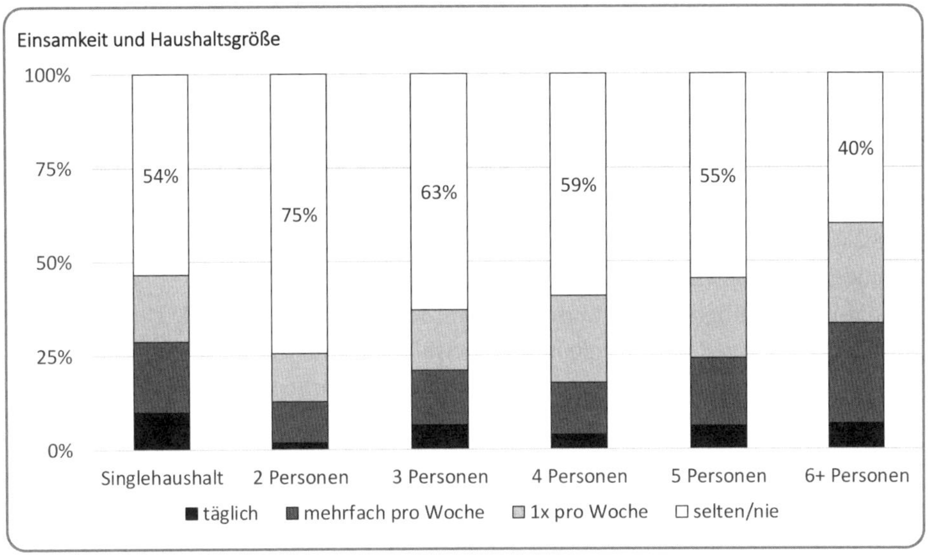

Abbildung 1.5: Allein lebend oder mit anderen zusammen – wer fühlt sich häufiger einsam? Eindeutig diejenigen in großen Wohngemeinschaften.

Menschen in einem Zweipersonenhaushalt fühlen sich am seltensten einsam im Vergleich zu allen anderen: Und diejenigen, die mit vier oder mehr Personen zusammenleben, fühlen sich häufiger einsam als diejenigen mit nur einem Mitbewohner. Am häufigsten einsam fühlten sich Menschen ganz ohne oder sehr vielen Mitbewohnern (fünf oder mehr).

Hinweis: Menschen in einem Einpersonenhaushalt, müssen nicht unter Einsamkeit leiden. Es hat auch Vorteile, selbst zu entscheiden, wen Sie wann sprechen, treffen oder einladen wollen. Es ist auch nicht wichtig, sich immer in Gesellschaft zu befinden. Nur wenn Sie andere Menschen zu häufig *vermissen,* ist das die Einladung hinzusehen, wo Anzahl und Qualität der Verbindungen verbessert werden könnten – genau wie bei Menschen, die sich trotz oder gerade aufgrund der Mitbewohner oder dem Partner einsam fühlen. Mit der Wohnform und der Einsamkeit können auch die folgenden Aspekte zusammenhängen:

- **Menschen ohne Kinder** fühlen sich öfter einsam als Menschen mit Kindern[18]. Auch Enkelkinder können dazu beitragen, dass wir uns weniger einsam fühlen[19,20].
- Es gibt wenig Unterschiede zwischen Männern und Frauen[21]. Wenn sich Unterschiede zeigen, dann scheinen **Frauen** sich häufiger einsamer zu fühlen als Männer – wobei dieser Unterschied auch auf die Wohnbedingungen, den Partnerstatus und die selbsteingeschätzte Gesundheit zurückzuführen sind[22].
- Menschen in **Paarbeziehungen** fühlen sich weniger oft einsam als Menschen ohne Paarbeziehung[23]. Bei häufigen Konflikten in der Beziehung gilt dies jedoch nicht mehr.

Lebensstil

Wer persönliche Schwierigkeiten zu meistern hat – sei es, weil er gesundheitlich eingeschränkt oder anderweitig belastet ist (etwa durch Unsicherheit aufgrund eines fehlenden Jobs), hat oftmals weniger Energie, anderen Menschen zu begegnen oder mit diesen in erfüllenden Austausch zu kommen. Aber gerade soziale Unterstützung könnte helfen, diese Schwierigkeiten zu bewältigen, und die wahrgenommene Einsamkeit kann dafür ein Impuls sein. Wie – darauf kommen wir später zurück.

Wir Menschen können und müssen in Abhängigkeit von unseren Ressourcen selbst entscheiden, wie wir unser Leben gestalten und welche Menschen darin Platz finden sollen. Ressourcen können Wissen, Bildung, Gesundheit und finanzielle Mittel oder Entscheidungsmöglichkeiten sein. Entscheiden können wir zu einem gewissen Grad, welchen Job wir machen können und wollen. Auch können wir mehr oder weniger bestimmen, wie und wo wir unseren Lebensmittelpunkt einrichten und mit wem. Bei all den Möglichkeiten verringert sich oft die Ressource „Zeit“ für die Pflege von Freundschaften und Beziehungen. Wie ist das bei Ihnen selbst und was können Sie bei anderen beobachten? Was bereitet Ihnen auf gesellschaftlicher Ebene Sorgen?

Wie schon erwähnt, ist jedoch das Einsamkeitsempfinden nicht vollkommen abhängig davon, ob wir viele oder wenige Freunde haben und ob wir von vielen Menschen umgeben und von diesen wertgeschätzt werden: Diese Faktoren büßen ihre positive Wirkung u.a. dann ein, wenn die Qualität der bestehenden Beziehungen als nicht ausreichend empfunden wird. Es gibt viele Menschen, die trotz der verschiedenen Trends zu mehr Individualisierung, Homeoffice und Singlehaushalten nicht einsam sind bzw. auch nicht einsamer werden[24].

Die klassische Option für neue und vielfältige Begegnungen sind Freizeitaktivitäten, insbesondere Sport und körperliche Aktivität. Wenn Sie selbst sportlichen Aktivitäten nachgehen, dann wissen Sie, dass Sport die Möglichkeit bietet, andere Menschen zu treffen und diese durch wiederholte Begegnungen besser oder anders kennenzulernen. Der zweite positive Effekt ist, dass Sie sich mithilfe von Bewegung im eigenen Körper wohler fühlen und langfristig etwas für die Gesundheit tun. Das wiederum stärkt die Selbstwirksamkeit und das (Selbst-)Vertrauen, auch in anderen Lebensbereichen Veränderungen anstoßen zu können. Selbstwirksamkeitserwartung ist der Glaube an die eigenen Fähigkeiten, ein Ziel auch bei Schwierigkeiten in die Tat umzusetzen.

Die Förderung und der Erhalt der körperlichen Gesundheit ist ein wichtiger Faktor für die Reduzierung des Einsamkeitsempfindens. Aber manchmal erschwert das Gefühl des Ausgeschlossenseins oder des „Außen-vor-Seins" das Ausführen der Aktivität. Dann kann es helfen, sich im ersten Schritt eine Form der Bewegung zu suchen, die auch allein erlebbar ist, wie z. B. die Walkingrunde durch den Park. Vielleicht lassen sich nach diesem ersten Schritt Kontakte mit anderen Aktiven knüpfen, die ebenfalls allein unterwegs sind. Natürlich ist es oft einfacher, Kontakte zu knüpfen, wenn wir uns bereits in einer Gemeinschaft befinden, und diese Gemeinschaft können Sie sich aktiv suchen, z. B. in einem Verein, einem Klub oder in Form von Gemeinschaftsaktivtäten in der Nachbarschaft. Hier kann z. B. die App „nebenan.de" helfen, Gleichgesinnte zu treffen (und selbst Aktivitäten vorzuschlagen).

Gesundheitliche Einschränkungen

Viele empirische Studien über die gesamte Lebensspanne zeigen, dass die Einsamkeit mit zunehmendem Alter erst mal abnimmt und erst mit höherem Alter wieder zunimmt.[25] Wichtig ist auch zu beachten, dass die „oberflächlich" beobachteten Zusammenhänge von Einsamkeit und Alter vielmehr auf gesundheitliche Einschränkungen zurückzuführen sind.[26] Mit anderen Worten: Mit dem Alter nimmt die Wahrscheinlichkeit zu, gesundheitliche Einschränkungen zu erleben. Und Menschen mit körperlichen Beeinträchtigungen sind häufiger von Einsamkeitserleben betroffen.[27] Ein Beispiel: Nach vielen Jahren mit falscher oder zu wenig Bewegung schmerzen die Gelenke. Muskeln bauen sich ab oder sind dauerhaft verspannt. Die Schmerzen führen zu Bewegungseinschränkungen. Das Laufen zu Treffen mit Freunden oder zum Klönschnack auf dem Markt und im Park werden zur Qual. Wer das erlebt, zieht es vor, lieber zu Hause zu bleiben, insbesondere wenn kein Auto vorhanden oder kein Fahrdienst verfügbar ist. Damit werden Gelegenheiten, Kontakte zu pflegen, seltener. Das Gefühl der Einsamkeit kann häufiger werden. Gleiches kann sich jedoch ergeben, wenn diese Bewegungseinschränkungen nicht mit dem Alter zusammenhängen – also zum Beispiel nach einem Unfall. Denn ein Unfall oder gesundheitliche Beeinträchtigungen aus anderen Gründen können auch jüngere Menschen treffen.

Das heißt, gesundheitliche Beeinträchtigungen bringen das Risiko mit sich, einsam zu werden. Weil mit dem Alter gesundheitliche Beeinträchtigungen zunehmen, scheint es so, als würden Ältere automatisch einsamer werden. Aber das muss nicht sein: Nicht alle Älteren erleben gesundheitliche Beeinträchtigungen, und schon gar nicht solche, die die sozialen Aktivitäten einschränken, sondern bleiben körperlich und geistig aktiv und im Austausch mit anderen Menschen. Viele Menschen schaffen es, trotz Einschränkungen gut mit anderen verbunden zu bleiben, sodass sie sich gut sozial eingebunden fühlen – es ist also keinesfalls ein Automatismus!

Neben körperlichen Einschränkungen gibt es natürlich auch psychische. Zum Glück erfahren wir in den letzten Jahren einen Wandel in Bezug auf die gesellschaftliche Toleranz gegenüber psychischen Störungen und Belastungen. Themen wie Depression, Burn-out, Angststörungen und eben auch Einsamkeit werden auf verschiedenen gesellschaftlichen und politischen Ebenen wahrgenommen und diskutiert. In der Folge trauen sich mehr Menschen, offen darüber zu sprechen – und das kann eine neue Verbundenheit schaffen.

Ständig im Kontakt und in den sozialen Medien?

Zeitgleich wird in diesem Zusammenhang ein anderes Phänomen sichtbar, das der Einsamkeit eigentlich entgegenstehen könnte, sie aber tatsächlich oftmals noch fördert: (Vor allem junge) Menschen erleben einen zunehmenden Druck, mit „Gott und der Welt" auf unterschiedlichen Kanälen interagieren zu müssen, und das möglichst 24/7. Ist Ihnen dieser Druck, im Bilde sein zu wollen/müssen, was bei den Menschen um sie herum vor sich geht, auch bekannt? Statusmeldungen, Stories, Reels usw. öffnen uns ein nie dagewesenes Fenster in das (vermeintliche) Leben der anderen.

Soziale Medien sind eine wichtige Vernetzungsmöglichkeit: Es ist möglich, mit alten Freunden in Kontakt zu bleiben, auch wenn diese an unterschiedlichen Orten leben und unterschiedliche Interessen entwickelt haben. Alte Freundschaften können wieder aufleben. Soziale Medien bieten viele Möglichkeiten, Menschen kennenzulernen, bei der Partnerschaftssuche zu unterstützen und auch mit solchen Nachbarn verbunden zu sein, die wir nicht wirklich kennen oder nie auf der Straße treffen.

Aber soziale Medien sind eben nicht nur sozial: Sie bergen auch die Gefahr, nicht resonant und nicht „vollkommen" in der tatsächlichen Begegnung mit anderen Menschen da zu sein – durch eine ständige Ablenkung oder Multitasking. Wer Freundschaften nur in den sozialen Medien pflegt und sich gar nicht mehr „in echt", also physisch, trifft, der vermisst irgendwann auch bestimmte Bereiche einer Freundschaft, die digital kaum gepflegt werden können. Die Lösung lautet: Ein mittleres

Maß sozialer Medien ist gut und sogar hilfreich, um das Wohlbefinden zu fördern und die Einsamkeit zu überwinden. Aber bei einem Zuviel können soziale Medien auch abträglich sein.[28]

Verschiedene Forschende haben analysiert, ob das Aufkommen von Smartphones in Zusammenhang mit dem Einsamkeitserleben stehen könnte. Dafür haben sie sich angeschaut, wie sich der Einsamkeits-Trend bei den jungen Erwachsenen zwischen 2012 und 2019 entwickelt hat. In diesem Zeitraum hat die Einsamkeit jedoch nicht zugenommen.[29] Ob Sie zum Smartphone greifen, um mal wieder einen alten Bekannten anzurufen, oder eine Postkarte schreiben, macht keinen Unterschied. In beiden Fällen nutzen Sie ein Medium zur Kontaktaufnahme mit einem anderen Menschen. Sie brauchen keine Angst zu haben, dass die Nutzung Ihres Smartphones Sie einsam macht. Bleibt es aber überwiegend beim Austausch über Handy und Co., kann es sein, dass Sie etwas vermissen: Händeschütteln oder Umarmungen, die Möglichkeit, sich in die Augen zu schauen, nonverbale Signale, die wiedergeben, was nicht in Worten, Emoticons und Memes transportiert werden kann. Diesen Zusammenhängen werden wir uns im Verlauf des Buches noch intensiv widmen und Ihnen Anregungen geben, den für Sie unangenehmen Zustand ändern zu können.

Diese Trends über die Zeit und über die Lebensspanne verdeutlichen auch mit Blick auf das Alter die Besonderheit und Individualität von Einsamkeit. In unterschiedlichen Lebensphasen werden unterschiedliche Maßnahmen zur Steigerung des Wohlbefindens und der Lebensqualität gebraucht. Dies gilt nicht nur, um aus der Einsamkeit herauszukommen. Es gilt auch, um präventiv das Entstehen von Einsamkeitsempfinden zu verhindern und soziale Integration zu stärken.

Wir scheinen vor der Aufgabe zu stehen, uns (zwischenmenschlich) immerzu zwischen einem Zuwenig und einem Zuviel einpendeln zu müssen. Denn beides erzeugt Unzufriedenheit oder Leid und steht sinnerfüllter Verbundenheit entgegen. Was aber ist (für Sie) ein „gutes Maß“? Wie wirkt sich die uns umgebende (digitale) Lebenswirklichkeit auf das, was im Umgang miteinander als „normal“ angesehen wird, aus? Wie haben sich die Erwartungen an uns als soziale Wesen verändert? Und was kann das für das Gefühl der Einsamkeit bedeuten? Um die Beantwortung dieser und weiterer Fragen geht es im Folgenden.

1.3 Einsamkeit und soziale Isolation

Nun haben wir uns umfangreich mit dem „Aufkommen“ bzw. „Vorliegen“ von Einsamkeit in Deutschland und den Faktoren, die Einsamkeit begünstigen können, auseinandergesetzt. Aber ist Einsamkeit eigentlich gleichbedeutend mit Alleinsein bzw. sozialer Isolation? Nein, denn ungewolltes Alleinsein und soziale Isolation sind im Unterschied zu Einsamkeit nicht (unbedingt) durch einen Leidensdruck gekennzeichnet. Wenn Sie gut allein sein können, dann sind Sie in diesen Momenten nicht einsam, aber gut sozial eingebunden. Aber wenn Sie sich in Gesellschaft unverbunden oder unverstanden fühlen, dann entsteht genau die Einsamkeit, die im Mittelpunkt dieses Buchs steht.

Dennoch ist es wichtig, auch die soziale Isolation besser zu verstehen, denn auch sie kann das psychische Wohlbefinden und die Lebensqualität beeinflussen. Obwohl beide Begriffe gelegentlich synonym verwendet werden, unterscheiden sie sich in ihren zugrunde liegenden psychosozialen Mechanismen. Entscheidend für das Gefühl der Einsamkeit ist weniger die Anzahl an Personen, mit denen wir bekannt oder befreundet sind (soziales Netzwerk). Auch geht es beim Gefühl der Einsamkeit nicht darum, ob wir konkret Hilfe, also soziale Unterstützung, bekommen. Vielmehr steht im Vordergrund, ob wir uns verstanden und verbunden *fühlen*.

Soziale Isolation beschreibt die objektive Abwesenheit oder das Fehlen von sozialen Kontakten und Interaktionen mit anderen Menschen. Sie kann aus verschiedenen Gründen entstehen, beispielsweise wenn jemand nach dem Tod des Ehepartners allein lebt oder in einem Einpersonenhaushalt wohnt. Soziale Isolation kann anhand von klaren Kriterien gemessen und von außen beobachtet werden, unabhängig von der individuellen Wahrnehmung oder Emotionen der Person. Sie bezieht sich auf Aspekte des sozialen Netzwerks und spiegelt die tatsächlichen sozialen Kontakte und Beziehungen wider. Eine Person, die nach dem Tod eines geliebten Mitmenschen allein lebt oder keinen derart engen Vertrauten mehr hat, weist ein objektives Merkmal der sozialen Isolation auf, unabhängig davon, ob sie sich subjektiv als einsam empfindet.

Menschen, die sozial isoliert sind, erleben eine Abnahme der sozialen Unterstützung und Interaktion, was sich negativ auf Wohlbefinden und Gesundheit auswirken kann. Die mangelnde Netzwerkeinbindung kann jedoch auch vorübergehend sein und stellt nicht zwangsläufig eine dauerhafte Einschränkung dar. Es ist wichtig, die individuellen Umstände zu berücksichtigen und nicht vorschnell von sozialer Isolation auf das Vorhandensein von Einsamkeit zu schließen.

Warum ist diese Differenzierung so wichtig? Eine falsche Zuschreibung von Einsamkeit birgt die Gefahr, Menschen zu stigmatisieren, obwohl sie gar nicht einsam sind. Aufgrund der Reaktionen anderer geraten diese Menschen dann womöglich in den fatalen Prozess einer „sich selbst erfüllenden Prophezeiung", achten verstärkt auf Anzeichen von Einsamkeit in ihrem Leben und vergleichen den vermeintlichen Sollzustand mit ihrem – zunehmend als defizitär empfundenen – Istzustand.

An dieser Stelle möchten wir also auch an Sie appellieren, in sich selbst hineinzuspüren: Das Bedürfnis, sich – vielleicht häufiger als der „Durchschnitt" – zurückzuziehen, Stille zu genießen oder einfach „mit sich selbst genug zu haben", ist *nicht* gleichbedeutend mit Einsamkeit. Auch wenn Ihnen Mitmenschen raten, „mehr unter Leute zu gehen": Ausschlaggebend ist vor allem Ihr eigenes Empfinden bzw. Ihr eigener Leidensdruck. Einsamkeit kann ein Motivator sein, aber Sie sollten sich nicht durch die Erwartungen anderer oder durch das, was Sie als „normal" vermuten, unter Druck setzen lassen.

Gleichzeitig kann ein falsches Verständnis von Einsamkeit dazu führen, dass wir annehmen, Menschen seien einsam, obwohl sie selbst nichts vermissen oder nicht leiden. Ein selbst gewähltes Alleinsein ist nichts Negatives oder Riskantes – auch wenn wir vielleicht Sorge haben, dass sich aus dem Alleinsein ein Leiden inklusive Einsamkeit entwickeln kann. In dem Fall hilft Reden: Fragen Sie die Person, um die Sie sich Sorgen machen, wie es ihr geht. Fragen Sie sich selbst, warum Sie annehmen, der Mitmensch wäre einsam – steckt vielleicht Ihr schlechtes Gewissen dahinter, dass Sie sich gerne mehr „kümmern" würden? Gibt es andere Möglichkeiten, in Kontakt zu bleiben?

Einsamkeit im Spiegel der Zeit

Um den Unterschied zwischen Alleinsein und Einsamkeit deutlicher zu machen, kann auch ein Blick auf die historische Entwicklung des Begriffs Einsamkeit helfen: In der Vergangenheit wurden die Begriffe „einsam" und „allein" im Vergleich zu heute genau umgekehrt verwendet.[30] Bis ins 16. Jahrhundert hinein wurde Einsamkeit als mit sich selbst in einer „Einheit", „Eintracht" und „Gemeinsamkeit" verstanden.[31] Einsamkeit und Gemeinsamkeit wurden also erst in der Frühen Neuzeit als unterschiedliche Phänomene konzeptualisiert. In der römischen Antike und im Barock wurde Einsamkeit als Begriff eher wie das heutige Alleinsein verwendet – als Rückzugsraum für Meditationen, Abgeschiedenheit und Absonderung von der Geselligkeit. Auch im 18. Jahrhundert wurde Einsamkeit als etwas Positives und als eine selbst gewählte Lebensart verstanden, die auch mitten unter vielen Menschen gesucht und aufrechterhalten werden kann – ohne Leiden, eher als das heutige Fasten oder Social-Media-Abstinenz. In der Literatur wurde Einsamkeit immer wieder nicht nur in Abgrenzung zu anderen Menschen, sondern auch in Relation zur Religion und zur Natur, zur Landschaft(-sgestaltung) und zum ästhetischen Erleben beschrieben – insbesondere mit dem Ziel der Erholung, Produktivitätssteigerung und Kreativitätsanregung.[32]

Mit Goethes *Werther* veränderte sich der Einsamkeitsbegriff. Die einsame Geselligkeit und die gesellige Einsamkeit bekommt Beachtung: Einsamkeit wird als „existenzielle Vereinsamung" erstmals negativ belegt. Die psychische Isolation des Menschen in einer technisierten Moderne ist damit erkannt, aber natürlich nicht gebannt. Gleichzeitig fand das neue Verständnis der Einsamkeit Einzug in den Sprachgebrauch, die Literatur und das allgemeine Verständnis. „Einsam" entwickelte sich also zu dem Begriff, den wir heute mit dem Gefühl der sozialen Isolation und des Alleinseins in Verbindung bringen. Dagegen blieb „allein" weiterhin der Begriff, der auf eine einzelne Person oder etwas Einzigartiges hinweist – jedoch nicht notwendigerweise mit dem Gefühl der sozialen Isolation verbunden ist.

Historisch gesehen wird also Einsamkeit schon einige hundert Jahre als etwas Negatives angesehen und mit sozialer Ausgrenzung oder Isolation in Verbindung gebracht. In vielen traditionellen Gesellschaften wurden soziale Bindungen und die Zugehörigkeit zu einer Gemeinschaft als wesentlich betrachtet. Einsamkeit, wie wir sie heute definieren, galt als Zeichen von Schwäche oder sozialer Stigmatisierung. In der modernen westlichen Gesellschaft wird Einsamkeit zunehmend als ein weitverbreitetes Phänomen anerkannt und entsprechend entstigmatisiert. Auch wenn einige Menschen „ungewolltes Alleinsein" und Einsamkeit fälschlicherweise gleichsetzen bzw. verwechseln, ist mit dem tatsächlichen physischen Alleinsein ein neutraler Zustand gemeint. Alleinsein deckt sich mit dem subjektiv-negativen Empfinden von sozialer Isolation und mangelnder Verbundenheit nur teilweise. Das steigende Forschungsinteresse am Thema Einsamkeit hat dazu beigetragen, das Verständnis für die verschiedenen Formen von Einsamkeit zu vertiefen. Aus der aktuellen Theorie, Forschung und Praxis können wir zusammenfassen: Einsamkeit hängt zwar bei vielen Menschen mit Alleinsein zusammen, es ist aber nicht so, dass Menschen, die allein sind, sich auch notwendigerweise als einsam *erleben*. Es gibt viele Menschen, die das Alleinsein schätzen lernen, die durch das Alleinsein kreativer und fokussierter werden. Anders als noch im 18. Jahrhundert sprechen wir heute jedoch dann nicht von Einsamkeit.

1.4 Was ist denn schon normal? Einsamkeit als Krise

In vielen Bereichen des gesellschaftlichen und privaten Lebens stehen wir vor der Aufgabe, neue Normen definieren und etablieren zu müssen. Alte Ordnungen sind überholt und greifen nicht mehr, werden unserer komplexen, dynamischen Welt nicht mehr gerecht. Viele Menschen fühlen sich, als befänden wir uns in einer allgemeinen Krise.

Eine Krise ist ein Ausnahmezustand und das Gegenteil von dem, was wir als „normal" (im Sinne von gewohnt, vertraut) empfinden. Eine Krise kann sowohl ein „Zuviel" als auch ein „Zuwenig" bedeuten. Da wären z. B. global wirksame Gesundheitskrisen wie zuletzt die Coronapandemie, die jetzt „nur noch" krisenhaft nachwirkt. Dann sind da die Extremwetterereignisse mit all ihrer Wucht, die uns die Aktualität der menschengemachten Erderwärmung vor Augen führen. Andere Formen von Krise sind z. B. die Konflikte und Kriege in europäischen und anderen Ländern. Diese regionalen Krisen lösen wiederum weltweite Sorgen und Unruhen aus und stehen ursächlich in Zusammenhang mit Machtbestrebungen und Besitzansprüchen, Ängsten und Missverständnissen, Verlusten und Belastungen.

Konflikte gibt es vielfältige, so zum Beispiel:

- Konflikte, die in uns selbst beginnen und die wir mit uns selbst austragen.
- Konflikte, die zwischen Familienmitgliedern, Nachbarn, Kollegen, Vertretern von Ländern und Kontinenten ausgetragen werden.
- Konflikte, die nicht ausgetragen werden, weil Menschen nicht (mehr) miteinander reden, weil sie sich nicht gesehen, anerkannt und gehört fühlen und weil sie nicht gut verbunden sind.

Warum wir bei der Betrachtung von Einsamkeit auch an Krisen denken? Weil all diese Krisen empfundene Herausforderungen mit sich bringen und die Menschen unter Stress setzen. Folgen daraus sind so unterschiedlich, wie Menschen unterschiedlich sind: Einige ziehen sich zurück, andere suchen Mitmenschen, Verbündete und Unterstützung. Wenn diese Verbindung aber nicht funktioniert, wenn Menschen sich unverstanden oder unverbunden fühlen, so kommunizieren, dass kein Austausch erfolgt (z. B. bei Cancel-Culture), dann ist der Boden bereitet für Einsamkeit.

Einsamkeit kann aber als ein wertvolles Gefühl wahrgenommen werden, das zum Innehalten einlädt. Einsamkeit kann Raum für Veränderungen schaffen und damit den „Kitt" zwischen Menschen wieder herstellen. Wunderbarerweise ist uns Menschen eine besondere Fähigkeit geschenkt: Wir können lernen! Wir können ein Leben lang unsere Fähigkeiten erweitern und Herausforderungen bewältigen. Das Gefühl der Einsamkeit in Verbindung mit einer Krisenempfindung ist dabei ein wichtiger Treiber. Zu Beginn ist das Gefühl der Einsamkeit eine negative, aversive Empfindung. Wenn Einsamkeit zu lange bestehen bleibt, kann sie auch wirklich Schäden erzeugen. Aber ähnlich wie beim Stressempfinden, das wir später noch genauer erläutern, hat das Gefühl der Einsamkeit eine gute Seite, die Energien freisetzen und Kräfte mobilisieren kann. So wird auch die Bedeutung der Einsamkeit für uns als evolutionärer Überlebensvorteil klar: Menschen, die sich einsam fühlen und aus der Sehnsucht heraus die Kommunikation mit anderen Menschen suchen sowie neue Kontakte knüpfen, haben mehr (Überlebens-)Möglichkeiten und erleben sich selbstwirksamer in ihren Handlungen.

Die Frage, auf die wir eine Antwort suchen, lautet: Wann ist der kritische Punkt erreicht, an dem aus einer Herausforderung ein „Zuviel" und damit Stress wird? An welchem Punkt werden Einsamkeit und Krisenempfinden unerträglich und toxisch? Wo wird die Last für den Einzelnen zu groß, um damit umzugehen? Ab wann ist die Last zu schwer, um gesund zu bleiben oder sich wieder zu erholen? Und warum nehmen manche Menschen Herausforderungen als Krise wahr, während andere in ihnen Chancen (oder zumindest „nur" Herausforderungen) sehen?

Kennen Sie die „Addams Family"? Morticia Addams, die skurrile weibliche Hauptfigur in den Filmen, sagte treffend: „Normalität ist eine Illusion. Was für eine Spinne normal ist, ist für eine Fliege das Chaos." Nicht nur unterschiedliche Perspektiven können zu unterschiedlichen Bewertungen ein und derselben Situation führen. Auch die jeweiligen Lebensumstände eines Menschen führen zu einer bestimmten Vulnerabilität (Verwundbarkeit, von lat. *vulnerare* = verletzen). Diese Lebensumstände unterliegen einer ständigen Veränderung und auch die Intensität der unterschiedlichen Faktoren, die diese Umstände bedingen, verändert sich unentwegt. Das bedeutet für Sie: Sie haben die Möglichkeit, auf einen (großen) Teil dieser sich dynamisch verändernden Bedingungen Einfluss zu nehmen. Auch wenn wir Teil eines größeren Komplexes sind, sind wir kein machtloses Produkt der uns bestimmenden Bedingungen. Wir können Einfluss auf das nehmen, was aus den verschiedenen Bedingungen und Perspektiven am Ende resultiert. Und wenn es sich jetzt gerade noch nicht so für Sie anfühlt, können Sie für die Zukunft Ihre Selbstwirksamkeit (wieder-) entdecken! Selbstwirksamkeit ist der Glaube an die eigenen Fähigkeiten, auch bei Schwierigkeiten an Zielen festhalten zu können: Sie können in sich Vertrauen haben, können darauf vertrauen, dass Sie an Ihrer Situation etwas ändern können – und das umso besser, je mehr Sie an das denken, was Ihnen bisher schon gut gelungen ist.

Ein Beispiel aus der Praxis: Ein Mann möchte sich coachen lassen, weil sein Körper vor den monatlich stattfindenden Präsentationen für die Unternehmensleitung mit starken Stresssymptomen reagiert. Inzwischen kann er die Nacht vorher nicht mehr ruhig schlafen, er ist fahrig und hat Gewicht verloren. Solche Anzeichen von Stress hat er bei seiner Vorgängerin nicht beobachten können. Sie schien diesen Präsentationssituationen besser gewachsen zu sein als er. Für den Kunden handelt es sich hier um eine echte Krise mit körperlichen Auswirkungen. Warum ist es für ihn anders als für seine Kollegin? Was kann er tun, um die Situation zu verändern? Die Beantwortung solcher Fragen ist die Basis für wertvolle Veränderungen.

Wir haben in der Folge sowohl an seiner inneren Haltung, u. a. geprägt durch hinderliche Glaubenssätze, gearbeitet. Auch haben wir uns alltagstaugliche Methoden des Stressabbaus angeschaut – einfache Interventionen, die er selbst durchführen und damit Kontrolle zurückgewinnen konnte. Die Krisenwahrnehmung veränderte sich in der Folge. Stress und Erwartungsangst wurden minimiert.

Genau wie dieser Kunde haben Menschen, die Einsamkeit als krisenhaften Zustand wahrnehmen, Möglichkeiten, auf diesen einzuwirken. Dass die eigenen Ressourcen nicht auf Anhieb ersichtlich sind, heißt nicht, dass es sie nicht gibt.

Kommen wir jetzt zu Ihnen! Zeit für eine kurze Selbstreflexion:
Wir möchten Ihnen für die Bearbeitung der Selbstreflexionen in diesem Buch noch mal empfehlen, zusätzlich ein leeres Heft oder eine Kladde zur Hand zu nehmen und sich (hand-)schriftliche Notizen zu machen. Auf diese Weise können Sie all Ihre eigenen Fragen und Erkenntnisse gebündelt festhalten.

ÜBUNG 1.1

Einflussfaktoren, Veränderung und Stress

Nehmen Sie Ihr eigenes aktuelles Befinden wahr. Was beschäftigt Sie zurzeit – gedanklich und emotional? Wie fühlt sich Ihr Körper an? Haben Sie irgendwo Schmerzen, Verspannungen oder fühlen Sie ein Unwohlsein? Mit einem kurzen Bodyscan bzw. einer kleinen Körperreise geben Sie sich den Raum, „genau hinzufühlen", einen Scan über alle Körperteile und Regionen durchzuführen, der Ihnen hilft, den Fokus ganz auf sich selbst zu richten. Dieser Scan könnte zum Beispiel wie folgt durchgeführt werden:

Schließen Sie die Augen. Konzentrieren Sie sich ...
- *auf drei unterschiedliche Dinge, die Sie gerade eben noch sehen konnten,*
- *dann auf drei Dinge, die Sie jetzt hören (Straßenlärm, Nachbarn, Vögel etc.).*
- *dann auf drei Dinge, die Sie fühlen (Kleidung, Stuhl, Luftzug vom Fenster etc.).*

Fühlen Sie den Rhythmus Ihres Atems ...
- *wie sich beim Einatmen die Bauchdecke, der Brustkorb inklusive der Schultern hebt und*
- *wie sich beim Ausatmen die Spannung wohltuend legt.*

Wandern Sie mit jedem Atemzug durch die unterschiedlichen Körperregionen, beginnend bei den Beinen und Füßen, über den Bauch, den Rücken, die Brust, die Arme und Hände bis hin zum Hals und dem Kopf. Registrieren Sie Ihre Empfindungen, ohne sie zu bewerten.

Mit jedem Einatmen nehmen Sie Sonne und Energie aus der Luft auf.
Mit jedem Ausatmen geben Sie Spannung und Schmerz an den Raum ab.

Machen Sie auf diesem Wege eine kurze Bestandsaufnahme und notieren Sie, wenn Sie mögen, was Sie wahrnehmen.

Sie können sich den oben kursiv-gesetzten Text z. B. auf Ihr Smartphone aufsprechen oder Sie laden sich eine kostenfreie App mit Diktierfunktion herunter und sprechen sie dort ein (dann jeweils in Ich-Form). Wann immer Sie dann eine Körperreise antreten möchten, können

Sie sich Ihre Anleitung abspielen. Wenn Sie die Sprachaufnahme mit einer für Sie schönen Hintergrundmusik vornehmen, haben Sie eine ganz individuelle Körperreise-Anleitung.

Nach dieser Reise überlegen Sie, inwiefern Sie ggf. positiven Einfluss auf Ihr Befinden nehmen könnten. Können Sie einzelne Faktoren identifizieren, die auf Ihre Gedanken, Ihre Gefühle und Ihr Körpererleben einwirken? Notieren Sie diese und prüfen Sie jeden einzelnen dieser Faktoren auf die Möglichkeit, hier selbst eine Veränderung zu bewirken. Prüfen Sie dabei zum Beispiel:

- Interaktionen mit anderen Menschen
- Ressourcen wie Naturerleben und Bewegung
- Wahrnehmung und Bewertungen
- Resonanz mit sich selbst

Die folgende Tabelle 1.1 umfasst einige Vorschläge, wie Sie positiv auf Ihr Wohlbefinden einwirken können. Die Tabelle darf aber gerne von Ihnen mit eigenen Ideen fortgeführt werden.

Wenn Sie eine Idee haben, was Sie beeinflussen können, dann notieren Sie auch gleich, was Sie brauchen, um wirklich aktiv(er) werden zu können. Was brauchen Sie, um wieder „handlungsfähig“ zu werden? Wer kann Sie dabei unterstützen? Wie (auf welchen Kanälen) können Sie zu diesen Unterstützenden Verbindung herstellen? Gibt es Routinen oder Rituale, die Sie früher zuverlässig mit anderen in Verbindung gebracht haben und die Sie wieder aufnehmen könnten? Auch das können Sie in Tabelle 1.1 festhalten.

Faktoren, die auf mein Wohlbefinden einwirken	**So kann ich selbst Veränderungen vornehmen**	**Wer und / oder was kann mich dabei unterstützen?**
Interaktion mit anderen Menschen (verbale wie nonverbale Kommunikation)	Um mich stärker verbunden zu fühlen, kann ich meinen Mitmenschen interessiert und mit einem Lächeln begegnen, zum Beispiel meine Kollegin fragen, wie ihr Urlaub war.	Ich mache mir eine kleine Notiz, dass ich jeden Tag einem Menschen eine persönliche / interessierte Frage stelle.
Zeit in der Natur und Zeit in Bewegung	Nach einer Jogging-/Spazierrunde durch den Park geht es mir immer besser, ich fühle mich wacher und wohler in meinem Körper.	Ich blocke mir wöchentlich zwei Termine, um dann wirklich joggen / spazieren zu gehen.

Faktoren, die auf mein Wohlbefinden einwirken	So kann ich selbst Veränderungen vornehmen	Wer und / oder was kann mich dabei unterstützen?
Wahrnehmung und Bewertung der Menschen und Situationen	Dass mich Paul letztens in der Stadt nicht gegrüßt hat, muss gar nichts mit mir zu tun haben. Wahrscheinlich hat er mich nur nicht gesehen.	Ich rufe Paul einfach mal an und dann erfahre ich in einem lockeren Gespräch, ob zwischen uns alles in Ordnung ist.
Qualität der Resonanz mit sich selbst (Was muss sich ändern, damit ich mit mir selbst zufriedener sein kann – sowohl ich mit mir allein als auch in Gemeinschaft mit anderen?)	Ich möchte gerne lernen, mehr zu meiner eigenen Meinung zu stehen. Es ist o. k., wenn ich manches anders sehe als meine Freunde.	Ich schaue mal, ob es einen Kurs in meiner Nähe gibt, um die eigene Meinung rhetorisch besser zu verpacken.
	Was fällt mir noch ein?	

Tabelle 1.1 Das eigene Befinden positiv beeinflussen: Überlegen Sie sich eigene Inhalte.

Im besten Fall sind Ihre Gedanken jetzt in Bewegung. Vielleicht haben Sie das Gefühl von Irritation. Das ist auch eine Bewegung, die Sie positiv wahrnehmen dürfen: Lächeln Sie einmal bewusst. Die Aussicht auf mögliche Besserung bewirkt die Ausschüttung von „Glückshormonen“ und Sie fühlen vielleicht einen Hauch von Tatendrang. Lassen Sie das Gefühl der Einsamkeit den Motor dafür sein, hilfreiche Aktivitäten in Angriff zu nehmen. Konstruktiv betrachtet können Einsamkeit und Unzufriedenheit wertvolle Impulse für eine positive Veränderung darstellen.

1.5 In Resonanz kommen

Stellen Sie sich vor: Ein schöner Maitag im Norden Bremens. Blauer Himmel, Sonnenschein. Dem Lauf des Flüsschens Lesum folgend, gehen wir beiden Autorinnen spazieren, wieder einmal in ein intensives Gespräch vertieft, an welchem wir Sie teilhaben lassen wollen, da es zentrale Aspekte des Buchs berührt.

Sonia: „Wenn du auf Krisenzeiten blickst, z. B. auf die letzte Pandemie: was, würdest du sagen, waren da die bestimmenden Themen im Rahmen deiner Tätigkeit als Trainerin, Coach oder psychologische Beraterin?“

Christiane: „Im Coaching arbeite ich gerne mit dem Zitat von Charles Dickens: ‚Auch eine schwere Tür hat nur einen kleinen Schlüssel nötig‘, was bedeutet, dass es auch für das, was besonders herausfordernd erscheint, eine verhältnismäßig leicht umzusetzende Lösung gibt.
Viele Menschen haben vor dieser ‚schweren Tür‘ der Pandemieisolation gewartet und auch gelitten, bis sie wieder geöffnet wurde. Der Blick auf den eigenen ‚Schlüssel‘ zum Öffnen dieser Tür, zur Bewältigung der Herausforderung, ist nicht immer einfach – aber er lohnt sich.“

Sonia: „Und wie kann dieser Schlüssel aussehen?“

Christiane: „Für jeden anders. Das systematische Herunterfahren des gesellschaftlichen Lebens hat viele Menschen vor eine Situation gestellt, die ihnen sehr unangenehm war: Sie waren ungewohnt oft und intensiv mit sich allein, auch zu zweit allein. Zu der Angst vor dem Virus und einer körperlichen Erkrankung gesellte sich die Herausforderung, sich bestimmten Themen stellen zu müssen, die vor der Pandemie gekonnt durch ausreichend Zerstreuung ausgeblendet werden konnten. Im Vordergrund standen dann Beziehungsprobleme, Unzufriedenheit im Beruf, Probleme mit den Kindern, Wortlosigkeit zwischen Freunden und vieles mehr. Bei einigen half es schon, eine andere Perspektive zum Alleinsein einzunehmen, denn etwas allein zu machen oder allein zu sein, ist nicht das Gleiche wie einsam zu sein und muss auch nicht Einsamkeit als negative Folge haben! Es kann auch bedeuten, mit sich selbst zufrieden zu sein und auch Dinge an sich selber wahrzunehmen, die sonst gern übersehen werden oder die keinen Platz haben."

SONIA: „Also hat die Krise eher allgemeine Themen in den Vordergrund geholt?"

CHRISTIANE: „Genau, Themen des normalen Lebens, aber um ein Vielfaches intensiver.

Die negativen Folgen auch in anderen Krisensituationen äußern sich insbesondere durch sich intensivierende negative Gedanken. Es ist dann immer wieder ein wichtiger Moment im Coaching oder in der Therapie, dem Kunden oder Patienten die Wirkungsweise negativer Gedanken zu erklären. Zu erklären, warum diese negativen Gedanken den Menschen körperlich spürbar zu schaffen machen. Wie erklärst Du als Wissenschaftlerin diese Wirkung?"

SONIA: „Gedanken und Gefühle sind mit Blick auf unser Nervensystem nur biochemische Prozesse. Einfach gesprochen, erzeugen negative Gedanken für unser Gehirn einen Stresszustand, der zu einer erhöhten Ausschüttung bestimmter Hormone und Botenstoffe führt, u. a. Kortisol und Adrenalin, die bei einer unangemessenen und dauerhaften Überproduktion zu einer Schädigung bestimmter Organe und Muskeln führen können, obwohl sie grundsätzlich gut und wichtig sind."

CHRISTIANE: „Ähnliches beobachten wir ja auch bei Menschen, die an beruflicher oder sozialer Überlastung leiden. Ich versuche dann die Betroffenen zu positiven und konstruktiven Gedanken und Handlungen anzuregen, die wiederum das Motivationszentrum im Gehirn aktivieren, sodass ein Cocktail aus Serotonin, Dopamin und anderen Hormonen ausgeschüttet wird, der dann beruhigend und glücklich macht. Gewissermaßen die Aktivierung der körpereigenen ‚Hormonseelsorge'!"

SONIA: „Ganz genau. Ein ‚kleiner Schlüssel' kann sein zu lernen, dass Abstandhalten und soziale Distanzierung nicht das Gleiche sind. Auch wenn eines Tages wieder Abstandhalten oder das Tragen eines Mund-Nasenschutzes geboten sind, ist es möglich, freundlich zu lächeln und zu grüßen, sich ein nettes Wort zu schenken oder auf einen Plausch stehen zu bleiben – mit ausreichend Abstand zueinander und dennoch verbunden. Es gibt immer Mittel und Wege, einander nah zu sein."

Haben Sie ein Bild von unserem Spaziergang bekommen? Fühlen Sie auch die wärmende Maisonne, nehmen den Duft der blühenden Bäume wahr und hören die Möwen über dem Wasser? Wenn dieses Bild für Sie mit positiven Eindrücken und Erinnerungen verknüpft ist, dann fühlen Sie sich jetzt vielleicht entspannt und Ihr Mund deuten ein leichtes Lächeln an. Das ist ein Beispiel für eine gelungenen Aktivierung der „Hormonseelsorge", nur Kraft Ihrer Gedanken.

Nun aber zu Ihnen!

ÜBUNG 1.2

Der Blick zurück

Wir laden Sie dazu ein, einen Blick zurückzuwerfen auf Ihren Lebensweg, Ihre Herausforderungen und Ihre dabei offenbar gewordenen Stärken, Talente und Ressourcen.

Wenn Sie merken, dass es Ihnen nicht guttut, an Ihren Lebensweg und seine Herausforderungen zu denken, dann gibt es mehrere Möglichkeiten, eine Reflexionsaufgabe anzugehen:

- *Sie überlegen, evtl. gemeinsam mit einem vertrauten Menschen oder Therapeuten, ob diese Reflexion für Sie an dieser Stelle förderlich ist und verzichten ggf.*
- *Sie reflektieren über die Erlebnisse gemeinsam mit einem vertrauten Menschen oder Therapeuten.*
- *Sie richten sich gedanklich einen „sicheren Ort" (vgl. Kasten) ein, wie wir es im Coaching nennen, an den Sie sich (ebenfalls gedanklich) zurückziehen und erholen können, wenn es an schwierige Themen geht, die Unsicherheit und Schmerz mit sich bringen.*

Der sichere Ort – eine Kurzanleitung

Auf dem Weg zu Ihrem persönlichen „sicheren Ort" schauen Sie bitte im ersten Schritt auf die Sonnenmomente in Ihrem Leben. Die Momente, in denen Sie sich *wohlfühlten!*

Aus diesen Sonnenmomenten filtern Sie nun die Momente heraus, die von einem starken Gefühl der Sicherheit und Geborgenheit geprägt sind. Das Gefühl der Sicherheit kann sowohl von dem Gefühl der eigenen Stärke, der Kräfte geprägt sein, als auch von einem Gefühl des Geschütztseins, des tiefen Friedens.

In welchen Momenten haben Sie sich entweder stark und frei oder besonders geschützt und friedvoll gefühlt?

Beispiele: Ein Kunde im Coaching hatte einen Moment aus seinem Urlaub in den Bergen vor Augen. Nach dem langen und beschwerlichen Weg zum Gipfel war da dieser Moment, als er es geschafft hatte und erfüllt war von einem fantastischen Gefühl der Größe und Weite, des Friedens und der Unendlichkeit. In diesem Moment fühlte er sich absolut unbesiegbar und sicher.

Eine andere Kundin beschrieb ihren sicheren Ort wie folgt: Sie ist Reiterin und seit ihrer Jugend geht sie in schweren Zeiten spät abends in den Stall und setzt sich zu ihrem Pferd in die Box. Der Pferdegeruch, das ruhige Mahlen, wenn die Pferde ihr Futter zerkleinern, gibt ihr das Gefühl von absoluter Sicherheit und Frieden.

Haben Sie auch einen solchen Moment oder einen realen Ort, der Ihnen Sicherheit gibt?

Wenn Sie diesen Moment oder Ort gefunden haben, dann schließen Sie bitte die Augen, atmen Sie ruhig ein und aus und machen Sie sich auf die gedankliche und gefühlsmäßige

Reise an diesen Ort. Versuchen Sie zu fühlen, was Sie in diesem Moment gefühlt haben. Erinnern Sie sich an Gerüche und Geräusche – was war da?

Lassen Sie sich von diesem Gefühl durchströmen und genießen Sie das gute Gefühl, absolut sicher zu sein.

Wenn es Ihnen gelungen ist, diesen Moment wiederzuerleben, wir nennen es „sich mit diesem Moment und den mit dem Moment verbundenen Gefühlen zu assoziieren", dann überlegen Sie sich bitte eine kleine Geste, z. B. einen Griff an Ihr Ohr oder Ihr Handgelenk oder eine Hand auf den Bauch, mit der Sie diese Assoziation bewusst einleiten – und „üben" Sie diesen Vorgang ein paarmal, bis Sie erleben, dass sich bei dieser kleinen Geste das Gefühl der Sicherheit einzustellen beginnt. Damit haben Sie das Gefühl des sicheren Ortes an diese Geste „geankert".

Ist es Ihnen gelungen? Wenn ja, gratulieren wir Ihnen! Sie haben damit die Möglichkeit, in schwierigen Situationen eine Pause von negativen Gefühlen (auch dem der Einsamkeit übrigens) einzulegen. Wenn es Ihnen im ersten Anlauf noch nicht gelungen ist, versuchen Sie es wieder. Auch wenn Ihnen Ihr bisheriger Lebensweg sehr schwer und vielleicht auch dunkel erscheint, wird es Momente gegeben haben, die heller waren. Es ist wichtig, dass Sie diese Momente aktiv suchen und sammeln.

Nun zu den Fragen:

Wie nehmen Sie persönliche, gesellschaftliche und klimatische Veränderungen wahr? Wann hängen Veränderungen für Sie mit Stress zusammen?

Bedenken Sie dabei: Stress kann positiv und negativ sein. Veränderungen können zu Eustress (positiv) oder Disstress (negativ) führen (vgl. Abb. 1.6).

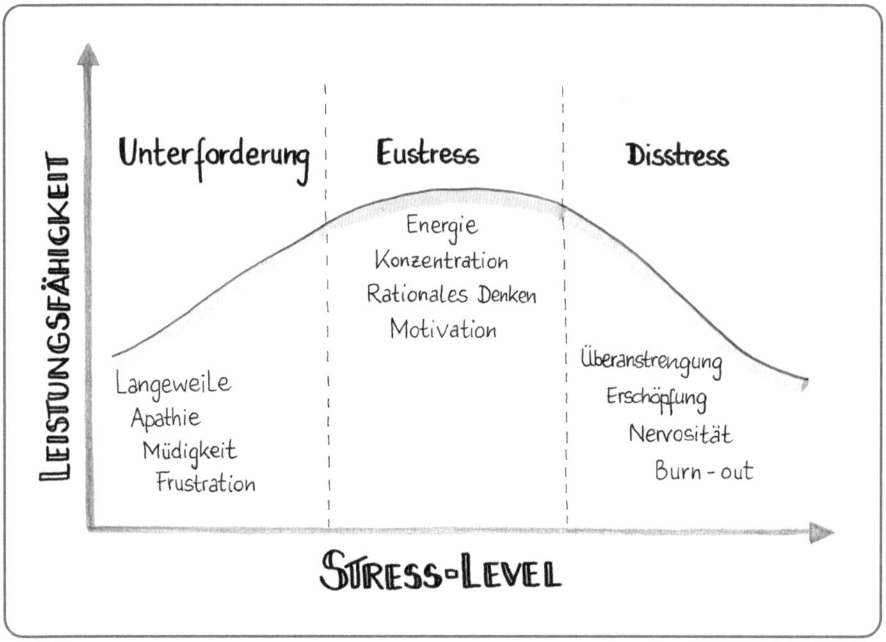

Abbildung 1.6: Die eigene Leistungsfähigkeit in Abhängigkeit des empfundenen Stresslevels

Was waren für Sie einschneidende Lebensereignisse in Ihrem Leben? Welche waren besonders schön und erfreulich? Welche waren traurig und schmerzhaft? Welche waren erst stressreich und haben sich dann doch als Chance herausgestellt? Wieso jeweils?

Wenn Sie einen Schritt zurücktreten und über sich selbst und das, was Sie in den vergangenen drei Jahren gemacht und geschafft haben, nachdenken: **Womit sind Sie zufrieden, worüber froh oder sogar stolz?**

Gewohnheiten spielen eine wichtige Rolle bei der Bewältigung von Herausforderungen und dem Umgang mit Veränderung. Wie war das bei Ihnen bisher: **Was hat bei Ihnen gut funktioniert, um neue Alltagsroutinen zu finden und ggf. damit aus einem Krisenmodus rauszukommen?**

Viele Menschen berichten, dass *körperliche Bewegung* bei der Bewältigung von seelischen Herausforderungen unterstützen kann. Durch die Konzentration auf die Übung kann das negativ empfundene Gefühl der Einsamkeit für eine gewisse Zeit „vergessen" werden. Zudem treffen wir vielleicht automatisch andere Menschen, wenn wir zum Beispiel im Park laufen gehen. Sport in einem Team kann ein Mittel sein, um sich anderen Menschen näher zu fühlen. Bei Wettkampfsportarten kann aufgrund der geteilten Emotionen, die mit dem Gewinnen oder Verlieren eines Spiels einhergehen, ein Gemeinschaftsgefühl entstehen. Sport ist aber auch eine Chance zum Kennenlernen der Teammitglieder auf einer persönlicheren Ebene. Am wichtigsten ist jedoch, als Teammitglied ein Teil von etwas zu sein und ein Gefühl der Zugehörigkeit genießen zu können. Welche (neue) Sportart könnten Sie sich für sich vorstellen? Sie müssen nicht gleich einem Verein beitreten, wenn Sie kein „Vereinstyp" sind. Auch regelmäßige Spaziergänge sind ein guter Anfang.

Ein *strukturierter Alltag* ist in jedem Fall hilfreich, um dem oft lähmenden Gefühl von Einsamkeit entgegenzuwirken. Das kann bestimmte Rituale beinhalten oder die geplante Umsetzung kleinerer Vorhaben – und, wenn wir diese geschafft haben, die Freude darüber. Welches Projekt würden Sie gerne in Angriff nehmen?

Wichtig ist, möglichst regelmäßig *Zeit im Freien zu verbringen* und die Sonne oder den Regen wahrzunehmen oder wenigstens am Fenster frische Luft einzuatmen. Damit verbunden ist die Einladung, die Aufnahme von Nachrichten aus der Welt zu reduzieren und stattdessen die *Sinne zu entspannen,* zum Beispiel ein gutes Buch zu lesen, die Lieblingsmusik anzuhören, ein Waldbad zu nehmen, Yogaübungen zu machen etc. Wie verwöhnen Sie Ihre Sinne am liebsten?

Wichtig ist aber auch, gut *im Kontakt mit anderen Menschen* zu bleiben, also sich zu treffen und etwas gemeinsam zu unternehmen, entweder persönlich, per Telefon oder Videokonferenz oder mal wieder einen Brief zu schreiben – je nachdem, was Ihnen gerade leichter fällt und für den Start am besten passt. Und *lächeln Sie* auf der Straße einmal andere Menschen an. Die meisten lächeln zurück – und das tut allen gut.

Nun haben Sie schon einige Seiten dieses Buchs gelesen und vielleicht andere und neue Erwartungen an das Buch als noch beim ersten Aufschlagen der Seiten. Welche Erwartungen haben Sie jetzt? Was wollen Sie für sich erreichen?

Sicherlich werden wir nicht alle Ihre Erwartungen mit unserem Buch erfüllen können, es ist ja kein Wunderbuch. Aber wenn Sie sich Ihrer Erwartungen und Ziele bewusstwerden, dann können Sie selbst Wunder bewirken. Sie selbst sind nämlich Ihr eigener Schlüssel „zum Öffnen der schweren Tür", zur Bewältigung der Herausforderungen, die Sie erleben.

Wie wir an Herausforderungen herangehen, wie wir sie bzw. ob wir sie überhaupt anpacken, hat schon eine große Bedeutung und bestimmt den Nutzen, den wir aus dem Prozess für uns ziehen können. Nutzen Sie Ihre Chance und sammeln Sie – auch mit Hilfe dieses Buchs – Werkzeug, um sich eine gute und lebenswerte Gegenwart und Zukunft aufzubauen.

Fazit

Wir alle können uns aus dem Zustand der Einsamkeit befreien – in jedem Alter. Es gibt dazu verschiedene Möglichkeiten, die mit der Begegnung mit anderen Menschen, aber auch mit dem Gut-allein-sein-Können beginnen. Soziale Medien sind eine wichtige Vernetzungsmöglichkeit, bergen aber auch Gefahren, nicht wirklich „da“ zu sein. In Resonanz zu kommen bedeutet, achtsam im Hier und Jetzt zu sein – mit sich selbst und mit anderen.

2. Der Sinn von Einsamkeit

Es gibt viele verschiedene Theorien zur Beschreibung, Erklärung und Änderung der Einsamkeit. Diese Theorien und Modelle wurden entwickelt, um das Gefühl der Einsamkeit und damit zusammenhängende Aspekte zu erklären, zu beschreiben oder auch Wege aufzuzeigen, um die Situation betroffener Menschen zu verbessern. Ein Beispiel für diese Theorien ist die sogenannte Evolutionary Theory of Loneliness[33], kurz ETL. Sie erklärt das Erleben von Einsamkeit durch eine Kombination aus Anlage (d. h. Genen) und Umweltfaktoren, wobei Einsamkeit auch wiederum auf diese Faktoren zurückwirkt.

2.1 Die Evolutionary Theory of Loneliness

Die menschliche Evolution hat gezeigt, dass die Arterhaltung und das Überleben der Spezies durch die Gemeinschaft, die Herde, gesichert wird. Einsamkeit kann wie ein Warnsignal anzeigen, dass soziale Beziehungen gefährdet oder beschädigt sind. Sie hat die evolutionsbiologische Funktion, Menschen den Impuls zu geben, sich mit für sie bedeutsamen Menschen zu verbinden und heilsame Beziehungen (wieder) herzustellen, zu verbessern oder neu aufzubauen. Damit schafft Einsamkeit im Gehirn eine wichtige Grundlage für verbindende Verhaltensweisen und kann der Risikowahrnehmung dienen sowie änderungsmotivierend und intentionsbildend wirken.[34] Gesellschaftlich betrachtet ist zunehmende Einsamkeit ein Indikator dafür, dass nicht nur einzelne Menschen ausgeschlossen werden bzw. sich ausgeschlossen fühlen, sondern dass sich ganze soziale Gruppen auflösen. Anders ausgedrückt: Der gesellschaftliche Zusammenhalt kann gefährdet sein und wichtige Kompetenzen der Gruppenmitglieder (wie Empathie) sind nicht mehr ausreichend ausgeprägt.[35]

2.2 Einsamkeit als Stresserleben

Die Evolutionary Theory of Loneliness verdeutlicht, welche Funktion die Verbindung zu anderen Menschen erfüllt (= Überleben sichern) und welche Bedeutung in diesem Zusammenhang das Gefühl der Einsamkeit hat (= Warnsignal). Schon das vage Gefühl, nicht ausreichend mit anderen verbunden zu sein, erzeugt Stress, weil es – evolutionär betrachtet – lebensgefährlich ist.

An dieser Stelle möchten wir auf die eigentliche Funktion von Stress zu sprechen kommen, die darin besteht, Energie freizusetzen.

Abbildung 2.1: Stress als Überlebensvorteil, weil es warnt und wachrüttelt, Energien freisetzt und zu Höchstleistungen veranlasst

Wenn wir in der Menschheitsgeschichte zurückdenken, dann haben diejenigen überlebt, die bei Warnsignalen, zum Beispiel einem Rascheln im Gebüsch („Naht hier ein wildes Tier?"), mit Stress reagiert haben: Ihr Körper ermöglichte ihnen, zu flüchten oder zu kämpfen („Flight or Fight"). Die derzeitigen Gefahren und Formen von „Flüchten und Kämpfen" sehen natürlich anders aus als noch vor zwei- oder fünftausend Jahren. Unser Körper reagiert jedoch noch immer mit denselben Stresssymptomen, um uns für das Überleben zu wappnen. Das ist ein Grund dafür, warum Sie sich Stresssymptomen in jedem Fall mit Selbstachtsamkeit zuwenden sollten, anstatt sie zu bagatellisieren oder zu ignorieren.

Unser evolutionäres Erbe können wir nicht abschütteln (und das wäre auch gar nicht sinnvoll). Wir werden daher auch nicht müde, Ihnen als Ausgangsbasis eine andere Haltung Ihrer Einsamkeit gegenüber nahezulegen: Der Stress, das Leid, das Sie in Form von Einsamkeit empfinden, kann durchaus als wertvolles Signal Ihres Körpers verstanden werden. Aber: Es gibt erlernbare Methoden, mit denen Sie gelassener und versöhnlicher werden und auf dieser Basis wirkungsvolle Strategien für eine Verbesserung Ihrer Situation entwickeln können – und die Sie am Ende des Buchs in Ihrem Werkzeugkoffer haben werden.

Stressfaktor: Fehlender Selbstwert und mangelnde Selbstwirksamkeit

Bei dem Vorhaben, Ihre Situation zu verbessern, ist Selbstwirksamkeit sehr wichtig. Wer lange Zeit das Gefühl hat, keinen Einfluss auf die ihn umgebenden Bedingungen ausüben zu können, lernt, dass es egal ist, ob er etwas beabsichtigt und zu erreichen versucht oder nicht. Im schlimmsten Fall entwickelt sich eine sogenannte gelernte Hilflosigkeit oder sogar eine Depression. Genau das wollen wir vermeiden bzw. vermindern. Deswegen ist es wichtig, (sich) auch in schwierigen Situationen kleine Handlungsspielräume zu erhalten. Hier spielt die individuelle Bewertung der Situationen eine entscheidende Rolle: Wenn Sie sich bewusst machen, dass Sie in Ihrem Alltag, auch wenn er aus unterschiedlichen Gründen eingeschränkt ist, immer noch eigene Entscheidungen treffen können (z. B. „Wie offen gehe ich auf andere Menschen zu?" „Spreche ich selbst Einladungen aus?", „Mache ich Vorschläge für gemeinsame Unternehmungen?", „Zeige ich mich interessiert an anderen Menschen?" etc.), bleiben Sie handlungsfähig und auf das Machbare, das Positive fokussiert (vgl. Tab. 2.1).

Faktoren, die auf meinen Selbstwert und meine Selbstwirksamkeit einwirken	So kann ich selbst einen Impuls für positive Veränderungen geben	Wer und / oder was kann mich dabei unterstützen?
Erfolgserfahrungen	An das denken, was mir schon gut gelungen ist	Meine Freundin, mit der ich mich austauschen kann
Entscheidungsfreiheit / -möglichkeiten		
Positives Feedback		
Freude und Spaß		
	Was fällt mir noch ein?	

Tabelle 2.1: Eine positive Sicht entwickeln: Überlegen Sie auch für sich selbst!

Wenn Sie diesen Gedanken als banal ansehen, dann laden wir Sie dazu ein, Ihr Selbstverständnis immer mal wieder zu hinterfragen und achtsam die eigenen Entscheidungs- und Handlungsspielräume wahrzunehmen, als selbstverordnete Seelenmassage z. B. in einengenden Lebenssituationen.

Stressfaktor Digitalisierung

Ein weiterer Stressor mit Blick auf die Einsamkeit hat an Bedeutung gewonnen: Die Digitalisierung macht vielen Menschen aufgrund der damit einhergehenden Veränderung des Kommunikationsverhaltens sehr zu schaffen. Da ist zum einen die ständige Erreichbarkeit, die im wahrsten Sinne des Wortes ein Abschalten verhindert. Die Folge: Wir sind immer weniger bei uns selbst, wir gehen weniger in Resonanz mit unseren eigenen Bedürfnissen, Werten und Zielen. Die ständige „Verbindung nach außen" birgt die Gefahr, mehr und mehr den Bezug zu unserer Innenwelt zu verlieren.

Dann sind da die vielen Menschen, die ihr Leben – natürlich auf Hochglanz poliert – öffentlich zur Schau stellen und eine stets intensive und gute Verbindung zu anderen suggerieren, was die Wahrnehmung der (vermeintlich) eigenen Unverbundenheit noch verstärkt. Als wäre eine hohe Anzahl an Likes und Followern ein Garant für echte Verbundenheit … Manche Menschen fühlen sich hier grundsätzlich abgehängt, andere nicht wirklich erfüllt von den vielen Kontakten in den sozialen Medien.

Es geht uns nicht darum, die Digitalisierung zu verteufeln. Digitale Anwendungen und Apps bieten in vielen Bereichen Chancen und Vorteile. Es spricht nichts gegen die Nutzung, solange die Nutzenden ein „gesundes Maß" nicht überschreiten, denn wie so oft macht die Dosis das Gift: Wer so intensiv in der digitalen Welt unterwegs ist, dass das Gefühl für die Realität verloren geht, läuft Gefahr, in eine Abhängigkeit zu geraten oder den Bezug zum echten Leben zu verlieren.

Als Gründe zum Beispiel für die Nutzung von Gesundheits-Apps nennen die Deutschen nicht nur den Wunsch, gesund zu bleiben, sondern auch „besser werden" zu wollen. Den Bezug zum „echten Leben" nicht zu verlieren, bedeutet hier konkret, auch dann Freude an der Bewegung zu haben, wenn der Tracker die Schritte nicht zählt; dass wir auch dann achtsam mit unserem Körper umgehen und aus der Körperwahrnehmung heraus dafür sorgen, dass wir ausreichend trinken, auch wenn die App nicht piept; dass wir für einen ruhigen Schlaf sorgen, auch ohne dass die Smartwatch am Handgelenk die Nacht protokolliert. Wer nur noch das macht, was die App vorgibt, oder nur dann Freude an etwas hat, wenn die App Sterne und Trophäen verteilt, darf sich fragen, wie sein Belohnungssystem im echten Leben aktiviert werden könnte. Wenn Sie darauf keine Antwort haben, versuchen Sie es mit „Digital Detox"

(„digitale Entgiftung“ als Gegenbewegung zum *always on*) und stellen Sie sich anschließend die Frage noch mal.

Darüber hinaus kann ein ständiges Streben nach Selbstoptimierung anstrengend sein und überfordern. Das Vertrauen darauf, dass wir in Ordnung sind, so, wie jeder Einzelne ist, und Aktivitäten auch genießen können, ohne den besten Selfies für möglichst viele Likes hinterherzujagen, ist nicht nur angenehm, sondern kann auch heilsam sein.

Und wie sieht das hinsichtlich der Einsamkeit aus? Ein gesundes Maß an Mediennutzung und ein gezielter Einsatz helfen dabei, sich mit anderen Menschen zu vernetzen, auszutauschen oder Mut zu fassen, auf andere zuzugehen. Aber wer ständig nur mit Instagram und Facebook Zeit verbringt, hat vielleicht gar keine Zeit mehr für reale Freunde oder sieht nicht, dass es wohltuende Möglichkeiten für reale physische Begegnungen gibt, die auch psychisch guttun. Verbundenheit braucht auch andere Kontaktformen.

Stressfaktor gefährdete Umwelt

Globale oder regionale Ausnahmesituationen wie Pandemien, Kriege oder Wirtschaftskrisen können das Gefühl der Einsamkeit verstärken, wenn entweder die Sehnsucht nach sozialen Kontakten besteht, diese aber in Krisensituationen aus unterschiedlichsten Gründen nicht erfüllt werden kann, oder aber Menschen sich in Anbetracht einer Bedrohung in den sozialen Rückzug begeben. Eine aktuelle Krise ist, ohne Zweifel, der globale Klimawandel mit seinen weitreichenden Folgen. Als Klima-Sorgen oder „Eco-Anxiety“ (Kurzform für Ecological Anxiety – Sorgen bezüglich der Folgen des Klimawandels oder der ökologischen Bedrohung) wird die damit zusammenhängende Furcht vor dem Klimawandel und der Umweltzerstörung bezeichnet. Sie kann als eine persönlich relevante Krise verstanden werden. Ungewissheit und Besorgnis über Naturkatastrophen und den Klimawandel kann Unbehagen, Gefühle von Stress und Sorgen auslösen. Auch können diese Faktoren zu Gefühlen der Einsamkeit beitragen: Menschen fühlen sich vom Rest der Gesellschaft abgeschnitten, der sich ihrer Meinung nach nicht so sehr um die Auswirkungen des Klimawandels kümmert, wie sie selbst. Außerdem kann es sein, dass Personen mit ausgeprägten Klimasorgen die Auswirkungen des Klimawandels bereits persönlich erfahren haben (z. B. durch Überschwemmungen). Sie könnten sich entfremdet fühlen von Menschen, die (bisher) nicht direkt von Naturkatastrophen betroffen waren.

Umgekehrt kann Einsamkeit auch die Sorgen um die Zukunft, und hier insbesondere Klimasorgen, verstärken, weil einsame Menschen selten jemanden zum Reden und für einen hilfreichen Austausch haben.

Studien zeigen deutlich, dass diejenigen, die sich täglich einsam fühlen, auch stärker von der Furcht vor dem Klimawandel und von entsprechenden Sorgen betroffen sind. Deswegen ist es umso wichtiger, die Einsamkeit als Treiber für eine Veränderung zu nutzen: Sich mit anderen zusammenzutun, auszutauschen und gemeinsam aktiv zu werden, all das kann helfen gegen die Sorgen und „schlechte Laune", gegen das Gefühl der Ohnmacht und für das Gefühl, selbstwirksam zu werden und aktiver Teil einer Gemeinschaft zu sein. Luisa Neubauer hat dazu gesagt:

> „Oft ist die Ohnmacht ja erst mal da. Aber dann geht es darum, was machen wir daraus? Wie gehen wir damit um? Erkennen wir diese Ohnmacht als Ohnmacht? Oder wiegeln wir das ab als schlechte Laune, weil die Welt irgendwie schlecht geworden ist in unseren Augen. In dem Augenblick, wo wir das aber als Ohnmacht erkennen, erkennen wir eben die Strukturen, und zwar zunächst ein Machtdefizit. Wir haben also scheinbar nicht die Macht, wir sind ohne Macht oder haben zu wenig Macht, um auf eine Situation oder eine Krise angemessen zu reagieren. Dann liegt es aber auch an uns zu erkennen: Wären wir nicht viel eher in der Verantwortung, eine Art Gegenmacht aufzubauen? Das fängt bei sich selbst an, sich selbst zu behaupten, sich dann vielleicht mit anderen zusammenzutun und gemeinsam dann loszulegen im besten Fall."[36]

Einsamkeit kann uns ohnmächtig machen, doch richtig verstanden und eingesetzt, kann sie uns auch in die Lage versetzen, uns mit anderen zu vernetzen, uns gegenseitig zu bestärken und gemeinsam mehr zu schaffen, als wir allein in der Lage wären.

Soziale Ansteckung

„Gute Laune ist ansteckend", heißt es gemeinhin. Und das stimmt tatsächlich: Menschen übernehmen automatisch Gefühle voneinander. Wir schwingen gewissermaßen mit den uns umgebenden Menschen mit. Grund hierfür sind die sogenannten Spiegelneuronen im Gehirn. Sie ermöglichen es uns, die Gefühle anderer nachzuempfinden, passend darauf zu reagieren und sogar sie (unbewusst) zu imitieren. Diese Gefühlsansteckung ist einerseits eine wichtige Fähigkeit für den Aufbau von Beziehungen, anderseits auch eine Gefahr für das eigene Wohlbefinden und das der anderen. Und das gilt auch in Bezug auf die Einsamkeit. Der Einsamkeitsexperte John T. Cacioppo schrieb: „Menschen, die sich einsam fühlen, empfinden die Welt als bedrohlich. Sie sind sich dessen vielleicht nicht bewusst, aber sie hegen negative Gedanken über andere Personen. Sie verbreiten diese Gedanken durch ihren Gesichtsausdruck, ihre Gebärden, ihre Körpersprache oder Kommentare."[37]

Auch Einsamkeit kann also „ansteckend" sein. Studien haben sogar gezeigt, dass das auch über indirekte Kontakte geschehen kann (z. B., wenn meine Freundin sich einsam fühlt, ich mich nach dem Kontakt mit ihr auch einsam fühle und ich wiederum einen Nachbarn treffe, der sich anschließend ebenfalls einsamer fühlt und der dieses Gefühl an einen Arbeitskollegen weitergibt usw.).

Machen wir uns also bewusst, dass jeder von uns einen großen (negativen wie positiven) Einfluss auf die Gefühle unserer Mitmenschen hat. Dann können wir sensibel mit dieser Verantwortung, die sich daraus ergibt, umgehen und zugleich darauf achten, mit wem wir jeden Tag interagieren. Tun uns diese Menschen gut oder schaden sie uns aufgrund ihrer positiven bzw. negativen Energie?

2.3 Selbstcheck: Der Blick auf das eigene Einsamkeitsempfinden

Es ist Zeit für eine Reflexion, nachdem Sie bereits viele Informationen zum Thema Einsamkeit aufnehmen konnten. Wir laden Sie dazu ein, die folgenden Fragen zu beantworten, um Ihrem eigenen Einsamkeits- und Stresserleben weiter nachzuspüren. Halten Sie bitte Ihr Arbeitsheft bereit für die Beantwortung der anschließenden Reflexionsfragen.

Bitte denken Sie an die letzte Woche und beantworten Sie die Fragen, indem Sie den für Sie zutreffendsten Wert in Tabelle 2.2 ankreuzen:

	Nie (1)	Selten (2)	Manchmal (3)	Oft (4)	Sehr oft (5)
1. Wie oft hatten Sie das Gefühl, dass Ihnen die Gesellschaft anderer fehlt?					
2. Wie oft hatten Sie das Gefühl, außen vor zu sein?					
3. Wie oft hatten Sie das Gefühl, dass Sie sozial isoliert sind?					

Tabelle 2.2: Selbstcheck (angelehnt an die UCLA-Einsamkeitsskala von Daniel W. Russel[38])

Berechnen Sie nun bitte Ihren Gesamtwert, indem Sie Ihre angekreuzten Zahlen zusammenzählen und dann durch 3 teilen (z. B. 3 + 5 + 4 = 12 geteilt durch 3 ergibt 4). Üblicherweise[39] gelten Menschen als einsam, wenn Sie einen Mittelwert von 3 auf der Einsamkeitsskala erzielten, also im Durchschnitt angaben, sich mindestens manchmal einsam zu fühlen. Der Wert von 4 würde dafürsprechen, dass der Befragte sich einsam fühlt.

Nun machen Sie noch mal einen Test: **Bitte denken Sie an die letzte Woche und kreuzen Sie den für Sie zutreffendsten Wert an:**

4. Wie häufig haben Sie sich einsam gefühlt?[40]

Selten / nie	Einmal pro Woche	Mehrfach pro Woche	Täglich
0	1	2	3

Und nun schreiben Sie bitte auf, wieso Sie genau diese Antworten auf die Fragen gegeben haben.

Beispiel: Wenn Sie „Einmal pro Woche" bei Frage 4 angekreuzt haben, betrachten Sie in Ihrer Erinnerung genau diesen Moment und notieren Sie, wann genau er war und ob es Sie gestört hat, sich so zu fühlen. Hätten Sie diesen Zustand gerne geändert? Wenn ja, warum? (Zum Beispiel: „Um mich nicht mehr einsam, sondern verbunden zu fühlen und Spaß mit anderen Menschen zu haben.")

Bitte notieren Sie Ihre Gedanken hier oder in Ihrem Extraheft und gehen Sie für die anderen Fragen 1–3 genauso vor.

Wenn Sie jetzt auf Ihre Notizen blicken und die Antworten in ihrer Gesamtheit lesen – welche Gedanken kommen Ihnen dann? Sind es positive Gedanken, wie gut es Ihnen doch geht, wie gesegnet Sie mit guten Verbindungen sind? Oder fällt die Bewertung eher negativ aus: Fühlen Sie überwiegend ein Defizit an Verbindung und Resonanz mit anderen Menschen?

Haben Sie eine Idee, ob Ihnen in den spezifischen Situationen andere Handlungsoptionen offen gestanden hätten?

Haben Sie eine Idee, wieso Sie sich so verhalten haben, wie Sie es taten?

Im Beratungskontext stellen wir an dieser Stelle meist Fragen rund um den defizitären Zustand, der verändert werden soll, um die (oftmals starren) Denkmuster in Bewegung zu bringen. Dazu sprechen wir auch die fünf Dimensionen von Einsamkeit nach Luhmann[41] an. Welche Aussage (Dimension) berührt etwas in Ihnen?

1. **Emotionale und intime Einsamkeit:** „Mir hat eine enge, intime Bindung bzw. eine Person oder ein Familienmitglied gefehlt: ein Mensch, dem ich vertrauen kann und der mich als Person bestätigt."

2. **Soziale und relationale Einsamkeit:** „Mir haben gute Beziehungen zu Freunden oder zur Familie bzw. ein größeres soziales Netzwerk gefehlt."
3. **Kollektive Einsamkeit:** „Mir hat eine Zugehörigkeit zu einer größeren Gruppe oder Gemeinschaft gefehlt."
4. **Kulturelle Einsamkeit:** „Mir hat mein bevorzugtes kulturelles oder sprachliches Umfeld gefehlt."
5. **Körperliche Einsamkeit:** „Mir hat körperliche Nähe gefehlt."

Die Fragen nach Alternativen, nach Motivatoren und Antreibern, nach Ressourcen in Ihnen und in Ihrem Umfeld, auf die Sie möglicherweise zurückgreifen können, die Ihnen in herausfordernden Momenten nicht präsent sind, erweitern den Lösungsraum.

Beispiel 1: Gibt es einen Menschen in Ihrem Leben, der Ihnen nahestand oder noch steht, der Sie gut kannte oder kennt, dem Sie vertrauen? Wenn ja, dann laden wir Sie dazu ein, gedanklich diesen Menschen nach seiner Einschätzung, seinem Rat zu fragen. Was würde dieser Mensch jetzt zu Ihrer Situation sagen? Was würde er empfehlen?

Beispiel 2: Auf welchem Weg haben Sie eine ähnliche Situation schon einmal erfolgreich gemeistert? Auf welche Kompetenz, auf welche Ressource haben Sie damals zurückgegriffen? Was brauchen Sie heute, um sich beim nächsten Mal in einer vergleichbaren Situation anders / besser zu fühlen?

Beispiel 3: Stellen Sie sich vor, Sie gehen heute Abend schlafen und während Sie tief und erholsam schlafen, passiert ein Wunder und die Unzufriedenheit mit Ihrem Leben hat sich in tiefe Zufriedenheit gewandelt. Was wäre dann beim Aufwachen anders? Was würden Ihre Nachbarn sehen, wenn Sie das Haus verlassen? Was könnten die Menschen um Sie herum sehen, was anders ist als sonst?

Bitte schreiben Sie schon jetzt die Gedanken, die Sie während des Lesens dieser Fragen hatten, auf. Notieren Sie ebenfalls, welche Gefühle Sie benennen können, wenn Sie an die Antworten denken. Vielleicht haben Sie jetzt schon einen Impuls, wo Sie eine kleine Veränderung vornehmen, wo Sie einen anderen Menschen ansprechen können. Wie Sie das genau machen können, dazu wollen wir Ihnen im Folgenden verschiedene Anregungen geben. Eine allgemeine Strategie wird abgekürzt als EASE:

- **E**rweiterung des Aktionsradius (Versuchen Sie etwas Neues),
- **A**ktivität (Werden Sie aktiv, tun Sie selbst etwas und planen Sie dies konkret),
- **S**elektieren von Kontakten (Qualität vor Quantität),
- **E**rwarten Sie das Beste! (Seien Sie optimistisch.)

Und damit soll es nun etwas konkreter werden.

2.4 Erste Ideen für den Umgang mit Einsamkeit

Erinnern Sie sich an Abschnitt 1.4 und die Frage, was ist normal? Wann ist etwas zu viel, wann zu wenig? Die Grenze zwischen dem Zuviel und dem Zuwenig ist fließend und abhängig von einer Vielzahl von Faktoren. Sie als Leser sind immer aufgefordert, in die Selbstreflexion zu gehen. Dies betrifft auch die folgenden ersten Ideen für den Umgang mit Einsamkeit (vgl. Abb. 2.2).

Abbildung 2.2: Vom Verstehen zum Handeln

Schritt 1 – Verstehen: Durch die Lektüre der letzten Seiten und dem bewussten Selbstreflektieren haben Sie bereits damit begonnen, Ihre aktuelle Situation und die möglichen Gründe für Ihren Wunsch nach Veränderung oder Verbesserung Ihrer Situation zu verstehen. Reflektieren Sie darüber, warum Sie sich (wahrscheinlich) in Ihrer aktuellen Lage befinden und welche Aspekte Sie konkret ändern möchten. Vielleicht kommen Sie zu dem Schluss, dass Sie sich beruflich in Ihrem Team nicht wohlfühlen und sich daher immer ein wenig wie ein Einzelkämpfer vorkommen. Oder Ihnen fehlt der private Ausgleich, da Sie Ihren Freundeskreis zu sehr vernachlässigt haben oder dieser sich (z. B. nach einem Umzug oder einer Trennung) reduziert hat. Vielleicht sind Sie auch stark mit privaten (auch psychischen) Problemen beschäftigt, was einen gewissen Rückzug Ihrerseits initiiert.

Was immer es ist – machen Sie eine ehrliche und möglichst umfassende Bestandsaufnahme vom Istzustand. Wenn nötig und möglich, lassen Sie sich dabei von jemandem, dem Sie vertrauen, helfen. Das kann auch ein Berater, Psychologe oder ein Coach sein.

Schritt 2 – Ziele setzen: Definieren Sie klare und konkrete Ziele, die Sie erreichen möchten. Diese Ziele sollten SMART-Ziele sein:

- spezifisch („Ist das Ziel konkret formuliert?"),
- messbar („Kann ich mein Vorgehen quantitativ / qualitativ erfassen?"),
- attraktiv („Ist das Ziel für mich relevant und positiv bewertet?"),
- realistisch („Kann ich das Ziel mit meinen Mitteln erreichen?") und
- terminiert („Wann werde ich was tun bzw. was werde ich bis wann erreicht haben?").

Überlegen Sie, was Sie langfristig erreichen möchten, aber zerlegen Sie diese Ziele auch in kleinere Etappen, um den Fortschritt besser zu verfolgen und sichtbar zu machen.

Zielarbeit

Auf einer Skala von 1 (schlechtester Zustand) bis 10 (bestmöglicher Zustand): Wie geht es Ihnen jetzt mit Blick auf Ihr *persönliches Einsamkeitsempfinden oder die vermisste Resonanz*?

Ausprägung: ____________________

Welchen Wert möchten Sie am *Ende Ihrer (Veränderungs-)Reise erreicht* haben?

Ausprägung: ____________________

Was muss sich *verändern*, damit Sie auf der Skala einen Schritt weiter in Richtung „bestmöglicher Zustand" kommen?

Antwort: ____________________

Haben Sie jetzt schon eine Idee, was *Sie selbst zu dieser Verbesserung beitragen* können?

Antwort: ____________________

Die Positionierung eines diffusen Gefühls oder unklaren Zustands auf einer Skala bereitet einen guten Boden für den weiteren Prozess, denn jetzt kann die Veränderung in kleine Schritte zerlegt werden und wird in der Folge „messbar".

Die Frage nach der Veränderung, die für einen nächsten Schritt erforderlich ist (einen Skalenpunkt weiter), zerlegt wiederum die erforderlichen Maßnahmen in kleinere Portionen, die i. d. R. leichter zu handhaben sind und damit schnell ein Erfolgserlebnis schaffen. Der Blick auf den großen Berg, der scheinbar unüberwindbar vor Ihnen liegt, wird damit zunächst einmal auf den nächsten (kleinen) Schritt gelenkt, der wiederum den nächsten nach sich zieht, bis der Gipfel, das große Ziel, erreicht ist.

Schritt 3 – An bisherige Erfolge denken und optimistisch die Zukunft planen: Denken Sie an Ihre bisherigen Erfolge und positiven Erfahrungen zurück. Dies hilft, Ihr Selbstvertrauen zu stärken, und zeigt Ihnen, dass Sie bereits erfolgreich waren. Dann überlegen Sie möglichst optimistisch, wie Sie sich Ihre Zukunft wünschen und welche Herausforderungen damit verbunden sind, welche Ziele Sie sich auf dem Weg in Ihre Wunschzukunft setzen möchten. Dieser positive Blick in die Zukunft kann als Motivation dienen. Aber überprüfen Sie Ihre Ziele noch mal darauf, ob sie wirklich auch realistisch und nicht überzogen sind. Nehmen Sie sich die Freiheit, Anpassungen vorzunehmen. Motivierende Ziele für Ihre Zukunft können Sie smart formulieren (siehe Schritt 2) und mit der PEPP-Regel[42] überarbeiten, in dem Sie die Güte Ihres Ziels mithilfe von vier PEPP-Fragen überprüfen:

1. Ist das Ziel für mich **p**assend?
2. Hat es einen guten **E**ffekt auf meine Wunschzukunft?
3. Ist es **p**raktisch und mit den mir zur Verfügung stehenden Mitteln umsetzbar?
4. Habe ich einen genauen **P**lan, d. h. wann, wo, wie und mit wem wollen Sie Ihr Ziel in die Tat umsetzen?

Schritt 4 – Sich überwinden: Identifizieren Sie den ersten konkreten Schritt, den Sie unternehmen müssen, um Ihre Ziele zu erreichen. Dies kann oft der schwierigste Schritt sein, auch wenn er nur klein ist, aber er erfordert die Veränderung und das Verlassen Ihrer „Komfortzone". Die Komfortzone ist der Bereich, der Ihnen sicher erscheint und angenehm ist – der sie aber festhält in einem unguten Gesamtzustand und den Sie daher verlassen sollten, auch wenn es erst mal unangenehm und ungewohnt ist. Gerade wenn Sie Ihre Einsamkeit ändern wollen, kann es unerträglich wirken, in die „Lernzone" einzutreten, denn dies kann mit einer sogenannten Erstverschlechterung einhergehen: Mit dem Verlassen der Komfortzone kann sich die Wahrnehmung der Einsamkeit erst einmal verstärken (bevor sie dann nachlässt). Denken Sie daran, dass der erste Schritt oft der wichtigste ist, aber dass der erste Schritt ggf. auch immer wieder getan werden muss. Es geht um das Dazulernen – und auch Sie können das schaffen.

Schritt 5 – Selbstaufmerksam und achtsam Erfolge wahrnehmen und sich selbst auf die Schulter klopfen: Seien Sie achtsam gegenüber Ihren Fortschritten und Erfolgen. Beachten und wertschätzen Sie, wenn Sie kleine Zwischenziele erreichen oder positive Veränderungen bemerken. Es ist wichtig, sich selbst „auf die Schulter zu klopfen" und sich für eigene Bemühungen und Erfolge zu belohnen. Dafür sollten Sie kurz innehalten und Ihren Erfolg genießen. Das stärkt die Motivation und das Selbstvertrauen langfristig.

Schritt 6 – Kontinuierliche Selbstreflexion: Der Prozess, den Sie zur Verringerung Ihres Einsamkeitserlebens anstoßen, ist nicht geradlinig und linear, und es können Rückschläge auftreten. Verstehen Sie Ihren persönlichen Veränderungsprozess wie einen Tanz: Es geht ein paar Schritte vor, dann kommt eine Drehung, Sie gehen einen Schritt zurück und wieder ein paar Schritte vor. Nehmen Sie sich Zeit für regelmäßige Selbstreflexion, um Ihre Ziele und Fortschritte anzupassen. Seien Sie geduldig mit sich selbst und passen Sie Ihre Strategien an, wenn nötig oder wenn Sie einen Rückschlag erleben. Denken Sie daran, dass die Verbesserung Ihrer Situation ein kontinuierlicher Prozess ist, der Zeit und Engagement erfordert.

Das persönliche Reflektieren in Bezug auf Einsamkeit schafft einen Raum, um die eigenen Gefühle, Gedanken und Verhaltensweisen im Zusammenhang mit Einsamkeit genauer zu differenzieren. Das bedeutet konkret:

- **Das Bewusstsein für die Gefühle der Einsamkeit schärfen:** Versuchen Sie zu erkennen, ob Sie sich „nur" allein oder auch einsam fühlen. Machen Sie den obigen Test noch einmal oder überlegen Sie, wie Sie sich wirklich fühlen und was Sie vermissen bzw. wie Sie sich gerne fühlen würden.
- **Ursachen identifizieren:** Versuchen Sie durch eine individuelle Situationsanalyse herauszufinden, welche Faktoren oder Lebensumstände zur Einsamkeit beitragen. Das Erkennen der Auslöser oder Verstärker von Einsamkeit ist die Basis für die Entwicklung von Lösungsansätzen. Dabei können Ihnen auch verschiedene Tools helfen wie z. B. die Übung der „5 Warums" (5-Why-Template). Ausgangspunkt ist das Definieren Ihrer aktuellen Problemsituation. Sie fragen sich (oder ausgewählte Vertrauenspersonen), warum dieses Problem aufgetreten ist, und dann fragen Sie weitere viermal, bis Sie zu einem zentralen Aspekt vorgestoßen sind, auf den Sie die weiteren Bestrebungen und Ihre Aufmerksamkeit konzentrieren möchten. Sie finden dazu auch Anleitungen im Internet, z. B. unter ↗ https://miro.com/de/templates/fuenf-warums/
- **Aufspüren von negativen Gedanken und Selbstgesprächen, die das Empfinden der Einsamkeit verstärken:** So kann es gelingen, sich selbst positiver wahrzunehmen, zu lernen, Einfluss auf die Gedanken zu nehmen und damit auch auf das Einsamkeitsempfinden. Wenn Sie häufig negative Gedanken und Selbstgespräche

bei sich wahrnehmen, überlegen Sie, was davon eher Routine als wirklich eine Reaktion auf suboptimale Situationen oder Erlebnisse mit anderen Menschen ist. Stellen Sie sich vor, Sie würden einen Freund beraten. Welchen Tipp würden Sie ihm geben? Schreiben Sie diesen persönlichen Tipp auf und schauen Sie auf diese Notiz, wenn negative Gedanken Sie selbst wieder heimsuchen.

- **Analyse der individuellen sozialen Verbindungen:** Wo ist Potenzial für eine Verbesserung der bestehenden Beziehungen, wo besteht der Wunsch nach Aufbau neuer Beziehungen?
- **Aufbau von Mitgefühl für die eigene Situation:** Es hilft sehr, Einsamkeit anzuerkennen, wenn sie da ist, und empathisch und nicht kritisch auf die eigene Lebenssituation zu blicken.
- **Hilfeszenarien entwickeln:** Einsamkeit kann durch individuelle Faktoren verstärkt werden, wie zum Beispiel durch negative Bindungs- und Beziehungserfahrungen, bestimmte Persönlichkeitsmerkmale oder soziale Ängste. Sind diese (an-)erkannt und ergibt der realistische Selbstcheck, dass es nicht allein möglich ist, die Barrieren für eine gute Verbindung zu anderen abzubauen, dann lassen sich Hilfsangebote finden, die auch aus diesem Zustand heraus aktivierbar sind. (Wir geben Ihnen am Ende dieses Buches einige Adressen dazu an die Hand.)

Wir sind bis jetzt davon ausgegangen, dass die Einsamkeit als negativ empfunden wird und sich daraus die Notwendigkeit ergibt, zu handeln. Aber ist es immer so, dass Einsamkeit das Wohlbefinden beeinträchtigt? Und ist Wohlbefinden für Sie das Gleiche wie für einen anderen Menschen? Der Frage möchten wir im Folgenden mit Ihnen nachgehen.

Fazit

Einsamkeit ist menschlich und bietet als Empfindung einen Überlebensvorteil für uns soziale Wesen. Sie ist ein Warnsignal und schafft den nötigen Änderungsdruck, um uns (wieder) zu verbinden und heilsame Beziehungen herzustellen oder zu verbessern. Wer aufgrund der eigenen Einsamkeit in entsprechenden Stress gerät, sollte diese Energie nutzen. Selbstwirksamkeit ist hier eine wichtige Ressource, die sich stärken lässt.

Auch Stress durch Digitalisierung und weltweite Krisen sollte eher zum Austausch anregen als zum sozialen Rückzug.

Einsamkeit kann mithilfe verschiedener Strategien überwunden werden: EASE, PEPP und SMART wurden in diesem Kapitel als Anregungen genannt. Weitere folgen.

3. Was ist eigentlich Wohlbefinden?

„Der hat sich verbuddelt und es sich in seiner Einsamkeit gut eingerichtet, der Kauz!“ – So oder ähnlich klingt es oft, wenn Menschen über Menschen sprechen, die sich nach und nach aus dem sozialen Leben zurückgezogen haben. Oft wird vermutet, dass dieser Rückzug bewusst passiert, gewollt ist und derjenige sich in seiner Position *wohlfühlt.* Schaffen es diese Menschen in unsere Beratungspraxis, ins Coaching, in eine Telefonsprechstunde o. Ä., dann zeigt sich ein anderes Bild: Der Rückzug ist meistens mit einem gestörten Wohlbefinden verbunden.

Aber was genau ist denn „Wohlbefinden“ und durch welche Faktoren unseres Lebens wird es beeinflusst? Wohlbefinden ist ein multidimensionales Konstrukt, das verschiedene Bereiche der körperlichen, emotionalen und geistigen Gesundheit umfasst. Es gibt verschiedene Ansätze, „Wohlbefinden“ zu definieren und einflussnehmende Faktoren zu bestimmen. Körperliches Wohlbefinden ist definiert als Zustand der Abwesenheit von Krankheiten. Psychisches Wohlbefinden ist bestimmt durch autonomes Handeln, Bewältigung von Umweltanforderungen, persönliches Wachstum, positive Beziehungen mit anderen Personen und das Erkennen des Sinns im Leben sowie durch Selbstakzeptanz[43] (vgl. Tab.3.1).

Eingeschränktes Wohlbefinden kann vorübergehend oder chronisch sein und tritt als Reaktion auf Stressoren, Traumata oder gesundheitliche Probleme auf. Die körperlichen Symptome eines eingeschränkten Wohlbefindens können von Müdigkeit über Schlafstörungen bis hin zu körperlichen Schmerzen reichen. Emotionale Anzeichen umfassen Unzufriedenheit, Angst und depressive Stimmung. Das eingeschränkte Wohlbefinden kann unabhängig von sozialer Isolation oder Einsamkeit auftreten, da es auch auf externe Faktoren wie Arbeitsbelastung oder andere Lebensumstände zurückzuführen sein kann.

Wichtig für unser Thema der erfolgreichen Reduzierung des Einsamkeitsempfindens ist: Obwohl eingeschränktes Wohlbefinden, soziale Isolation und Einsamkeit unterschiedliche Konstrukte sind, können sie in komplexen Wechselwirkungen zueinander stehen. Beispielsweise kann eine längere Phase der sozialen Isolation zu Einsamkeit führen, die wiederum das Wohlbefinden negativ beeinflusst. Umgekehrt – und das ist für unseren Kontext noch entscheidender – kann eingeschränktes Wohlbefinden zur Folge haben, dass die betroffene Person pessimistischere Denkweisen einnimmt, ein negativeres Selbstbild von sich hat und den Austausch mit anderen vermeidet. Der ideale Nährboden für Einsamkeit! Es ist daher wichtig, diese Zusammenhänge zu berücksichtigen – nicht nur, um wahrgenommene Zeichen einer ungünstigen Wechselwirkung richtig zu interpretieren, sondern insbesondere um effektive Maßnahmen zur Verbesserung des individuellen psychischen Wohlbefindens zu entwickeln. Letztere – inklusive Selbstfürsorge und das Bemühen, mit sich selbst in einem guten Kontakt zu sein und das eigene Leben in Balance zu halten – sind somit auch eine starke Prävention vor Einsamkeit.

Das Wohlbefinden umfasst verschiedene Dimensionen wie körperliche Gesundheit, emotionales Gleichgewicht und psychisches Wohlbefinden. Es ist genau wie die Einsamkeit eine subjektive Variable, da es von individuellen Empfindungen und Wahrnehmungen beeinflusst wird. Eine Person kann sich trotz finanzieller Einschränkungen oder sozialer Isolation wohlfühlen in ihrem Leben, während eine andere Person mit ähnlichen objektiven Umständen unter einem eingeschränkten Wohlbefinden leidet.

3.1 Selbstcheck: Wie steht es um Ihr Wohlbefinden?

Das psychische Wohlbefinden basiert auf einer Reihe von persönlichen und sozialen Faktoren oder Dimensionen. Die individuelle Bewertung dieser Faktoren, gemessen an der Bedeutung, die sie in unserer Wertewelt haben, gibt uns einen Hinweis, wie es um unser psychisches Wohlbefinden steht.

Wenn Sie im Folgenden diese Aspekte bewerten, dann führen Sie sich bitte die für Sie optimale und wünschenswerte Ausprägung dieses Aspekts vor Augen und bewerten diese auf einer Skala von 1 bis 10 mit einer 10 und die am wenigsten wünschenswerte Ausprägung mit 1.

Nun betrachten Sie sich in Ihrem gegenwärtigen Zustand und vergeben auch dieser Ausprägung einen Wert zwischen 1 (der geringsten Ausprägung) und 10 (Optimalzustand):

Notieren Sie Ihren Wert in dem freien Feld in Tabelle 3.1 und machen Sie sich ein paar Stichpunkte, welche Aspekte Sie in Ihrem gegenwärtigen Alltag verändern möchten, um einen höheren Wert zu erhalten.

Dimensionen des psychischen Wohlbefindens	Bedeutung	Ihre persönliche Einschätzung
Selbstakzeptanz	Grundlegend für das reibungslose Funktionieren. Selbstakzeptanz = positive Einstellung zur eigenen Person. Akzeptanz der negativen Aspekte und schwierigen Erfahrungen der Vergangenheit. Es wird dadurch kein Unbehagen ausgelöst.	
Positive Beziehungen	Fähigkeit, Beziehungen und Bindungen aufbauen zu können, basierend auf Zufriedenheit, Wärme und Vertrauen. Empathie, Intimität und Liebe, gegenseitiges gesundes Geben und Empfangen.	
Lebensziel	Menschen brauchen ein Ziel, welches der Existenz einen Sinn gibt. Die Fähigkeit, Träume, Ziele und Vorgaben zu entwickeln, als Leitfaden für das eigene Handeln. Das gibt Gegenwart, Vergangenheit und Zukunft einen Sinn.	
Persönliches Wachstum	Die Fähigkeit, das Beste aus den eigenen Talenten und Fertigkeiten zu machen. Inkl. intensiver Nutzung aller Potenziale und Fähigkeiten. Das ermöglicht, inmitten von Schwierigkeiten voranzukommen.	
Autonomie	Die Möglichkeit, selbst zu wählen und Entscheidungen zu treffen, ohne von der Zustimmung anderer abhängig zu sein. Diese Fähigkeit beeinflusst die Verhaltensregulierung und den Widerstand gegen sozialen Druck.	
Beherrschung der Umwelt	Die Reaktion einer Person auf die Anforderungen und Möglichkeiten ihrer Lebensumwelt. Sie bezieht sich auch auf die Fähigkeit, andere zu beeinflussen.	

Tabelle 3.1: Aspekte des psychischen Wohlbefindens: Bitte nehmen Sie eine subjektive Einschätzung vor, damit Sie sich Ihrer Ressourcen und einer möglichen Lösung bewusst werden.

Entscheidend bei dieser Form der Selbstreflexion ist wieder einmal die Aufgabe, den gewohnten Blick vom Defizit weg, hin zu Ressourcen und zum Lösungsraum zu bewegen. „Was kann ich tun?“ ist die zentrale Frage, die eine Einladung für Sie sein kann, die Rolle des „Opfers der Umstände“ zu verlassen und die für das Wohlbefinden so wichtige Selbstwirksamkeit zu fördern (s. a. Abschn. 2.2, Tabelle 2.1, Abschn. 5.3, Übung 11.6 und Übung 12.1–12.2). Gerne dürfen und können Unterstützende diesen Weg begleiten, denn positive Beziehungen sind, wie wir bereits gesehen haben, eine der entscheidenden Größen für das Wohlbefinden.

3.2 Soziale Unterstützung versus soziale Kontrolle

Studien haben gezeigt, dass Einsamkeit das Risiko erhöht, verschiedene Krankheiten zu entwickeln und frühzeitig zu versterben.[44] Demnach kann Einsamkeit ähnlich schädlich sein wie Rauchen oder übermäßiger Alkoholkonsum. Wenn Einsamkeit auch noch langfristig bestehen bleibt, d. h. sich chronifiziert, erhöht sich das Risiko für verschiedene gesundheitliche Probleme weiter, einschließlich Herz-Kreislauf-Erkrankungen, Depressionen, Demenz und andere psychische und kognitive Erkrankungen. Menschen, die sich über einen längeren Zeitraum einsam fühlen, haben ein erhöhtes Risiko im Vergleich zu sozial integrierten Personen.

Soziale Unterstützung durch andere Menschen kann daher als Schutzfaktor gegen die negativen Auswirkungen von Einsamkeit wirken. Wenn Menschen starke soziale Bindungen haben und von einem unterstützenden sozialen Netzwerk umgeben sind, kann dies das Gefühl der Einsamkeit reduzieren und sich positiv auf die psychische und körperliche Gesundheit auswirken. Soziale Unterstützung fördert die Stressbewältigung, verbessert das emotionale Wohlbefinden und trägt dazu bei, gesundheitsfördernde Verhaltensweisen inklusive erholsamen Schlaf zu unterstützen.[45]

Wie bei so vielem im Leben gibt es aber nicht nur Schwarz und Weiß. Auch die Gleichung „je mehr soziale Unterstützung, desto mehr Wohlbefinden“ geht daher nicht auf. Ab einem bestimmten (individuellen) Punkt wird soziale Unterstützung nicht mehr als hilfreich empfunden. Hier stoßen wir auf den Begriff der sozialen Kontrolle.

Jede Gesellschaft ist geprägt durch die ihr eigenen (sozialen) Normen und Regeln. Die soziale Kontrolle meint alle Prozesse und Strukturen, die in dieser Gesellschaft genutzt werden, um die Einhaltung dieser Normen und Regeln sicherzustellen. Dies kann auf unterschiedlichen Wegen geschehen: *formal* (repressiv, zwanghaft, Gesetzgebung) oder *informell* (überzeugend). Die auf dem Wege unserer Sozialisation verinnerlichte Verpflichtung gegenüber Mitgliedern des Netzwerks und deren Einfluss auf uns kann *positiv* (belohnend) oder auch *negativ* (strafend, sanktionierend) wirken. Sowohl auf der Gemeinschafts- als auch auf der Beziehungsebene kann die soziale Kontrolle entweder *direkt* oder *indirekt* erfolgen.[46] *Indirekte soziale Kontrolle* liegt vor, wenn ein Beziehungspartner die Motivation für eine Verhaltensänderung ist, der andere aber nicht notwendigerweise um die Änderung bittet. Beispiel: Eine Frau, die sich für die Betreuung ihrer Enkelkinder verantwortlich fühlt, könnte ein Sportprogramm starten, damit sie für ihre Enkel körperlich fitter ist. Möglicherweise erhält sie von ihren Enkelkindern keine direkte Aufforderung, mit dem Sport zu starten und fitter zu werden, doch ihre Enkelkinder sind die Quelle ihrer Motivation. Immer wenn die Enkel oder auch deren Eltern die Oma kritisieren, weil sie so unfit ist, fühlt sie sich sozial kontrolliert. Sie würde sich wünschen, auch einmal ein positives Feedback zu bekommen (wie fit sie in ihrem Alter noch oder wieder ist) oder einfach die Zeit mit den Enkeln genießen zu können, ohne Schmerzen zu haben oder die Enkelbetreuung vorzeitig abbrechen zu müssen.

Direkte soziale Kontrolle liegt dagegen vor, wenn eine nahestehende Person z. B. offen dazu auffordert oder drängt, gesundheitsschädigende oder sozial unverträgliche Verhaltensweisen zu reduzieren oder aufzugeben (z. B. Alkoholkonsum) oder gesundheitsfördernde Verhaltensweisen zu beginnen oder zu intensivieren (z. B. Sport). Diese Kontrolle kann in allen verschiedenen Arten von Beziehungen erfolgen (z. B. romantische Partner, Familienmitglieder, Arbeitskollegen). Negativ können solche Beeinflussungsversuche dann wirken, wenn sie als Ausdruck von Unzufriedenheit wahrgenommen werden.

Soziale Kontrolle birgt das Risiko, als ein „Zuviel“ von sozialer Unterstützung bzw. Interaktion gewertet zu werden, damit gleichzeitig die intrinsische Motivation (Freude am Sport) untergräbt und daher eher schädlich für das Gefühl der Verbundenheit ist.

Wo erleben Sie selbst soziale Kontrolle als positiv (im Sinne von sozialer Unterstützung) und wo als negativ? Dort, wo Sie zu viel oder negativ wirkende soziale Kontrolle wahrnehmen, können Sie sich überlegen: Wen können Sie ggf. um eine Verhaltensänderung bitten? Sollten Sie unsicher sein, wie sich eine solche Bitte formulieren lässt, ohne das Gegenüber zu brüskieren, blättern Sie ruhig schon einmal vor zu den Themen rund um hilfreiche Kommunikation (vgl. Tab. 11.1, S. 160).

3.3 FOMO, Cave-Syndrom und andere Risiken für das Wohlbefinden

Neben zeitunabhängigen Faktoren, die auf das Wohlbefinden Einfluss nehmen können (vgl. Tab. 3.1), gibt es auch neue Entwicklungen, Innovationen und akute Herausforderungen, die uns positiv wie negativ berühren und Auswirkungen auf unsere psychische Gesundheit haben.

Aus der Coachingpraxis hinreichend bekannt ist zum Beispiel die **Angst, etwas zu verpassen** (FOMO – Fear of missing out). Im Jahr 2004 – die soziale Plattform Facebook war gerade erst gegründet worden – erwähnte Harvard-Student Patrick J. McGinnis den Begriff FOMO in einem Artikel für seine Campuszeitung. Bei FOMO steht die besorgniserregende Einschätzung im Vordergrund, dass andere Menschen interessantere oder aufregendere Ereignisse oder Aktivitäten erleben, während wir selbst ausgeschlossen sind, oder auch einfach nur etwas verpassen, was wir gerne miterleben würden. FOMO unterscheidet sich von anderen Empfindungen, ausgeschlossen zu sein, indem es das Bestreben umfasst, „alles mitnehmen zu wollen", und dazu führt, dass wir zu viel gleichzeitig erleben möchten und nicht mehr richtig in der aktuellen Situation selbst sind. Dieses Gefühl des Außenvorseins, Nichtdazugehörens und Verpassens ist ein zentrales Element der Einsamkeit und wird durch Social Media befeuert. Beiträge über die glanzvollen Erfahrungen und Aktivitäten anderer Menschen können zu einem Gefühl der Unzulänglichkeit und Isolation bei den Betrachtenden führen.

Staatliche, auch vorübergehende, Kontakteinschränkungen, wie z. B. im Zusammenhang mit der **Coronapandemie**, können bei vielen Menschen ein erhöhtes Einsamkeitsempfinden bedingen. Auch hier kann das Gefühl der sozialen Isolation zu negativen Auswirkungen auf die psychische Gesundheit führen, einschließlich Depressionen[47], Ängsten und einer Verschlechterung des allgemeinen Wohlbefindens. Kritische Lebenserfahrungen, z. B. Kriege und Verluste an sich, verschärft durch das Gefühl, in Zeiten der Kontaktbeschränkungen keinen adäquaten Austausch dazu mit anderen Menschen zu haben, können zudem das Gefühl der Einsamkeit auslösen bzw. noch verstärken. Als natürliche Reaktion auf unsichere oder bedrohliche Situationen in der Welt entstehen Ängste vor Krieg und Verlusten, die dann die allgemeine Stimmung und das Sicherheitsgefühl beeinträchtigen und das psychische Wohlbefinden beeinflussen können.

Das **Cave-Syndrom** (Höhlen-Syndrom) beschreibt die Angst oder Unfähigkeit, nach längerer Zeit der Isolation oder Beschränkung wieder in soziale oder öffentliche Umgebungen zurückzukehren. Es ist eine Reaktion auf die veränderten Lebensbedingungen z. B. während der Pandemie, bei der sich manche Menschen zunehmend unsicher fühlen, wenn es darum geht, wieder in die Gesellschaft einzusteigen. Diese Zustände und Ängste können sich gegenseitig beeinflussen und verstärken. Zum Beispiel kann die Einsamkeit, die durch Kontakteinschränkungen während der Pandemie entstanden ist, zu einer verstärkten FOMO führen, da wir das Gefühl haben, dass andere weiterhin soziale Aktivitäten genießen, während wir selbst außen vor sind und uns isoliert fühlen. Gleichzeitig können aber auch FOMO und das Cave-Syndrom die Angst verstärken, sich wieder in soziale Umgebungen zu begeben, was zu einer Verstärkung der Einsamkeit führen kann – hier wird eine der vielen Wechselwirkungen unterschiedlicher Empfindungen und gedanklicher Konstrukte im Zusammenhang mit Einsamkeit deutlich.

Um wieder am sozialen Leben teilzunehmen und das Cave-Syndrom in den Griff zu bekommen, eignen sich zunächst zum Beispiel Reflexionsstrategien als Vorbereitung:

- **Meditation:** Durch eine regelmäßige Meditationspraxis kommen Sie besser mit sich in Kontakt und erkennen negative Gedankenmuster, die Sie eventuell an einem erfüllenden Austausch mit anderen hindern. Diese können Sie dann durch positivere und hilfreichere Einstellungen ersetzen.
- **Tagebuch schreiben:** Auch das Führen eines Tagebuchs kann dabei helfen, eigene Gedanken, Gefühle und Verhaltensweisen besser zu verstehen. Sie können so auch negative Selbstgespräche hinterfragen, problematische Situationen analysieren und so Schritt für Schritt Lösungen erarbeiten.
- **Atem- und Entspannungstechniken:** Diese brauchen vielleicht etwas Übung, bis die volle Wirkung einsetzt, aber sie sind ein gutes Mittel, um sich zu beruhigen und sich über die eigenen Wünsche und Bedürfnisse sowie die nächsten nötigen Handlungsschritte klar zu werden.
  Für eine erste einfache Atemübung atmen Sie langsam durch die Nase ein und bemerken, wie sich Ihr Bauch dabei ausdehnt. Halten Sie den Atem ein paar Sekunden lang an und atmen Sie dann langsam durch den Mund aus. Dabei zieht sich der Bauch beim Ausatmen zusammen. Wiederholen Sie diesen Vorgang mehrere Minuten lang.
- **Visualisierungstechniken:** Hier wird die eigene Vorstellungskraft genutzt, um sich gedanklich auf Situationen vorzubereiten, Ängste abzubauen und die Selbstsicherheit zu fördern. Es geht darum, sich eine Party, ein Gruppengespräch o. Ä. so präzise wie möglich vorzustellen und die eigene Person dort positiv zu integrieren: Sie machen einen guten Eindruck auf andere und genießen das Zusammensein. Was genau passiert in diesem Augenblick? Was sagen Sie? Wie bewegen Sie sich? Wie reagieren Sie ggf. auf unangenehme soziale Situationen?
- **Achtsamkeit:** Insbesondere gegen FOMO im Zusammenhang mit Einsamkeit kann Achtsamkeit helfen.

- **Exposition:** Natürlich ist das mittel- und langfristige Ziel der persönliche Austausch, das Miteinander mit anderen. Bei der sogenannten schrittweisen Exposition geht es darum, sich in kleinen Schritten wieder unter Leute zu wagen und die mitunter gefürchteten sozialen Situationen aufzusuchen. Ein erster Schritt kann sein, mit subjektiv einfachen Vorhaben wie etwa einem Spaziergang im Park zu einer Zeit, in der er nicht stark besucht ist, zu starten. Dann steigern Sie das Schwierigkeitsniveau langsam, z. B. indem Sie zu Zeiten in den Park gehen, zu der viele Menschen dort sind, und sich auf eine Parkbank setzen, auf der bereits jemand sitzt. Wie fühlt sich das jeweils an? Welche positiven Erfahrungen können Sie sammeln und im Alltag wiederholen? Wie können Sie mit negativen Erfahrungen umgehen? Expositionen können auch mit (professioneller) Begleitung durchgeführt werden, etwa mit einer Freundin oder einem Psychotherapeuten. Im Zweifelsfall fragen Sie Ihren Arzt oder schauen Sie im Internet nach geeigneter Unterstützung (z. B. ↗ https://www.psychotherapeutensuche.de/).

Unser Tipp: Entspannen Sie sich und gönnen Sie sich regelmäßig einen Moment der Ruhe. In einer Welt, die ständig in Bewegung ist und in der wir oft von einer Verpflichtung zur nächsten eilen, ist es wichtig, sich selbst zu erlauben, ein gesundes Mittelmaß zu finden. Gemeinsamkeit ist wichtig, aber vergessen Sie nicht, dass es auch in Ordnung ist, sich ab und zu zurückzuziehen und auf sich selbst zu achten. Sie sollten mit sich zufrieden sein und sich wohlfühlen.

Schauen Sie sich um und nehmen Sie sich Zeit, um die Menschen um Sie herum wirklich zu sehen. Jeder hat eine eigene Geschichte und eigene Herausforderungen – dazu geben wir Ihnen im folgenden Teil dieses Buches konkrete Geschichten an die Hand. Indem Sie anderen Menschen Aufmerksamkeit schenken, können Sie Verbindungen knüpfen und Unterstützung finden, wenn Sie sie benötigen.

Nehmen Sie das Leben in all seinen Facetten bewusst wahr. Auch der Alltag ist kostbar und voller Möglichkeiten. Seien Sie dankbar für das, was Sie sich selbst schon im Rahmen dieses Buches erarbeitet haben und was jeden Tag auf Sie wartet. Treffen Sie bewusste Entscheidungen, um sich selbst und anderen eine Freude zu bereiten. Damit schaffen Sie es, ihre Gefühle zu nutzen und Wege zu mehr Resonanz mit sich und anderen einzuschlagen.

Fazit

Einsamkeit und Wohlbefinden sind subjektive Kategorien. Um sich zu erholen, stehen Ihnen Ressourcen zur Verfügung, die aber u. U. erst entdeckt werden wollen. Soziale Unterstützung gehört dazu. Diese brauchen wir nicht nur, sondern sollten sie auch geben – beides im richtigen Ausmaß. Soziale Kontrolle, FOMO und soziale Angst sind Extreme, die nicht guttun. Erlauben Sie sich ein gesundes Mittelmaß und genießen Sie das Leben bewusst.

Teil II

Die Gesichter der Einsamkeit

In den folgenden Kapiteln schauen wir der Einsamkeit direkt ins Gesicht, d.h., wir stellen Ihnen exemplarisch einige Mitglieder der wachsenden „Einsamkeitsfamilie“ vor. Wir möchten die vielfältigen Erscheinungsformen der Einsamkeit darstellen, um die Gründe und Dynamiken greifbarer zu machen und Ihnen zu ermöglichen, sich ggf. selbst wiederzuerkennen. Die beschriebenen Personen existieren unter anderen Namen und mit leicht veränderter Biografie (zur Vermeidung der Wiedererkennung) tatsächlich und haben unsere Beratungspraxis aufgesucht. Vielleicht kommen Ihnen einige Geschichten vertraut vor. Dann lassen Sie sich von den Wachstumschancen, die hier beschrieben sind, inspirieren und fassen Sie Mut: So (einsam), wie es ist, muss es nicht bleiben!

4. Einsam, weil krank – oder krank, weil einsam? – Geske und Gerrit

4.1 Auf den ersten Blick: Die Last der Krankheit

Stellen Sie sich meine Überraschung vor, als ich zum ersten Treffen mit einem Mitglied der „Familie Einsamkeit" komme und auf ein Zwillingspärchen treffe: auf Geske, die, langsam ihren Rollator schiebend, von ihrem Zwillingsbruder Gerrit begleitet wird. Beide sind schätzungsweise Anfang 40, die Ähnlichkeit der Gesichter ist verblüffend und dennoch unterscheiden sie sich voneinander allein durch die Art und Weise, wie sie mir begegnen. Wir treffen am Eingang des Stadtparks aufeinander und suchen uns für das Gespräch eine freie Bank mit Blick auf den kleinen See. Viele Fragen stellen sich mir bei dem Anblick der beiden: Wieso können wir zu zweit einsam sein? Wieso benötigt einer von beiden einen Rollator? Sind wirklich beide einsam? Während des Gesprächs ergeben sich viele Antworten: Geske lebt seit 15 Jahren mit der Diagnose Multiple Sklerose (MS). Die Krankheit schränkt ihre Mobilität zunehmend ein und nach dem letzten schweren Schub vor fünf Jahren kann sie nicht mehr arbeiten. Gerrit hat sie all die Jahre pflegend begleitet. Er leidet unter Bluthochdruck und unklaren Herzproblemen, in der Folge unter verminderter Leistungsfähigkeit.

Biografie

Die Eltern der Zwillinge waren bei der Geburt bereits Anfang 40 und hatten schon nicht mehr mit dem Glück gerechnet, Nachwuchs zu bekommen. Ihren Kindern sollte alles ermöglicht werden. Geske hatte sich seit Kindertagen erfolgreich dem Pferdesport verschrieben und nahm engagiert am Vereinsleben teil. Sie folgte nach der Ausbildung dem Ruf ihres Arbeitgebers, der in einem anderen Bundesland einen Mitbewerber übernommen hatte und dort verlässliches Personal zur Umstrukturierung benötigte. Der Verzicht auf das Leben mit ihren Freunden im Verein sollte planmäßig auf zwölf Monate befristet sein. Allerdings zog sich das Übernahmeprojekt hin und forderte die volle Aufmerksamkeit von Geske.

Aus zwölf wurden 24 Monate und im Lauf dieser Zeit traten bei Geske die ersten Beschwerden der MS in Form von Sehstörungen auf – da war sie 27 Jahre alt. Geske blieb in ihrer neuen Heimat. Hier hatte sie Ärzte, die sie von der ersten Stunde ihrer Krankheit an betreuten. In den folgenden Jahren verschlechterte sich ihr

Allgemeinzustand nach jedem Schub, die Beschwerden an Gelenken und in den Beinen blieben. Geske stand vor der Frage: Wie gestalte ich meine Zukunft in Anbetracht einer Krankheit, die mir immer mehr abverlangen wird? Ihr Partner hatte sich bereits nach dem ersten Schub von ihr getrennt, da er die Belastung der drohenden Verschlechterung nicht aushalten konnte. Freunde hatte sie nur wenige, die meisten aus dem Umfeld des Unternehmens, welches sie jedoch verlassen musste, da sie auch nach mehreren Stundenkürzungen dem Arbeitspensum nicht mehr gewachsen war und die Arbeit ganz aufgeben musste. Der Weg führte sie dann zurück in die alte Heimat, zu ihrem Zwillingsbruder Gerrit.

Gerrit hatte schon als Kind davon geträumt, als Pilot die Welt zu umfliegen, da er gern das Heimatdorf verlassen wollte. Seinen Körper hatte er gut darauf vorbereitet: Sehr diszipliniert arbeitete er an seiner Fitness im Keller des Elternhauses. Leider reichten trotz intensiver Nachhilfe die schulischen Leistungen nicht, sodass er im ersten Schritt auf dem Weg zu seinem Traum eine Ausbildung zum Flugbegleiter absolvierte. Ein Jahr, nachdem seine Zwillingsschwester dem Ruf ihres Arbeitgebers gefolgt war, trafen zwei Dinge aufeinander: Die Fluggesellschaft, bei der Gerrit arbeitete, verkündete drastische Sparmaßnahmen und drohte mit Entlassungen. Zugleich erlitt die Mutter einen tödlichen Herzinfarkt mit 68 Jahren. Der Vater war mit der Situation überfordert. Ohne seine Frau hatte für ihn das Leben keinen Sinn und mit seinen 70 Jahren verlor er seinen Lebenswillen. Gerrit erklärte sich bereit, von seinem Arbeitgeber mit einer Abfindung versehen den Job aufzugeben und sich der Betreuung seines Vaters zu widmen. Er kümmerte sich um das Haus und um seinen Vater. Er nahm den alten Fitnessraum in seinem Elternhaus wieder in Betrieb. So konnte er etwas für sich tun und musste seinen Vater nicht allein lassen, der ein Jahr nach dem Tod seiner Frau Zeichen einer beginnenden Demenz zeigte.

In dieser Situation, die sich über einige Jahre hinzog, kehrte Geske zurück in das Elternhaus. Gemeinsam waren sie für den Vater da und Gerrit kümmerte sich um beide, wenn seine Schwester wieder an den Folgen eines Schubes litt. Von dem Traum, die Welt zu bereisen, verabschiedete er sich, und auch seine wenigen Bekannten, die er ab und an traf, hatten offensichtlich kein Interesse an seinen Träumen oder hatten diese schon vergessen. Hinzu kam, dass er in unterschiedlichen Situationen bemerkte, wie sein Herz auffällig holperte. Es zeigte sich öfter ein leichter Schmerz in der Brust in Verbindung mit leichtem Schwindel und Schweißausbrüchen. Der Kardiologe konnte zwar keine Unregelmäßigkeiten feststellen, aber die Irritationen und das Ziehen wurden von ihm als Vorläufer eines Herzinfarkts interpretiert. In der Folge konzentrierte Gerrit sich immer weiter auf die Signale seines Körpers und reduzierte seine wenigen Sozialkontakte weiter, bis nur noch seine Schwester und sein dementer Vater in seinem Leben eine Rolle spielten. Freundliche Angebote der letzten Freunde, mal einen Ausflug zu unternehmen oder gemeinsam einen entspannten Spieleabend zu verbringen, nahm er kaum noch wahr, bis irgendwann niemand mehr fragte.

Zwar erntet er Anerkennung von den Menschen um ihn herum für seine aufopferungsvolle Pflege, doch niemand sieht seine Einsamkeit, die zunimmt, je weiter er sich von seinen Träumen und dem alltäglichen Leben der anderen entfernt.

Geske wird von ihrem Bruder umsorgt, dennoch vermutet niemand, wie sehr sie die Einsamkeit, das Gefühl der Ausgrenzung und des Sich-nicht-verstanden-Fühlens quälen.

Kommt Ihnen das bekannt vor? Erkennen Sie sich vielleicht in Gerrit oder Geske wieder? Oder mussten Sie während des Lesens an einen Menschen in Ihrem Umfeld mit vergleichbarem Werdegang denken? Dann können die nachfolgenden Seiten hilfreich sein, für sich selbst oder für jemanden wie Geske oder Gerrit in Ihrem Umfeld das empfundene Leid zu mildern oder sogar Wege aus der Einsamkeit zu finden. Doch auch wenn es hier für Sie kein Identifizierungspotenzial gibt, können die nachfolgenden Seiten aufschlussreich sein, um für krankheitsbedingte Aspekte, die in Verbindung mit Einsamkeit stehen, aufmerksamer zu werden.

4.2 Der Blick in die Tiefe: Wie Krankheit und Einsamkeit sich gegenseitig beeinflussen

Der Zusammenhang zwischen Einsamkeit und sozialem Rückzug bzw. sozialer Isolation wurde im ersten Kapitel bereits beleuchtet. Ganz deutlich wird er mit dem Blick auf Menschen mit gesundheitlichen Einschränkungen: Studien belegen, dass Menschen mit Behinderung doppelt so häufig mit Einsamkeit zu kämpfen haben wie Menschen ohne Behinderung.[48] Der Verlust der Mobilität und die damit verbundene Einschränkung des sozialen Radius führen zu sozialer Isolation, ebenso wie die Berührungsängste der Menschen aus dem Umfeld.

Fehlende Sozialkontakte oder solche, die als nicht ausreichend erfüllend empfunden werden, erhöhen das Risiko eines Herzinfarktes um 29 Prozent, das Risiko eines Schlaganfalls um 32 Prozent. Einsame Menschen haben ein doppelt so hohes Diabetes-Risiko zur Folge im Vergleich zu gut sozial eingebundenen Menschen.[49] Einsamkeit wird als Gesundheitsrisiko noch höher bewertet als Übergewicht. Gesundheitliche Einschränkungen können einsam machen (Geske), aber auch Einsamkeit kann die Gesundheit und das Wohlbefinden einschränken (Gerrit).

Ganz allgemein berichten Menschen mit einer eingeschränkten Gesundheit häufiger von sozialer Isolation, Einsamkeitsempfindungen und weniger sozialer Unterstützung als Menschen, deren Gesundheit nicht in der Form eingeschränkt ist. Beispielsweise wurde im Bundesteilhabebericht beschrieben, dass 33 Prozent der Menschen mit Beeinträchtigungen alleinlebend sind, wohingegen der Anteil der alleinlebenden Menschen ohne Beeinträchtigungen 18 Prozent beträgt. Unterschiede werden auch in der Intensität sozialer Beziehungen deutlich: 25 Prozent der Personen mit Beeinträchtigungen, aber nur 17 Prozent der Personen ohne Beeinträchtigungen geben an, eine geringe soziale Unterstützung zu erfahren. Auch haben Menschen mit Beeinträchtigungen häufiger das Gefühl, dass Ihnen die Gesellschaft anderer Menschen fehlt – sogar doppelt so häufig wie Menschen ohne Beeinträchtigungen.[50]

Es gibt neben den äußerlich nicht direkt erkennbaren Zusammenhängen zwischen Beeinträchtigung bzw. Behinderung und Einsamkeit auch logisch direkt nachvollziehbare Assoziationen. Nehmen wir das Beispiel einer Gehbeeinträchtigung. Wenn keine Kompensation der eingeschränkten Mobilität erfolgt, kann der bzw. die Betroffene sich nicht (gut) bewegen bzw. zu Orten kommen, an dem er bzw. sie andere Menschen treffen kann. Damit geht einher, nicht optimal sozial vernetzt zu sein, d. h., er oder sie fühlt sich weniger stark in Resonanz mit Mitmenschen.

Weitere Teilgruppen, die besonders stark von eingeschränkter Gesellschaft und Geselligkeit betroffen sind, sind neben Menschen mit Beeinträchtigungen auch Menschen mit einer anerkannten Schwerbehinderung und einem hohen Grad der Behinderung sowie Menschen mit Beeinträchtigungen und Migrationshintergrund.

Schauen wir uns die Zusammenhänge noch mal genauer an: Einsame Menschen haben tendenziell eine schlechtere körperliche Gesundheit, was sich in einer erhöhten Anfälligkeit für entzündliche Erkrankungen, einem geschwächten Immunsystem und einem erhöhten Risiko für chronische Erkrankungen inklusive Alzheimer äußern kann.[51] Klar, dass das traurig macht und auch eine Beeinträchtigung des Wohlbefindens mit sich bringt!

Andererseits zeigt sich, dass körperlich aktive Menschen tendenziell weniger einsam sind, was auf die positiven Auswirkungen von Bewegung auf das Wohlbefinden und die soziale Integration hinweist. Körperliche Aktivität kann das Wohlbefinden und die Stimmung direkt verbessern, Stress abbauen und das Gefühl der sozialen Verbundenheit fördern, besonders wenn sie in Gruppen oder mit einem anderen Menschen durchgeführt wird. Die Förderung sozialer Verbindungen und die Unterstützung von Aktivitäten zur Steigerung des sozialen Zusammenhalts können also dazu beitragen, Einsamkeit zu reduzieren und das allgemeine Wohlbefinden zu verbessern.

Einsamkeit aufgrund körperlicher Beeinträchtigungen (Geske) kann zu einem Zustand chronischer psychischer Belastung führen. Das Gefühl der sozialen Isolation und das Fehlen von unterstützenden sozialen Bindungen können ein kontinuierliches Stressniveau auslösen, das die Gesundheit belastet bzw. gesundheitliche Einschränkungen verschärft.

Dieser chronische Stress der Einsamkeit, auch ohne körperliche Beeinträchtigungen (Gerrit), kann eine Reihe von Reaktionen im Körper beeinflussen, darunter die Freisetzung von Stresshormonen wie Cortisol und Adrenalin. Diese Hormone können das Immunsystem beeinträchtigen und Entzündungsreaktionen fördern, die wiederum das Risiko für kardiovaskuläre Erkrankungen erhöhen.[52]

Einsamkeit kann aber auch zu Verhaltensänderungen führen, die langfristig das Risiko für Erkrankungen verstärkt. Menschen, die sich einsam fühlen, neigen möglicherweise dazu, ungesunde Verhaltensweisen zu entwickeln, wie z.B. Bewegungsmangel, Rauchen oder übermäßiger Alkoholkonsum sowie schlechte Schlafhygiene, was zu weniger Schlaf und geringerer Erholung führt.[53] Diese Verhaltensweisen können das Risiko für Diabetes, Herzerkrankungen und Schlaganfälle erhöhen und somit die Gesundheit negativ beeinflussen.

Einsamkeit kann darüber hinaus das Fehlen von sozialer Unterstützung bedeuten, die in stressigen oder herausfordernden Situationen eine wichtige Rolle spielt. Menschen, die soziale Unterstützung erfahren, weisen oft einen besseren Umgang mit Stress auf sowie eine höhere Resilienz. Das Fehlen dieser Unterstützung kann das Risiko für psychische Belastungen und negative gesundheitliche Folgen erhöhen, die wiederum das kardiovaskuläre System beeinträchtigen können.

4.3 Was können Sie tun?

Das quälende Gefühl der Einsamkeit kann Betroffene im Idealfall dazu motivieren, aktiv auf andere Menschen zuzugehen und das Miteinander zu optimieren. Im Fall unserer beiden Protagonisten, Geske und auch Gerrit, wäre hier der Besuch einer entsprechenden Selbsthilfegruppe eine mögliche Option: Menschen mit einer vergleichbaren Lebenssituation kennenzulernen und sich mit diesen auszutauschen ermöglicht die Erweiterung des Handlungsspektrums. Das gemeinsame Thema schafft die so wichtige Verbindung. Ein Blick auf ↗ http://www.nakos.de zeigt die Seiten der „Nationalen Kontakt- und Informationsstelle zur Anregung und Unterstützung von Selbsthilfegruppen". Dort finden Sie Informationen und Adressen von Selbsthilfegruppen zu allen Themen und in allen Formen in Deutschland.

Jedoch schafft es nicht jeder aus eigener Kraft, einen solchen Schritt zu gehen und in der Folge wirklich erfüllende Beziehungen aufzubauen. Dafür ist manchmal sogar professionelle Unterstützung wichtig und erforderlich. Unterstützung auch in Form von Informationen über die geschilderten Mechanismen von Isolation – Einsamkeit – Stress – Krankheit ist für Betroffene hilfreich. Das bessere Verstehen ermöglicht Akzeptanz, und erst diese Akzeptanz ist wie ein Nährboden für alle Möglichkeiten, die sich dann entwickeln können. Wenn Gerrit die Zusammenhänge erkennt, kann er auf seine (ehemaligen) Freunde zugehen und seinen Zustand und auch den von Geske transparent machen. Damit können die anderen evtl. vorhandene Berührungsängste verlieren und sich neue Verbindungen aufbauen.

Was Einsamkeit so gefährlich macht, das sind die langfristigen negativen Auswirkungen auf die psychische und körperliche Gesundheit. Wenn wir kurzfristig Einsamkeit wahrnehmen, dann macht das nicht direkt krank. Aber dauerhafte Einsamkeit kann kognitive Beeinträchtigungen (Demenz etc.), affektive Störungen (Angst etc.) und suizidale Gedanken und Verhaltensweisen fördern. Wir können es aber auch andersherum interpretieren: Einsamkeit zeigt frühzeitig an, dass die Gesundheit gefährdet ist. Wir sollten also keine Angst vor der Einsamkeit haben oder sie verdammen, sondern das Gefühl nutzen – um mit uns selbst und anderen wieder (besser) in Kontakt zu kommen.

Bei Menschen, deren Gesundheit schon belastet ist, kann beispielsweise die Verbesserung der Kommunikationskompetenzen dazu beitragen, Einsamkeit zu überwinden (und ggf. die Genesung in Gang zu setzen). Das betrifft nicht nur Menschen wie Geske und Gerrit, die einen Weg finden müssen, über ihre besondere Situation mit anderen zu sprechen, sondern auch Menschen wie zum Beispiel Carl, einen älteren Herrn aus der Nachbarschaft von Geske und Gerrit.

Carl ist 75 Jahre alt und hat starkes Rheuma, er ist eingeschränkt in seinen Bewegungsmöglichkeiten. Seine Ehefrau kann die Beeinträchtigung des Bewegungsapparates kompensieren, indem sie ihn durch gemeinsame Spaziergänge mobil hält, ihn mit einer Gehhilfe unterstützend begleitet oder zu Terminen bei Ärzten und Physiotherapeuten fährt.

Hinzukommt, dass er immer schlechter hört, aber sich weigert, ein Hörgerät zu tragen. Er zieht sich weiter in sich selbst, in die Welt der bewegungsarmen Stille, zurück. Dadurch bekommt er nicht mit, dass ihn jemand anspricht – weder zu Hause noch auf der Straße. Mehrfach am Tag versucht seine Frau, mit ihm Kontakt aufzunehmen, sei es, um ihn zu bitten, ihr das Salz zu reichen, oder zu fragen, ob sie etwas Gemeinsames unternehmen, gemeinsam einkaufen oder spazieren gehen wollen. Aber er hört sie einfach nicht. Erst, wenn er seine Frau anschaut, sieht er, dass sie versucht, mit ihm zu reden.

Kommunikationskompetenzen sind Fähigkeiten, auf persönlich wirksame und sozial angemessene Weise zu kommunizieren. Am Anfang steht jedoch die Fähigkeit, Reize überhaupt aufnehmen zu können, d. h. die Funktionsfähigkeit der Sinnesorgane. Das bezieht sich nicht nur auf die Ohren selbst, mit denen wir hören, sondern ebenso auf die anderen Sinne, mit denen wir registrieren, dass ein anderer Mensch versucht, mit uns in Kontakt zu treten. Aber auch die Bereitschaft, die Motivation, für Reize aus dem Außen offen zu sein. D. h. aufmerksam zu sein, den Blick auf andere so richten, dass gesendete Signale auch ankommen können. Aber erfolgreiche Kommunikation ist vor allem ein Zusammenspiel der verschiedenen Personen: Ehrliches Ansprechen dessen, was beobachtbar ist, ohne zu bewerten, im Zweifel nachfragen, was „der Sender" beabsichtigte auszudrücken, und auch mal die Perspektive des anderen einnehmen sind Möglichkeiten, Missverständnisse aufzuklären, (falschen) Annahmen sowie Kränkungen zu vermeiden.

In der Beratungspraxis versuchen wir die Klienten für schwierige und konfliktträchtige Kommunikationssituationen z. B. mit den Methoden der gewaltfreien Kommunikation nach Marshall Rosenberg vertraut zu machen.

In unserem Beispiel setzt die Verbundenheit mit anderen Menschen die Überwindung der Geh- und Hörbeeinträchtigung voraus, was gleichzeitig erfolgreiche Inklusion bedeutet, also eine Aufgabe nicht nur für den Einzelnen ist, sondern auch für eine inklusive Gesellschaft. Es gibt auch rechtliche Rahmenbedingungen, um soziale Teilhabe sicherzustellen. Wenn Sie also von gesundheitlicher Beeinträchtigung oder Behinderung betroffen sind, sollten Sie Ihre Rechte und die Möglichkeiten, diese geltend zu machen, kennen (z. B. Beantragung eines Rollators bei der Krankenkasse, Zuschüsse für Reha-Maßnahmen etc.).

Fazit

Krankheit kann einsam machen und Einsamkeit kann krank machen. Die Wechselwirkung von körperlichen und seelischen Beeinträchtigungen wird deutlich, und aus den daraus gewonnenen Erkenntnissen lassen sich erste Ansätze ableiten, um diesen Kreislauf zu durchbrechen. Wichtige Bereiche sind hier: Information und Aufklärung, offene Kommunikation sowie Erweiterung des Aktionsradius bei Mobilitätseinschränkungen, unabhängig von deren Ursache und vom Alter.

5. Psychische Gesundheit und Einsamkeit – Patrick

5.1 Auf den ersten Blick: Angst vor dem Leben

Patrick ist ein sympathischer Mensch, der auf den ersten Blick nicht einsam wirkt. Schätzungsweise zwischen 25 und 30 Jahre alt, bescheiden modisch gekleidet mit einem insgesamt gepflegten Erscheinungsbild. Patrick lächelt freundlich bei unserem ersten Treffen und nichts lässt vermuten, dass hinter seiner Stirn ein Tornado aus angstvollen und demotivierenden Gedanken tobt, der zu einem großen Teil dafür verantwortlich ist, dass Patrick sich überwiegend einsam fühlt. Patrick hat eine vor mehreren Jahren diagnostizierte Angststörung und leidet unter depressiven Episoden – eine Kombination, die über alle Altersgruppen hinweg wesentlich häufiger ist, als wir typischerweise vermuten würden: Jeder vierte Bundesbürger bzw. jede vierte Bundesbürgerin erlebt im Verlauf des Lebens eine Angst, die als krankhaft eingestuft werden kann. Damit gehört die Angststörung zu den häufigsten psychischen Erkrankungen.[54] Eine Depression wird bei ca. jedem zehnten Bundesbürger bzw. jeder zehnten Bundesbürgerin im Lauf des Lebens diagnostiziert.[55] Es ist also gar nicht so unwahrscheinlich, dass Menschen in Ihrem direkten Umfeld oder Sie selbst von einer dieser Beeinträchtigungen oder sogar einer Kombination aus beiden betroffen sind.

Biografie

Ein Blick auf Patricks Biografie zeigt, dass er bereits nach dem Wechsel auf die weiterführende Schule einer psychotherapeutischen Unterstützung bedurfte, weil er über viele Monate hinweg immer öfter der Schule fernblieb. Grund waren unbestimmte Kopf- und Magenschmerzen, Übelkeit oder Schwindel, für die keine körperlichen Ursachen feststellbar waren.

Die Jugendtherapeutin diagnostizierte eine Angststörung und die bis dahin wenig greifbaren Symptome bekamen einen Namen. Für Patrick reihten sich unzählige Tage aneinander, an denen das Leben woanders stattfand, während er auf dem Sofa oder Bett lag und an die Decke starrte, vielleicht ein Buch las, vielleicht Musik hörte, einer Streamingdienst-Serie folgte oder es doch bis vor die Playstation schaffte, aber nicht zur Schule oder zu anderen Aktivitäten außerhalb seines Zimmers. Seine Freunde gaben sich anfangs noch Mühe, seinen Zustand zu verstehen. Mitschüler fragten immer wieder nach, ob er zur Schule kommen oder sie anschließend zusammen Zeit verbringen könnten. Manchmal klappte es und Patrick schaffte den Weg nach draußen. Doch dann obsiegte wieder die Angst: Angst, nicht durchzuhalten, Angst, dass der Schwindel und die Luftnot kommen würden, der Druck in der Brust sich verstärken und er am Ende zusammenbrechen könnte. An diesen Tagen stieß er die anderen von sich. Er schämte sich wegen seiner vermeintlichen Schwäche, wollte die anderen nicht enttäuschen und zog sich immer weiter zurück. Er lehnte sich selbst dafür ab, dass er nicht funktionierte, und verstrickte sich immer mehr in Gedanken an sein Versagen.

Trotz dieser Krise schaffte Patrick seinen Schulabschluss und trat eine Ausbildung zum Chemisch-Technischen Assistenten an. Mit Medikamenten zur Stabilisierung seiner Beeinträchtigung gelang es ihm, die Ausbildung abzuschließen. Im Anschluss bekam er eine Anstellung im Labor eines größeren Pharmaunternehmens. Er schaffte es mit der Unterstützung seiner Eltern, eine eigene Wohnung zu beziehen und die Dinge des täglichen Lebens wie Behördengänge, Arztbesuche und Einkäufe zu bewältigen.

Und so steht er nun neben mir, ein ganz normaler junger Mann – das könnte der Eindruck sein. Doch niemand fühlt seine Angst, niemand kennt seine dunklen Gedanken und nur wenige sehen seine Einsamkeit. Er leidet und weiß nicht mehr weiter.

5.2 Der Blick in die Tiefe: Wenn die Psyche leidet

Was genau passiert bei Menschen mit psychischen Beeinträchtigungen? Warum verlieren sie die Verbindung zu anderen Menschen? Wie oben schon beschrieben, zeigen Menschen mit einer eingeschränkten psychischen Gesundheit auch oft Symptome der Einsamkeit bzw. andersherum: Menschen, die sich einsam fühlen, berichten auch häufiger über Symptome von Depression und Angst. Langfristige Einsamkeit kann zudem kognitive Beeinträchtigungen verursachen. Studien haben gezeigt, dass einsame Menschen eher Schwierigkeiten mit der Konzentration, dem Gedächtnis und der Aufmerksamkeit haben.[56] Diese kognitiven Beeinträchtigungen können die Fähigkeit zur Bewältigung von Aufgaben und Aktivitäten im Alltag herabsetzen.

Langanhaltende Einsamkeit, insbesondere in Verbindung mit psychischen Beeinträchtigungen, kann auch mit einem erhöhten Risiko für suizidale Gedanken und Verhaltensweisen verbunden sein. Das Gefühl der sozialen Isolation und die verzweifelte Suche nach sozialer Verbundenheit können bei einigen Menschen den Gedanken auslösen, dass das Leben ohne Sinn sei. Wir möchten kein Drohszenario aufbauen, aber es ist wichtig, das Thema Suizid ernst zu nehmen und frühzeitig professionelle Unterstützung zu suchen. 70 Prozent aller Suizidfälle in Deutschland basieren auf depressiven Störungen – und Einsamkeit ist ein Treiber für Depressionen. Wenn Sie bei sich oder bei Menschen in Ihrem Umfeld entsprechende Verhaltensweisen, Gedanken und Gefühle wahrnehmen (Äußerungen über Suizid, lang anhaltende schwierige Lebensumstände, sozialer Rückzug, starke Stimmungsschwankungen, radikale Persönlichkeitsveränderungen, Realitätsverlust, starke Angstzustände, selbstzerstörerisches Verhalten, Krisen nach traumatischen Erlebnissen und vor allem Kombinationen dieser Verhaltensweisen), dann gibt es Anlaufstellen für schnelle professionelle Hilfsangebote, z. B. über die Seite der Deutschen Gesellschaft für Suizidprävention (↗ http://www.suizidprophylaxe.de).

Es sind immer Menschen da, die Ihnen zuhören und aufzeigen, dass Sie nicht allein sind mit Ihren Gedanken und Ängsten. Diese Unterstützer können eine Verbindung herstellen, die Ihnen vielleicht verloren gegangen ist.

Ab wann sind Menschen psychisch krank?

So richtig fit zu sein und sich rundum wohlzufühlen ist ein wünschenswerter Idealzustand, der allerdings nicht immer erreicht werden kann: An manchen Tagen fühlen wir uns besser und an anderen weniger gut. Das gilt sowohl für das körperliche als auch für das seelische Wohlbefinden. Um von einer psychischen Störung sprechen zu können, müssen das seelische Leid und die Beeinträchtigung so stark sein, dass professionelle Unterstützung bzw. eine Behandlung erforderlich ist, um eine Besserung des Zustands zu erreichen.

Gesundheit ist nicht nur die Abwesenheit von Krankheit, sondern wird positiv definiert als ein Zustand, in dem wir das Gleichgewicht halten zwischen gesundheitsfördernden und gesundheitsbelastenden Faktoren. Oder anders ausgedrückt: ein Zustand, in dem wir die uns zur Verfügung stehenden Mittel und Ressourcen optimal nutzen können, um den sich immer wieder verändernden Heraus- und Anforderungen des Lebens gut zu begegnen.

Diese Sichtweise hilft zu verstehen, was die Gesundheit ausmacht, sie stärkt, uns allgemeine Widerstandsressourcen und den Kohärenzsinn (positive Grundhaltung gegenüber dem Leben) entwickeln lässt. Diese sind beeinflusst von

- der genetischen Ausstattung (= was wir von unseren biologischen Anlagen von Geburt an mitbekommen),
- der materiellen Situation (= wie viel Geld und andere materielle Ressourcen zur Verfügung stehen),
- kognitiven und emotionalen Voraussetzungen (= was und wie wir denken und fühlen),
- den Stressbewältigungsstrategien (dem sogenannten Coping) und
- der psychosozialen Einbettung und soziokulturellen Zugehörigkeit (inkl. sozialer Unterstützung).

Auf einige dieser Einflussgrößen werden wir im weiteren Verlauf des Buches genauer eingehen, da sie (mit Ausnahme der genetischen Ausstattung) nicht festgelegt sind, sondern von uns aktiv ausgestaltet und beeinflusst werden können.

Mit Blick auf das Thema Einsamkeit ist vor allem der Kohärenzsinn, der auch als Bewältigungszuversicht oder Selbstwirksamkeitserwartung beschrieben wird, von Nutzen. Anders ausgedrückt ist es das Vertrauen darauf, dass wir uns selbst und das, was um uns herum passiert, verstehen und zu einem gewissen Grad auch vorhersagen können. Also genau das Gegenteil von sogenannter gelernter Hilflosigkeit, in der Menschen das Gefühl haben, dass sie keinerlei Einfluss auf das, was passiert, nehmen können.

In der Lage zu sein, ein Gleichgewicht zwischen äußeren Anforderungen und inneren Bedürfnissen herstellen zu können, ist eine Fähigkeit, die auch als Gesundheitskompetenz verstanden wird: Gesundheitskompetenz umfasst verschiedene Fähigkeiten im Zusammenhang mit Gesundheit und Krankheit. Insbesondere geht es darum, sich Informationen zu beschaffen, diese zu verstehen und zu beurteilen. Ferner geht es darum, Entscheidungen zu treffen und die eigene Gesundheit fördern und erhalten zu können. Dazu kommt aber auch, sich mit anderen effektiv auszutauschen.

Die Gesundheitskompetenz ist trainierbar– anders als zum Beispiel Persönlichkeitsmerkmale. Persönlichkeitsmerkmale bezeichnen individuelle Eigenschaften, in denen sich Personen voneinander unterscheiden. Sie sind zeitlich recht stabil, wenn sie nicht durch massive Veränderungen in den Lebensumständen beeinflusst werden. Persönlichkeitsmerkmale sind zum Beispiel die Folgenden[57]:

- Neurotizismus (Tendenz zu Ängstlichkeit und Nervosität), Depressivität (nicht Depression!) und Besorgtheit,
- Extraversion (Tendenz zu Geselligkeit, Dominanz und Frohsinn), Sozialkompetenz bzw. soziale Kompetenzen und Kontaktorientierung,
- Offenheit für neue Erfahrungen,
- Soziale Verträglichkeit (Tendenz zur Freundlichkeit und Harmonie),
- Gewissenhaftigkeit (Tendenz zu langfristigem Planen, Selbstdisziplin und Fleiß).

Menschen, die unter einer psychischen Beeinträchtigung leiden, gestalten ihre sozialen Beziehungen anders als Menschen, die ganz offen und ohne Angst auf andere Menschen zugehen. Sie ziehen sich sozial zurück und haben weniger Kontakte. Damit leiden sie auch stärker unter Einsamkeit – und gerade das Leiden verstärkt den Rückzug noch weiter. Diesen Teufelskreis zu durchbrechen ist schwer. Viele Menschen mit psychischen Beeinträchtigungen geben nicht zu, dass sie unter Einsamkeit leiden, oder offenbaren dies erst, wenn sie darauf angesprochen werden. Sie haben häufig Schamgefühle, Angst vor Distanzierung und Diskriminierung oder Selbststigmatisierung.[58]

5.3 Was können Sie tun?

Psychische Störungen beeinträchtigen das „soziale Funktionieren“ (z. B. weil bei einer Angststörung das Verlassen der Wohnung erschwert ist). Gleichzeitig beeinträchtigen viele psychische Störungen die sozialen Kognitionen (vom lat. *cognito* = Erkenntnis; soziale Kognitionen betreffen die Gedanken bzgl. sich selbst im Zusammenhang mit anderen Menschen und wie wir andere Menschen sowie deren soziale Unterstützung wahrnehmen). Auch wird die Interpretation des Verhaltens anderer Menschen und wie wir uns in der Interaktion mit anderen erleben von psychischen Störungen beeinträchtigt. Wenn Sie zum Beispiel unter depressiven Störungen leiden, kann es sein, dass viele Ihrer Wahrnehmungen von sich und der Umwelt verzerrt sind: Wenn eine andere Person dieselbe Situation oder auch Sie beurteilen würde, fiele das Urteil höchstwahrscheinlich nicht so negativ aus wie Ihr eigenes. Soziale Interaktionen werden zunehmend als Stress erlebt, und wenn es die Möglichkeit gibt, dem zu entgehen, dann erleben Betroffene dies als Entlastung. Das ist jedoch problematisch, weil damit der (selbstgewählte) Ausschluss und die Einsamkeit verstärkt werden.

Übungen, die Ihnen dabei helfen können, wieder positive Erfahrungen in der Interaktion mit anderen Menschen zu machen, finden Sie später in diesem Buch (vgl. Übungen 11.1–11.6 und 12.1–12.6).

Hilfe bei Anpassungsstörungen

Aus Japan ist „Hikikomori“ bekannt, ein Phänomen, bei dem Menschen sich dauerhaft in ihrer Wohnung einschließen und soziale Kontakte auf ein Minimum reduzieren. Hikikomori ist ein Beispiel für eine sogenannte Anpassungsstörung. Menschen mit einer Anpassungsstörung reagieren auf starke Belastungen wie Krankheit, Scheidung oder Arbeitsplatzproblemen mit einer extremen psychischen Verwundbarkeit. Auch schaffen sie es oft nicht mehr, sich den geltenden sozialen Normen anzupassen, wodurch sie auffallen. Anpassungsstörungen sind in der Regel vorübergehend, können sich aber durchaus auch chronifizieren und mit Einsamkeitsempfinden, Depressionen sowie sozialen Phobien einhergehen. Wahrnehmung und Verhalten sind dann immer noch auf Distanz gepolt, auch wenn die Wirklichkeit dies nicht verlangt. Bei vielen Menschen, die unter Hikikomori leiden, hat sich auch eine Art Befangenheit eingestellt, das Gefühl, mit sozialen Situationen nicht mehr richtig umgehen zu können. Manche behalten den Rückzug zum Beispiel nach einer Krankheit oder auch nach einem pandemischen Lockdown bei. Dass ein gesellschaftlich relevanter Anteil an Personen zumindest analoge Kontakte auch dann noch meidet, wenn eine Pandemie vorbei ist, hat aber noch einen weiteren Grund: Viele Menschen haben regelrecht verlernt, an Zwischenmenschlichkeit Freude zu empfinden. Wenn also Menschen die Kompetenz zur Zwischenmenschlichkeit verloren oder gar nicht erst erlernt haben, dann kann es zu dem Gefühl kommen, dass das Alleinsein angenehmer ist als das Zusammensein mit anderen Menschen. Insbesondere bei problematischem Internetkonsum kann die Nutzung der sozialen Medien dazu führen, dass soziale Interaktionen vernachlässigt oder nur noch online erfolgen. Onlinetherapien können in solchen Fällen erste Hilfe ermöglichen. Aber natürlich ist es wichtig, nicht nur online an Symptomen zu arbeiten, sondern auch wieder analog am Leben teilzunehmen.

Wenn Sie sich nicht trauen, persönlich auf andere Menschen zuzugehen, dann können Onlinegruppen einen ersten wichtigen Schritt auf dem Weg raus aus der Isolation darstellen. Solche Angebote lassen sich zum Beispiel hier finden: ↗ https://kompetenznetz-einsamkeit.de/angebote/angebote-fuer-betroffene.

Hilfe bei Persönlichkeitsstörungen

Eine Persönlichkeitsstörung ist gekennzeichnet durch komplexe psychosoziale und zwischenmenschliche Krisen. Gemäß den bisherigen Klassifizierungen werden die folgenden Persönlichkeitsstörungen unterschieden: paranoide, schizoide, schizotypische, antisoziale, Borderline-, histrionische, narzisstische, vermeidend-selbstunsichere, dependente und zwanghafte. Ihnen gemeinsam ist, dass das Erleben und das Verhalten der Betroffenen erheblich von den Erwartungen der Umgebung abweichen und sozialen Normen nicht (mehr) entspricht. Betroffene selbst empfinden ihre Besonderheiten größtenteils als „normal“ (zu ihnen gehörend und als weniger störend). Eine Persönlichkeitsstörung führt zu Problemen in allen zwischenmenschlichen Beziehungen.

Viele Menschen, die an Persönlichkeitsstörungen leiden, haben in ihrer Vergangenheit früh abweisende und traumatische Erfahrungen gemacht. Diese können zu Beziehungs- und Bindungsschwierigkeiten sowie Einsamkeitserfahrungen führen und die Symptome der Persönlichkeitsstörung sowie den Leidensdruck weiter verschlimmern.

Doch wie können wir feststellen, ob es sich um eine Persönlichkeitsstörung handelt? Die Persönlichkeit eines Menschen ist grundsätzlich hoch individuell. Wenn eine Persönlichkeitsstörung vorliegt, dann haben einige Persönlichkeitsmerkmale einen erheblich negativen Einfluss auf das eigene Wohlbefinden. Das Alltagserleben mit anderen Menschen ist durch einen hohen Leidensdruck gekennzeichnet. Eine offizielle Diagnose kann nur durch Fachleute gestellt werden. Wenn Sie das Gefühl haben, dass der Grund für Ihre Schwierigkeiten auf eine Persönlichkeitsstörung hindeuten könnte, besprechen Sie dies bitte mit Ihrem Arzt oder einem psychologischen Experten. Diese können Sie auch gegebenenfalls weiterverweisen.

Es gibt bestimmte Anzeichen und Symptome, die darauf hinweisen, dass Sie ärztlichen oder psychologischen Rat einholen sollten. Die folgenden beispielhaften Fragen und Aussagen machen deutlich, um welche Persönlichkeitsmerkmale es geht:

1. Haben Sie oft Schwierigkeiten bei der Bewältigung zwischenmenschlicher Beziehungen? Darunter fallen Probleme, enge Beziehungen zu anderen Menschen aufrechtzuerhalten oder oft in anhaltende Konfliktsituationen mit anderen Menschen zu geraten. Haben Sie häufig Schwierigkeiten, die Gefühle und Gedanken anderer Menschen zu verstehen? Fällt es Ihnen schwer, abweichende Meinungen zu akzeptieren? Oder andersherum: Fragen Sie sich oft, warum Ihr Verhalten und Ihre Persönlichkeit oft für andere Unverständnis auslöst?
2. Erleben Sie häufig eine Instabilität in Ihrer Stimmung, Ihrem Selbstbild und Ihrem Verhalten? Ihre Stimmung kann sich schnell und ohne (für andere) ersichtlichen Grund ändern, Ihr Selbstbild schwankt zwischen überragend und unzureichend, oder Sie reagieren oft in einer Situation unangemessen, zu impulsiv, gar nicht oder einfach nicht passend?
3. Erleben Sie intensive Angst vor dem Verlassenwerden? Sie haben eine übermäßige Angst davor, von anderen verlassen zu werden, und unternehmen möglicherweise extreme Anstrengungen, um dies zu verhindern?
4. Haben Sie oft Schwierigkeiten, Ihre Gefühle zu kontrollieren?
5. Haben Sie oft oder dauernd Zweifel bezüglich Ihrer eigenen Identität?
6. Neigen Sie dazu, impulsiv zu handeln, ohne über die Konsequenzen nachzudenken, was zu riskantem Verhalten in verschiedenen Lebensbereichen führt?
7. Sind Ihre Gedanken oft von Misstrauen, Zweifeln oder dem Gefühl der Verfolgung geprägt? Sie neigen dazu, anderen Menschen zu misstrauen, sich von ihnen verfolgt zu fühlen, ohne dass es dafür einen offensichtlichen Grund gibt?

Sie werden sich vielleicht in dem einen oder anderen Punkt wiedererkennen. Das ist in Ordnung und noch kein Anzeichen für eine Persönlichkeitsstörung. Die Störung beginnt da, wo der Leidensdruck beginnt und Sie nicht eigenständig in der Lage sind, das dysfunktionale Verhalten zu ändern. Suchen Sie in diesem Fall professionelle Hilfe auf. Wenn Sie eine Therapeutin oder einen Therapeuten suchen, können Sie in Ihrer hausärztlichen Praxis Rücksprache halten. Oder Sie besuchen die Seiten der Kassenärztlichen Bundesvereinigung (↗ http://www.kbv.de). Dort finden Sie die Vereinigung Ihres Bundeslandes und entsprechende Ärzte und Therapeuten. Oder Sie besuchen die Seiten des Vereins Pro Psychotherapie e. V. (↗ http://www.therapie.de).

Wenn Sie diese Symptome und deren Kombination bei sich selbst oder Menschen in Ihrem Umfeld erleben, dann sollte Unterstützung vor allem darin bestehen …

- mit anderen Menschen in Kontakt zu treten, als ersten Schritt, um die Tür zur Welt einen Spalt zu öffnen,
- sowohl psychologische als auch soziale Maßnahmen zu ergreifen, die die Einsamkeit verringern und die Genesung fördern.

Anregungen und Tools (Werkzeuge) dazu finden Sie im dritten Teil dieses Buches, unserem Werkzeugkoffer.

In den letzten beiden Kapiteln ging es um körperliche wie psychische Einschränkungen, die Einsamkeit begünstigen bzw. in einer ungünstigen Wechselwirkung mit der Entwicklung von Einsamkeit stehen. Vieles ist Ihnen vielleicht vertraut. Gerade dann stellt sich die Frage: Wie kann der Teufelskreis aus Krankheit und Einsamkeit durchbrochen werden? Was können Sie selbst tun, um Ihre Situation zu verbessern? Für eine nachhaltige Veränderung ist es vor allem ratsam, sich gut um sich selbst zu kümmern und auf die eigenen Gefühle, Empfindungen und Bedürfnisse zu achten. Um wieder in einen positiven Zustand zu kommen und Kraft zu schöpfen, fragen Sie sich in Momenten des Unwohlseins[59]:

- Kenne ich das Gefühl bereits oder fühle ich mich auf eher untypische Weise unwohl oder krank?
- Weiß ich, was die Ursache für diese Empfindungen sein könnte, oder bin ich unsicher, was mir genau fehlt?

Um wieder in einen guten Empfindungszustand zurückzukommen, sollten Sie nicht bagatellisieren. Wenn es Ihnen schlecht geht und vor allem bei hartnäckigeren Verstimmungen sollten Sie diese nicht kleinreden. Die Haltung „Ach, das ist nur so ein Gefühl!“ oder „Reiß dich zusammen!“ ist fehl am Platz. Erlauben Sie sich, Gefühle nicht nur zuzulassen (auch die unangenehmen), sondern widmen Sie sich ihnen mit echtem Interesse. Möglicherweise verbirgt sich hinter einer unbestimmten Traurigkeit das Gefühl der Einsamkeit. Hinter Groll und Neid könnten unerfüllte Bedürfnisse stecken. Die Erkenntnis, welches unerfüllte Bedürfnis das aktuelle Gefühl auslöst, kann einen Ansatzpunkt für eine Veränderung aufzeigen. Die Energie, die es kostet, Gefühle zu unterdrücken, geht zulasten der Erhaltung unserer Lebenskraft.

Wenn ein Gefühl besonders intensiv ist, ist es eine deutliche Einladung, sich mit ihm ehrlich auseinanderzusetzen. Weitere hilfreiche Fragen an Sie selbst in diesem Prozess könnten sein:

- Welche unterschiedlichen Gefühle kann ich identifizieren und wo in mir nehme ich sie wahr?
- Was könnten die Auslöser oder Verstärker sein?
- Erkenne ich eine Verbindung zu früheren Situationen?

- Was habe ich schon mal erfolgreich unternommen, um mit diesem Gefühl umgehen zu können?

Stärken Sie Ihr Selbstbewusstsein, indem Sie sich für Ihre Anstrengungen belohnen. Es ist echte Arbeit, positive Gedanken zu kultivieren und das Tal negativer Empfindungen wieder zu verlassen. Dabei kann es helfen, sich der eigenen äußeren Erscheinung ebenso liebevoll pflegend zuzuwenden wie der Erscheinung unseres Wohnraumes. Vielleicht konnten Sie irritierende Gedanken und Gefühle schon einmal in einem Prozess des „Schränke-Aufräumens" sortieren und sich überflüssiger und störender Inhalte entledigen. Diese Aktionen senden nicht nur freundliche Signale an Sie selbst, sondern auch an andere.

Wie steht es mit dem Konsum von Genussmitteln in schwierigen Zeiten? Haben Sie schon mal damit begonnen, diesen Konsum zu beobachten? Wenn Sie erkennen können, dass Sie Schokolade, Alkohol, Cannabis oder sogar stärkere Drogen konsumieren, besonders wenn Sie sich einsam und unglücklich fühlen, dann sollten Sie unverzüglich eine Änderung einleiten. Tun Sie sich etwas Gutes, aber achten Sie darauf, dass Sie davon nicht nur kurzfristig, sondern auch langfristig profitieren. Überlegen Sie, welche neuen, erfüllenden Handlungen die alten (ungesunden) Gewohnheiten ersetzen könnten. Wichtig dabei ist, dass das unerfüllte Bedürfnis, das dem starken Verlangen oder einer Sucht zugrunde liegt, erkannt und bearbeitet wird. Der Weg dorthin kann unterschiedlich sein, je nach Suchtausprägung. Für den Alkoholiker steht an erster Stelle die Entgiftung, damit eine tiefere Bearbeitung der Themen überhaupt möglich ist. Für den Schokoladenfreund, der mit zunehmenden Gewichtsproblemen zu kämpfen hat, gibt es einen solchen medizinischen Weg nicht. Es ist sicher eine Möglichkeit, nach einer „Ersatzbefriedigung" zu suchen, die vermeintlich weniger schädlich ist (Obst statt Schokolade). Nachhaltiger ist es jedoch, das Bedürfnis zu analysieren, welches durch das schnell ausgelöste Glücksgefühl nach dem Schokoladenkonsum kurzfristig befriedigt scheint. Warum greifen wir zur Schokolade? Das Thema Selbstreflexion und die Suche nach Alternativen zur Aktivierung des Glückshormons stehen hierbei im Vordergrund.

Es gibt kein allgemeingültiges Rezept. Achtsamkeit für Sie selbst und Ihre Bedürfnisse ist aber der beste erste Schritt – und dazu haben wir an unterschiedlichen Stellen in unserem Buch Beispiele aufgeführt.

Sicher ist auch hier der Austausch mit anderen Betroffenen, beispielsweise in Selbsthilfegruppen, wertvoll. Wenn der Weg noch nicht gangbar für Sie ist, dann greifen Sie – je nach Problemlage – auf Unterstützung wie die Telefonseelsorge, die Nummer gegen Kummer, den Krisenchat oder Angebote wie die Singkreise der Initiative „Singende Krankenhäuser" zurück (vgl. auch S. 195–196).

Fazit

Psychische Beeinträchtigungen und Einsamkeit stehen in einer sich verstärkenden Wechselwirkung. Die Grenzen zwischen Verhaltensauffälligkeiten, die der normalen Variationsbreite der Persönlichkeit zuzuordnen sind, und denen, die als therapiewürdig eingestuft werden sollten, sind fließend. Eine aufrichtige Selbstreflexion und/oder eine Reflexion im Dialog mit nahestehenden Menschen bilden die Basis für eine hilfreiche Verhaltensänderung. In lebensbedrohlichen Situationen sind es die Notdienste und Ambulanzen, die Sie rufen können, so auch den psychiatrischen Notdienst Ihrer Region, z. B. unter ↗ https://www.psychenet.de/de/hilfe-finden/schnelle-hilfe/soforthilfe.html.

6. Kritische Lebensereignisse und die Befreiung aus ungünstigen Prägungen – Kristian

6.1 Auf den ersten Blick: Wenn die sozialen Stützen im Leben wegbrechen

Ich sitze in dem verabredeten Café und warte bereits seit mehr als einer halben Stunde auf Kristian. Ich blättere in meinen Unterlagen und versuche mir ein Bild zu machen von diesem Mann. Kristian ist 37 Jahre alt, getrennt lebend mit einem Kind. Er hat eine kaufmännische Ausbildung abgeschlossen und ist in einem Unternehmen für Online-Handel beschäftigt. Er hatte im Vorfeld des Gesprächs angefragt, ob wir uns auch via Videochat treffen können, angeblich weil er sehr beschäftigt ist. Ich konnte ihn überreden, sich mit mir persönlich zu treffen. Das Thema Einsamkeit gewinnt an einem Ort mit vielen angeregt plaudernden Menschen und leckerem Kaffeeduft eine Leichtigkeit, die es ermöglicht, sich auch diesem schwierigen Thema zu öffnen.

Aber Kristian kommt nicht. Ich blicke auf mein Handy und sehe eine Nachricht von ihm: „… tut mir leid … fühle mich nicht gut … absagen …" Also verlasse ich das Café und folge seinem Wunsch nach einem Onlinetreffen. Ich möchte wissen, was Kristian bewegt. Nach dem Videocall weiß ich mehr: Kristian hat beide Eltern durch das Coronavirus verloren. Den Lockdown mit all seinen Folgen – dem Verlust der Eltern, Homeoffice für ihn und seine Frau (Lehrerin), Homeschooling seiner Tochter (11) – hat die Familie nicht überstanden. Die Trennung ist nun schon ein Jahr her, aber Kristian hat diese Aufeinanderfolge von Krisen noch nicht überwunden. Die Freunde des Paares haben sich seiner Frau zugewandt. Er hat die Familienwohnung verlassen und die Wohnung seiner verstorbenen Eltern bezogen. Er hat noch nicht die Energie gefunden, diese zu renovieren. So lebt er inmitten der Welt seiner Eltern, ohne eigene Familie, immer noch im Homeoffice, da sein Unternehmen die Präsenzzeiten im Büro auf zehn Prozent gekürzt hat. Kristian hat sich an mich gewandt mit der Frage, wie er Freude in seinem Leben finden, sich wieder für eine neue Partnerin öffnen und den Kontakt zu seiner Tochter halten könne.

Biografie

Kristian war das einzige Kind seiner Eltern, die bei seiner Geburt Mitte 30 waren. Er wurde in der Phase des Wiederaufbaus der BRD geboren. Beide Elternteile waren erfolgreich in ihrem Job, die Eigentumswohnung am Stadtrand war auf das Wunschkind ausgelegt, in einer ruhigen Seitenstraße inmitten eines Stadtteils mit einer guten Infrastruktur. Kristians Mutter verlängerte die Elternzeit bis zum Schulbeginn, sodass Kristian zu Hause bleiben konnte und nicht in den Kindergarten ging. Mit Beginn der Schulzeit nahm sie ihre Arbeit in Teilzeit wieder auf. Als aber für Kristian die Schulzeit problematisch wurde, zog sie sich aus dem Berufsleben zurück, um ganz für ihren Sohn da sein zu können.

Immer wieder wurde Kristian, der ein durchschnittlich guter Schüler war, Opfer von Hänseleien oder anderen Ausgrenzungsversuchen durch verschiedene Mitschüler. Kristians Mutter war oft in der Schule, um sich für ihren Sohn einzusetzen, der ihrer Meinung nach von den Lehrern und Lehrerinnen nicht ausreichend aufgefangen wurde. In der Folge dieser Konflikte kam es auch zu Schulwechseln, aber mit Erreichen der 10. Klasse konnte Kristian die Schule verlassen und eine Ausbildung zum Groß- und Außenhandelskaufmann beim Arbeitgeber seines Vaters beginnen, die seine Eltern für ihn bereits gesichert hatten. Hier kam es immer wieder zu kleinen Störungen in der Kommunikation mit Kunden und Lieferanten, da Kristian lieber schriftlich kommunizierte als persönlich. In der Folge wurde er als erster Kollege in den neu eröffneten Bereich des Onlinehandels aufgenommen, da er sich hier überwiegend ohne direkten persönlichen Kontakt zu Geschäftspartnern einbringen konnte.

Nach der Ausbildung lernte er seine zukünftige Frau kennen, die mitten im Lehramtsstudium steckte. Nach erfolgreich absolviertem Referendariat hatte sie das Glück, gleich eine Klasse in der Schule im Stadtteil übernehmen zu können – dann wurde sie schwanger. Als ihre Tochter geboren wurde, nahm sie nach Beendigung der Elternzeit ihre Lehrertätigkeit wieder auf, nicht ohne Auseinandersetzungen mit Kristian, da dieser sich für seine Tochter gerne eine ähnlich mütterliche Fürsorge gewünscht hätte, wie er sie selbst hatte erfahren dürfen. Als die erste Coronawelle losbrach, war die Tochter acht Jahre alt und auf dem Weg in die 3. Klasse. Seine Eltern waren zum obligatorischen Wanderurlaub in Österreich und gehörten zu denen, die aus dem Urlaub ein Virus mitbrachten, dem die medizinische Welt noch hilflos gegenüberstand. Es dauerte nur wenige Wochen, und als die Welt begriff, dass sich das Leben aller massiv ändern würde, verlor Kristian auf der Intensivstation des Kreiskrankenhauses die beiden Menschen, die in all den Jahren die Stützen seines Lebens gewesen waren.

Kristian ist der Idealtypus eines Menschen, der bis zu einem bestimmten Punkt in seinem Leben noch keine echte Herausforderung allein bewältigen musste, dem von überfürsorglichen Eltern jeder Stein aus dem Weg geräumt wurde. Sie sehen einen Menschen, der unter störungsfreien Bedingungen funktioniert, der Familie hat, einen Job, Hobbys. Doch dann kommt eine oder kommen mehrere kritische Situationen und dieser Mensch verliert den Halt, strauchelt und stolpert oder fällt sogar. Für Beobachtende nicht unbedingt nachvollziehbar, zieht dieser Mensch sich zurück, taucht unter, wird einsam. Von außen draufgeschaut, erscheint die Krise vielleicht gar nicht so dramatisch. „Passiert doch anderen auch!“ oder „Das gehört doch zum Leben dazu!“ sind dann zu hörende Kommentare. Aber jeder Mensch kann nur das Werkzeug zur Krisenbewältigung nutzen, das sich in seinem Lebenswerkzeugkoffer befindet.

Fühlen Sie sich selbst manchmal ein wenig wie Kristian? Dann können die nachfolgenden Seiten für Sie selbst oder für einen Kristian in Ihrem Umfeld nützlich sein, um das empfundene Leid zu mildern oder sogar Wege aus der Einsamkeit zu finden.

6.2 Der Blick in die Tiefe: Lebensveränderungen, -umbrüche und Resilienz

Jede Biografie ist geprägt von Veränderungen oder regelrechten Lebensumbrüchen. In Abhängigkeit von der empfundenen Intensität der Veränderung und den Bewältigungsstrategien, die wir in unserem Lebenswerkzeugkoffer mit uns tragen, gelingt uns der Umgang mit diesen Herausforderungen mehr oder weniger gut, empfinden wir die Veränderung mehr oder weniger bedrohlich. Wie ein Mensch auf eine Krisensituation reagiert, ist also von mehreren Faktoren abhängig. Jeder Krisenfaktor (wie Trennung oder Verlust von geliebten Menschen, Erwerbslosigkeit, Krankheit etc.) hat das Potenzial, ein Gefühl von innerer Leere und Einsamkeit auszulösen. Entscheidend für das erfolgreiche Meistern solcher Krisen ist Resilienz, die Widerstandskraft gegen die Herausforderungen des Lebens (vgl. Kasten im Folgenden).

Resilienz

Wie gut oder schlecht gehen Menschen mit Stress, schwierigen Situationen und den Widrigkeiten des Lebens um? Resilienz (von lateinisch *resilire*: „zurückspringen, abprallen, nicht anhaften“) ist der Prozess, in dem Personen auf Probleme oder Veränderungen in ihrem Leben mit Verhaltensanpassung reagieren.[60] Resilienz wird als Widerstandsfähigkeit verstanden, durch die wir uns trotz ungünstiger Lebensumstände und kritischer Lebensereignisse erfolgreich entwickeln. Dabei ist Resilienz das Gegenteil zu Vulnerabilität (Verletzlichkeit), die Sie schon kennengelernt haben (s. Abschn. 6.3, 7.2 und 8.3). Dabei geht es auch um größere Herausforderungen wie Traumata oder massive Stressquellen wie Familien- und Beziehungsprobleme, ernsthafte gesundheitliche Gefahren oder extreme Stressfaktoren am Arbeitsplatz und im finanziellen Bereich.

Resilienz ist ein Anpassungsprozess und keine feste Eigenschaft, auch wenn bestimmte Eigenschaften diesen Anpassungs- und Bewältigungsprozess erleichtern. Es geht um die Fähigkeit, schwierige Lebenssituationen oder Krisen ohne dauerhafte Beeinträchtigungen zu überstehen. Wie wichtig Resilienz für die Bewältigung der Herausforderungen im Leben ist, haben wir bereits an unterschiedlichen Stellen deutlich gemacht. Wie schätzen Sie selbst Ihre eigene Widerstandsfähigkeit ein?

Möglichkeiten, um Ihre Resilienz zu stärken, gibt es viele. Der Aufbau eines guten sozialen Netzwerks ist dabei ebenso wichtig und wertvoll wie das Hinterfragen eigener Denkweisen und Einstellungen. Nutzen Sie zudem regelmäßige Selbstreflexion: Seien Sie stolz auf das, was Ihnen gelungen ist (was war ihr Anteil am Gelingen konkret?), und lernen Sie aus Fehlern. Auch eine gewisse Fehlertoleranz kann Resilienz fördern (vgl. auch Abschn. 6.3).

6.3 Was können Sie tun?

Studien konnten das Potenzial insbesondere von Maßnahmen, die auf der kognitiven Verhaltenstherapie (KVT) und Achtsamkeit basieren, aufzeigen, um die eigenen Ressourcen zu stärken.[61] Grundsätzlich stehen zwei Ansätze zur Verfügung: Zum einen können hinderliche Denkmuster und Verhaltensweisen, die sich negativ auf unsere Widerstandskraft auswirken, abgebaut werden. Zum anderen können bereits vorhandene Ressourcen und Strategien gestärkt bzw. ausgebaut werden.

Achtsamkeitsübungen legen ihren Fokus auf das, was ist. Wahrnehmen, was gut und hilfreich ist, sich dessen bewusstwerden und damit auch dem Gefühl der Ohnmacht entgegenwirken. Nach dem Prinzip: „Ich habe Ressourcen, auf die ich in schweren Zeiten zurückgreifen kann! Ich bin stark und widerstandsfähig!“

Die KVT kann sowohl durch das systematische Zerlegen und Bearbeiten von hinderlichen Denkmustern dazu beitragen, dass dieselben aufgelöst werden, als auch weitere funktionale Kognitionen erschaffen, mit Hilfe derer zielführende Schritte geplant und lösungsorientierte Herangehensweisen erarbeitet werden können. Warum z. B. nutzen manche Menschen ein bestehendes soziales Netz, in welches sie eingebunden sind, nicht so, wie es möglich wäre? Oft stehen hinderliche Glaubenssätze im Wege wie: „Wenn ich um Hilfe bitte, ist das ein Zeichen von Schwäche (und Schwäche darf ich nicht zeigen)". Diese Glaubenssätze sind fest in unserem Unbewussten verankert und bestimmen unser Handeln. Für eine Auflösung (z. B. mit Beratung und KVT) empfehlen wir professionelle Begleitung.

Darüber hinaus hat sich Folgendes gezeigt: Eine Säule der Resilienz ist der Optimismus. Die Haltung, z. B. auch schwierigen Zeiten etwas Positives abgewinnen zu können, erleichtert es, aus diesen Situationen für die Zukunft zu lernen und damit gestärkt aus der Krise hervorzugehen. Diese Haltung ist erlernbar. Sie können in schwierigen Momenten eine Reflexionspause einlegen, um sich dieser Aufgabe bewusst zu widmen: Was kann ein positiver Effekt, eine positive Bewertung der Situation sein? Wenn es Ihnen allein nicht möglich ist, überlegen Sie gemeinsam mit einem vertrauten oder auch einem ebenfalls betroffenen Menschen.

Ebenso hilfreich ist eine weitere Säule: die Akzeptanz. Kennen Sie das vom US-amerikanischen Theologen Reinhold Niebuhr verfasste Gelassenheitsgebet? Eine deutsche Übersetzung beginnt wie folgt: „Gott, gib mir die Gelassenheit, die Dinge hinzunehmen, die ich nicht ändern kann, den Mut, die Dinge zu ändern, die ich ändern kann, und die Weisheit, das eine vom anderen zu unterscheiden." Diese Akzeptanz bezieht sich nicht nur auf lästige Situationen wie einen unerwarteten Verkehrsstau, der gerne zu negativen Gefühlsausbrüchen und zu Stress führt. Sie können im Auto sitzend Ihre Energie verschleudern und sich über einen Zustand aufregen, der sich einfach nicht ändern lässt, oder aber Sie atmen tief durch, schalten Ihren Lieblingssender an und werten die unfreiwillige Pause als kleines Geschenk, das Sie in Ruhe Musik oder einen Podcast hören lässt.

Ebenso ist hier die Selbstakzeptanz gemeint: „Ich bin o. k. so, wie ich bin. Es darf mir auch mal nicht gut gehen, ich darf auch mal Fehler machen, Nobody is perfect!" Ein positiver Umgang mit sich selbst und den eigenen Ressourcen ist hier entscheidend.

Resilienz setzt sich aus mehreren Faktoren zusammen. Das Modell der 7 Säulen[ii] der Psychologin Ursula Nuber, das versucht, diese Faktoren zusammenzufassen, beschreibt weitere 5 Faktoren: Da ist die **Lösungsorientierung**, die wir Ihnen z. B. in Form der „smarten" Ziele vorgestellt haben (vgl. Abschn. 2.4, Schritt 2), um aus der Problemfokussierung zu kommen und Handlungsoptionen zu entwickeln. Sie geht Hand in Hand mit der **positiven Zukunftsorientierung**, denn hier geht der Blick weg von dem Vergangenen, hin zu einer „verlockenden Zukunft". Wir können aus dem, was war, lernen. Zusätzlich ziehen wir Motivation, Energie und Orientierung für die Bewältigung der Herausforderungen der Gegenwart aus dem Glauben an das, was sein kann und was uns wirklich begeistert.

---

ii Die sieben Säulen sind: Optimismus, Akzeptanz, Lösungsorientierung, Aktiv werden, Verantwortungsübernahme, Netzwerkorientierung sowie Zukunftsplanung.

Dann wäre da noch die **Selbstfürsorge**, die wir Ihnen als den Blick auf Ihre Bedürfnisse vorgestellt haben zusammen mit der Einladung, sich aktiv für diese einzusetzen (vgl. Kap. 3). Dazu kommt die **Selbstwirksamkeit**, die wir u. a. als Einladung verstehen, die Opferrolle zu verlassen und Vertrauen in die eigenen Ressourcen und Möglichkeiten zu entwickeln (vgl. Kap. 1 und Abschn. 2.2). Die Säule **(Ver-)Bindung** ist zentraler Bestandteil dieses Buches und durchwirkt jede Seite.

Der „innere Schweinehund"

Menschen, die sich oft einsam fühlen, laufen Gefahr, sich kaum mehr zu trauen, auf andere Menschen zuzugehen – aus Angst vor Zurückweisung. Auch hier ist es wichtig, den „inneren Schweinehund" an die Leine zu nehmen (lösungsorientiert zu denken) und aus der eigenen Komfortzone herauszukommen. Dazu kann beispielsweise gehören, selbst einen lieben Menschen anzurufen, von dem wir eigentlich denken, dass er sich mal wieder melden sollte. Und wenn wir das dann geschafft haben, dürfen wir uns gerne auch mal auf die Schulter klopfen und die eigenen kleinen Erfolge feiern.

Der innere Schweinehund hindert uns daran, eine gute Absicht in die Tat umzusetzen. Wissenschaftlich betrachtet gehört der innere Schweinehund zu jedem Menschen dazu. In der Forschung werden der innere Schweinehund und seine Bändigung „Selbstregulation" genannt. Einige Menschen nehmen die Schwierigkeiten, an gesetzten Zielen festzuhalten und sie in die Tat umzusetzen, stärker wahr, andere weniger. Für viele Menschen ist es schwer, den inneren Schweinehund zu überwinden, weil sie keine passende Strategie haben, um ihre Ziele stets im Blick zu behalten.

Wir können aber auch fragen, was eigentlich Sinn und Zweck des inneren Schweinehundes ist – und dann die dazu passende Strategie entwickeln. Der innere Schweinehund ist an sich nämlich nichts Schlimmes oder Schlechtes. Er gehört zu uns und er hilft dabei, uns zu entspannen und zu erholen, einen Ausgleich zu finden zu der Fülle von Aufgaben, die täglich erledigt werden müssen. Ein Tag hat nur begrenzt viele Stunden und wir müssen priorisieren. Wenn der innere Schweinehund dazwischenkommt, setzen wir auf kurzfristige Ziele.

Dazu ein Beispiel: Anstatt auf eine Feier zu gehen, wo wir viele Bekannte treffen können, bleiben wir lieber zu Hause auf dem Sofa, weil wir uns zu erschöpft fühlen. Zunächst ist es gut, sich dessen bewusst zu sein. Wer grundsätzlich gut mit der eigenen Zeit und Kraft umgehen kann, hat schon die erste Strategie, um den inneren Schweinhund an die Leine zu nehmen und zu nutzen, anstatt zu erwarten, ihn wie einen Feind zu besiegen. Denn ausreichend Erholungszeit einzuplanen oder vorherzusehen, dass wir uns vor der Feier besser nicht aufs Sofa setzen sollten (weil wir sonst eventuell einfach sitzen bleiben), sondern besser direkt zur Party gehen und anschließend richtig auszuspannen, kann helfen, die Trägheit oder Erschöpfung zu umgehen und das Ziel (Bekannte treffen) doch in die Tat umzusetzen.

Die meisten Menschen sind enttäuscht und unglücklich, wenn sie ihre gesetzten Ziele nicht erreichen und damit ihrem inneren Schweinehund erlegen sind: Sie haben das Gefühl, sie schaffen nicht, was Sie eigentlich erreichen müssten oder was Sie sich vorgenommen haben. Wer es als Misserfolg empfindet, etwas wiederholt nicht geschafft zu haben, denkt auch in der Zukunft eher negativ im Sinne von: „Das klappt jetzt nicht, also kann ich es auch in Zukunft nicht schaffen!" oder „Das habe ich bisher nicht geschafft, dann brauche ich es heute auch nicht zu versuchen!".

Haben Sie sich schon mal vorgenommen, einen Bekannten anzurufen, und konnten sich dann doch nicht überwinden, es tatsächlich zu tun? Es war noch so viel anderes zu erledigen oder auf Social Media gab es so viel Spannendes oder die Sonne lachte vom Himmel und Sie wollten lieber rausgehen ... Das ursprüngliche Ziel, den Bekannten anzurufen, wird bei all den anderen Aktivitäten nicht erreicht. Die Frage ist: Passt das Vorhaben in diesem Moment in den Tagesablauf und zu den anderen Zielen, die Sie an diesem Tag erreichen wollen? Eine gute Strategie ist, das Vorhaben, das wegen des inneren Schweinehundes im Moment nicht umgesetzt wird, auf einen späteren Zeitpunkt zu verschieben. Anstatt nachmittags zu telefonieren, können Sie gleich am nächsten Morgen nach dem Frühstück zum Telefonhörer bzw. Handy greifen. Anstatt anzurufen, könnten Sie auch eine Textnachricht schreiben.

Der erste Schritt in Richtung Ziel liegt in der Vorbereitung. Hilfreich ist es, den Tag so zu strukturieren, dass wir gut an Zielen festhalten können. Sich einen festen Zeitpunkt zur Umsetzung zu setzen, kann nützlich sein: „Nach dem Frühstück gegen 10 Uhr gehe ich zum Telefon und wähle die Nummer des Bekannten". Am besten, Sie deponieren das Telefon und die Nummer so, dass Sie gar nicht erst in die Versuchung kommen, sich aufs Sofa zu legen. Oder überlegen Sie sich, mit was Sie diesen Anruf kombinieren können: Ist es möglich, den Bekannten anzurufen und gleichzeitig einen zweiten Tee zu trinken? Wie wäre es, wenn Sie das Handy mitnehmen und unterwegs sprechen, wenn Sie gerne raus in die Sonne möchten? Auf welchen Strecken und in welchem Park können Sie gut telefonieren? Oder Sie verabreden sich direkt zum gemeinsamen Laufen mit dem Bekannten? Damit verpflichten Sie sich, zu einem bestimmten Zeitpunkt an einem bestimmten Ort zu sein und es ist schwieriger, das Vorgenommene wieder zu verschieben.

Wenn Sie Ihr Ziel an einem bestimmten Tag nicht erreichen, ist es besser, dies als „Ausrutscher“ zu werten und nicht als Versagen. Wichtig sind der Glaube an die eigenen Fähigkeiten (Selbstwirksamkeitserwartung), es dafür morgen zu schaffen, und eine Strategie, damit am darauffolgenden Tag nicht genau dieselbe Aufschieberitis wieder von vorne beginnt.

Das Leben ist kein gerader Weg. Manchmal brauchen wir mehrere Anläufe, um unser Verhalten zu ändern. Wir sollten uns zugestehen, dass es Momente gibt, in denen wir uns dazu nicht ausreichend fähig fühlen. Wir sollten uns fragen, woran es bisher gelegen hat, dass wir unsere Ziele nicht erreicht haben. Wir sollten unsere Ziele auch nicht zu hoch hängen. Wenn etwas nicht gut gelaufen ist, dann machen Sie einen neuen Plan. Versuchen Sie etwas anderes aus und lernen Sie aus den Misserfolgen und Erfolgen. Nehmen Sie damit Ihren inneren Schweinehund an die Leine, machen Sie *gemeinsame* Sache!

Weitere Impulse für mehr Verbindung und Resonanz in Krisenzeiten

- **Kommunizieren:** Menschen, die während des Corona-Lockdowns ihre persönlichen Kontakte durch Telefonate, private Videocalls, Aufenthalt in den sozialen Netzwerken (z. B. Facebook, Instagram) oder dem Versand von Text- / Sprachnachrichten aufrechterhielten, fühlten sich trotz der Kontaktbeschränkungen besser verbunden als Menschen, die diese Möglichkeiten weniger oder gar nicht nutzten. Als soziale Wesen ist der Austausch mit anderen – gerade in Krisenzeiten – wichtig. Überlegen Sie, auf welche Weise Sie trotz Ihres vielleicht schlechten Befindens mit anderen in Kontakt gehen können. Vielleicht sorgt schon eine kurze SMS für den Beginn eines fruchtbaren und hilfreichen Miteinanders.
- **Eine Frage der Haltung:** Hätte Kristian früher die Chance gehabt zu lernen, seine Probleme *selbst* zu lösen, wäre er wahrscheinlich nicht in diese belastende Abhängigkeitsbeziehung zu seinen Eltern geraten. Die Einstellung, dass Probleme normal und eher eine Herausforderung darstellen statt etwas Schlechtes, was es zu vermeiden gilt, wäre hier hilfreich. Um eine solche Haltung einzunehmen, ist es nie zu spät: Gezielte Übungen können hier helfen (vgl. Übung 12.9). Natürlich ist es leichter, dem unangenehmen Gefühl, von anderen möglicherweise abgelehnt zu werden, aus dem Weg zu gehen. Kristian war Meister in der Vermeidung, hat dabei aber übersehen, was ihm auch entgeht. Da er nicht gelernt hat, sein Leben selbst in die Hand zu nehmen, bedarf es mehr Anstrengung, um Verbesserungen

zu erzielen, aber wirksame Maßnahmen gibt es zahlreiche. Oft bearbeiten wir im Coaching in einem solchen Fall hinderliche Kognitionen wie „Allein schaffe ich das nicht", „Immer trifft es mich!" oder „Was habe ich nur falsch gemacht, dass ich so bestraft werde?". Was hier viele Menschen gemeinsam haben: Sie befinden sich wie Kristian in einer erlernten Hilflosigkeit. Sie glauben, machtlos der Situation ausgeliefert zu sein, und entwickeln langfristig ein lethargisches Verhalten, das von sozialem Rückzug bis zur Depression reicht. Um dem entgegenzuwirken, fördern wir die Fähigkeit des positiven Denkens, die Wahrnehmung der eigenen Selbstwirksamkeit und die Bereitschaft, Verantwortung zu übernehmen und den inneren Schweinehund als Freund zu gewinnen, um auch Erholung zu kultivieren. Das Verlassen der eigenen Komfortzone lohnt sich!

- **Einander annehmen, tolerant sein:** Haben Sie das Gefühl, dass andere Menschen kein Verständnis für Sie aufbringen? Erscheint Ihnen das Verhalten Ihrer Mitmenschen manchmal rätselhaft, irgendwie fremd oder sogar bedrohlich? Echte Bindung bedeutet, einander als Mensch anzunehmen, doch dafür müssen wir zuerst uns selbst akzeptieren. Möglicherweise neigen Sie dazu, bestimmte Teile Ihrer Persönlichkeit zu verleugnen, sei es aufgrund von schlechten Erfahrungen, Unannehmlichkeiten oder Ängsten. In solchen Fällen zeigen wir uns nicht ausreichend. Und wenn wir ähnliche Merkmale bei anderen erkennen, können wir möglicherweise nicht angemessen damit umgehen. Ihre emotionale Intelligenz kann sich ständig weiterentwickeln. Sie üben Empathie, wenn Sie in engem Kontakt mit anderen stehen, sich öffnen, nachfragen und mitteilen. Das Vertrauen in Menschen muss wachsen, und wenn Sie aus der Übung sind, gestaltet sich das Miteinander nur langsam und behutsam. Seien Sie stets dankbar, wenn jemand aufrichtig Emotionen teilt, und vermeiden Sie es, sich darüber lustig zu machen. Verurteilen Sie nicht den Geschmack anderer, denn selbst Kitsch kann viel über unsere Emotionen und Sehnsüchte aussagen. Wertschätzen Sie, wenn sich andere öffnen, und gestehen Sie sich dies selbst auch zu.
- **Umgang mit sozialen Medien schulen:** Die virtuelle Welt mag auf den ersten Blick attraktiv erscheinen, doch der Kontakt ist oft oberflächlich, und die als schützend empfundene Anonymität kann zu Manipulation und Missbrauch führen. Suchen Sie das Miteinander in der „analogen" Welt. Überdenken Sie Ihren Umgang mit sozialen Medien, seien Sie ein Vorbild, setzen Sie klare Regeln und seien Sie vorsichtig mit Urteilen. Diese Plattformen können dazu dienen, mehr über sich selbst zu erfahren, aber vergessen Sie nicht: Liken ist nicht lieben. Schützen Sie sich vor negativen Einflüssen im Netz.

So bewusst, wie Sie Ihren Körper pflegen, sollten Sie auch Ihren Geist nähren. Jede Wahrnehmung hinterlässt eine Spur in Ihnen. Jede Beleidigung kann zusetzen und das Selbstwertgefühl erschüttern. Sollten Sie Opfer von Mobbing (geworden) sein, suchen Sie sich unbedingt Hilfe bei Freunden, einem Anwalt oder einer Beratungsstelle. Wenn Sie Zeuge von Mobbing werden, stützen Sie das Opfer, auch im Gespräch. Wenden Sie sich ggf. an Vorgesetzte (wenn das Mobbing im beruflichen Kontext stattfindet) und bringen Sie Übergriffe zur Anzeige. Mobbing ist strafbar! Eltern sollten aufmerksam werden, wenn sich das Verhalten ihres Kindes verändert, es nicht mehr zur Schule gehen möchte, häufig Kopf- oder Bauchschmerzen hat oder auffällige Verhaltensweisen im Ess- und Internetverhalten zeigt. Dies können Anzeichen für Mobbing sein.

Wie eine schwere Last uns auch stark machen kann, bringt dieses afrikanische Märchen zum Ausdruck:
Eine kleine Palme wuchs kräftig am Rand einer Oase. Eines Tages kam ein Mann vorbei. Er sah die kleine Palme und konnte es nicht ertragen, dass sie so prächtig wuchs. Der Mann nahm einen schweren Stein und hob ihn in die Krone der Palme. Schadenfroh lachend suchte er dann wieder das Weite. Die kleine Palme versuchte, den Stein abzuschütteln. Aber es gelang ihr nicht. Sie war verzweifelt. Da sie den Stein nicht aus ihrer Krone herausbekam, blieb ihr nichts anderes übrig, als mit ihren Wurzeln immer tiefer in die Erde vorzudringen, um besseren Halt zu finden und nicht unter der Last zusammenzubrechen. Schließlich kam sie mit ihren Wurzeln bis zum Grundwasser und trotz der Last in der Krone wuchs sie zur kräftigsten Palme der Oase heran. Nach mehreren Jahren kam der Mann und wollte sehen, wie verkrüppelt die Palme gewachsen war, wenn sie überhaupt noch existierte. Aber er fand keinen verkrüppelten Baum. Plötzlich bog sich die größte und kräftigste Palme der Oase zu ihm herunter und sagte: „Danke für den Stein, den du mir damals in die Krone gelegt hast. Deine Last hat mich stark gemacht!"

Fazit

Krisen und unerwünschte Veränderungen gehören zum Leben dazu. Im besten Fall behält Friedrich Nitzsche Recht mit seiner oft zitierten Aussage: „Was mich nicht umbringt, macht mich stärker!"

Wenn wir diesen Krisen mit Widerstandskraft (sowohl körperlich als auch psychisch) gegenübertreten, gelingt es uns, sie zu überwinden und damit wieder mehr (Selbst-)Vertrauen zu entwickeln. Wir zeigen auf, wie Widerstandskraft zu gewinnen ist, wenn sie uns nicht in ausreichender Stärke mit auf den Lebensweg gegeben wurde.

7. Arbeit und Migration – Thea

7.1 Auf den ersten Blick: Arbeitslosigkeit und das Gefühl der Sinnlosigkeit

„Das Bedrückende ist nicht die Arbeitslosigkeit an sich, sondern das Sinnlosigkeitsgefühl. Der Mensch lebt nicht von der Arbeitslosenunterstützung allein." Dieses Zitat von Victor Frankl, einem österreichischen Neurologen und Psychiater, geht mir durch den Kopf, während ich mich gedanklich auf meine nächste Kundin vorbereite. Als systemische Coachin für die Agentur für Arbeit arbeite ich mit (Langzeit-) Arbeitssuchenden an der Auflösung ihrer individuellen Herausforderungen, die die Aufnahme einer Beschäftigung blockieren. Eine meiner Kundinnen ist Thea, 59 Jahre alt und seit vier Jahren arbeitssuchend. Seit drei Jahren erhält sie Bürgergeld. Damit gilt sie als langzeitarbeitslos. Thea sagt von sich, dass sie rundum gesund sei, weder körperliche noch seelische Einschränkungen habe. Sie berichtet aber auch, dass es ihr nicht möglich sei, einen Arbeitsplatz zu finden. Sie hat bereits sehr viele Bewerbungen versendet, aber entweder bekommt sie gar keine Rückmeldung oder eine Absage. Der offizielle Grund, weshalb sie meine Unterstützung sucht, ist der Wunsch nach einer sozialversicherungspflichtigen Beschäftigung. Nach unserem dritten gemeinsamen Termin habe ich verstanden, dass auch sie ein Mitglied der Einsamkeitsfamilie ist.

Biografie

Thea ist in einer Familie aufgewachsen, die vor ihrer Geburt aus der Türkei eingewandert ist. Sie hat nach ihrem Schulabschluss eine Ausbildung zur Friseurin absolviert und zehn Jahre in ihrem Beruf gearbeitet, bis eine Verletzung am rechten Handgelenk eine Vollzeitbeschäftigung in diesem Handwerk unmöglich werden ließ. Damals konnte sie alternativ als Fotolaborantin in einem Unternehmen am Ort arbeiten. Hier war sie über 20 Jahre im Schichtbetrieb, bis das Unternehmen seinen Standort mit einem anderen zusammenlegte, der für Thea ohne einen Wohnortwechsel nicht zu erreichen war. Sie bewarb sich in unterschiedlichen anderen Unternehmen, doch ihre Fertigkeiten und Fähigkeiten waren offenbar nicht gefragt – sie erhielt Absage über Absage.

Im ersten Jahr der Arbeitslosigkeit hatte sie noch Hoffnung, dass sie irgendwo eine neue Stelle finden würde. Dann kam das Bürgergeld und damit das Problem, dass ihre Dreizimmerwohnung zu groß und teuer wurde. Also suchte sie sich eine kleinere Wohnung in einem Teil der Stadt, der von sozialem Wohnungsbau geprägt war. Der Kontakt zu den wenigen Arbeitsbekannten, mit denen sie nach Schließung des Standortes noch verbunden war, schlief nun vollends ein – sie schämte sich zu sehr, jemanden zu sich einzuladen. Auch ihre Mitgliedschaft im Kegelverein kündigte sie mit Beginn des Bürgergeldbezuges, sie konnte sich die Abende in der Gaststätte mit Essen und Getränken nicht mehr leisten. Es hatte in all den Jahren immer mal wieder einen Partner in ihrem Leben gegeben, aber keine eigenen Kinder. Ihre Eltern waren in Rente und lebten nicht weit entfernt von der Tochter. Doch der Kontakt zwischen ihnen, der nie besonders innig war, wurde mit der Arbeitslosigkeit noch unregelmäßiger. Thea glaubt zu wissen, dass ihre Eltern enttäuscht von ihr waren, da Fleiß und Karriere beschworene Werte in der Familie waren.

Waren Sie schon einmal oder sind Sie aktuell von Arbeitslosigkeit betroffen? Kennen Sie Menschen wie Thea, die Sie aus den Augen verloren haben? Nehmen Sie diesen Zustand als Belastung mit Blick auf Einsamkeit wahr? Dann können die nachfolgenden Seiten nützlich sein, für sich selbst oder für eine Thea in Ihrem Umfeld das empfundene Leid zu mildern oder sogar Wege aus der Einsamkeit zu finden.

7.2 Der Blick in die Tiefe: Arbeitslosigkeit als Stigma

Es besteht ein komplexer Zusammenhang zwischen Arbeitslosigkeit und Einsamkeit, der sich auf verschiedene Aspekte des individuellen Wohlbefindens auswirken kann. Einige Aspekte dieses Zusammenhangs sind soziale Isolation, Identitätsverlust und Stigma, finanzielle Belastung, Mangel an Tagesstruktur, geringeres Selbstwertgefühl etc. Es ist wichtig zu betonen, dass nicht jeder bzw. jede Arbeitslose zwangsläufig einsam ist. Die Auswirkungen können je nach individueller Resilienz, sozialem Umfeld und anderen Faktoren variieren. Dennoch sind die psychosozialen Auswirkungen der Arbeitslosigkeit ernst zu nehmen.

Mit dem Begriff Arbeitslosigkeit ist ein Stigma (aus dem Altgriechischen für Stich-, Punkt-, Wund- oder Brandmal = auffälliges, oft negativ bewertetes Merkmal bzw. Makel) verbunden, denn die Berufstätigkeit ist ein hoher Wert in unserer Gesellschaft. Eine Studie der Bertelsmann Stiftung[62] zeigt, dass zwischen 67 und 78 Prozent der Befragten auch dann lieber arbeiten würden, wenn das Arbeitslosengeld sehr hoch wäre.

Aber schauen wir im ersten Schritt einmal auf die Studien zu dem Thema: Die Frage lautet, ob berufstätige Menschen sich weniger häufig einsam fühlen als diejenigen auf Jobsuche, in Ausbildung bzw. Studium oder Menschen im Ruhestand. Genau dies zeigen unsere eigenen Daten (Abb. 7.1):

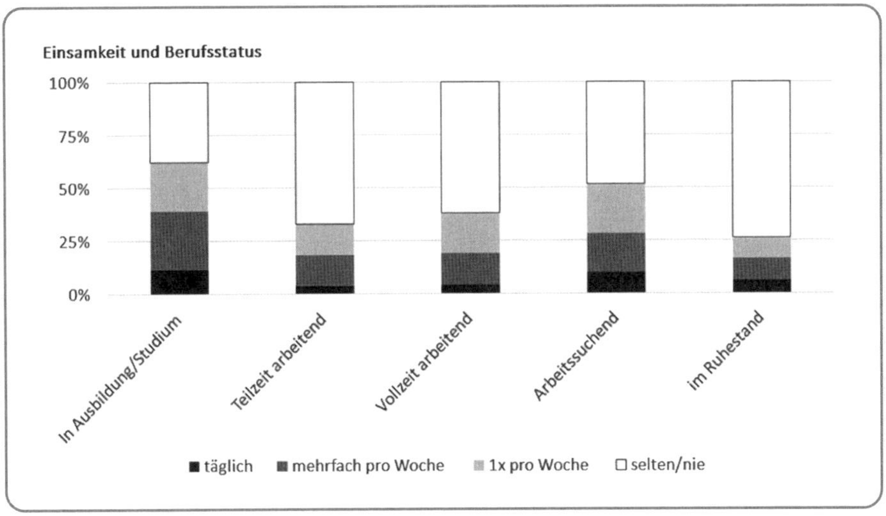

Abbildung 7.1: Einsamkeit und Berufsstatus

Am größten ist der Anteil derjenigen, die sich selten oder nie einsam fühlen, bei denjenigen, die Teilzeit arbeiten oder im Ruhestand sind. Auffällig ist, dass nicht nur Arbeitssuchende, sondern auch Menschen in Ausbildung und Studium sich häufiger einsam fühlen als Menschen, die arbeiten oder im Ruhestand sind. Es kann also nicht an der verfügbaren Zeit liegen.

Arbeit und Arbeitslosigkeit

Auch wenn Menschen sich durch ihre Arbeit gestresst und überfordert fühlen, über zu wenig Zeit für soziale Kontakte klagen und diese Überforderung häufig zu gesundheitlichen Beeinträchtigungen führt, zeigen wissenschaftliche Befunde, dass auch Einsamkeit und Arbeitslosigkeit negative Auswirkungen auf die Gesundheit haben und miteinander in Beziehung stehen. Einsamkeit und Arbeitslosigkeit können sich gegenseitig beeinflussen. In einer Übersichtsarbeit[63] wurde die Beziehung zwischen Einsamkeit und Arbeitslosigkeit bei Personen im erwerbsfähigen Alter untersucht. Dabei wurde eine 40-prozentige Zunahme der Wahrscheinlichkeit gefunden, dass Menschen, die arbeitslos wurden, sich auch einsamer fühlen. Es zeigt sich aber auch die umgekehrte Wirkung, nämlich, dass Einsamkeit Arbeitslosigkeit voraussagte: Menschen, die sich einsam fühlen und bei denen sich dieses Gefühl chronifiziert, haben ein höheres Risiko – auch aufgrund von gesundheitlichen und psychischen Belastungen – in die Arbeitslosigkeit zu gehen.

Es gibt verschiedene Berufe bzw. Tätigkeitsfelder, die als besonders „stressig" gelten und ein hohes Risiko aufweisen, an Burn-out zu erkranken bzw. arbeitsunfähig zu werden, z. B. die Arbeit als Lehrkraft[64] oder in Sozial- und Gesundheitsfachberufen[65].

Die Ergebnisse zeigen, dass sich Gesundheitsfachkräfte in Krisenzeiten wie während der Coronapandemie nicht nur generell belasteter fühlen, sondern auch einsamer. Wer aber guten Kontakt zu Familie und Freunden, keine Konflikte zu Hause und generell gut sozial eingebunden war, fühlte sich weniger einsam. Insbesondere das Gefühl der Kameradschaft mit Kollegen konnte der Einsamkeit entgegenwirken. Allgemein kann die Förderung guter sozialer Kontakte der Einsamkeit (nicht nur) von Gesundheitsfachkräften entgegenwirken und damit das Wohlbefinden fördern.

Es überrascht nicht, dass auch Studierende sich vor allem dann einsam(er) fühlen, wenn sie während des Studiums nicht gut integriert sind. Hochschulen, die ihre Studierenden zu gemeinsamen Aktivitäten zusammenbringen, können das Gefühl der Einsamkeit bei jungen Menschen verringern.

Arbeitsunfähigkeit und Erwerbsminderung

Thea konnte ihren Beruf als Friseurin aufgrund einer körperlichen Beeinträchtigung nicht mehr ausüben. Doch sie hatte Glück im Unglück und konnte „ungelernt" in einem anderen Berufsbild weiterarbeiten. Was ist jedoch, wenn gesundheitliche Beeinträchtigungen die Teilhabe am Arbeits- und Erwerbsleben (fast ganz) unmöglich machen? Hier kommen wir in den Bereich der Arbeitsunfähigkeit oder sogar Erwerbsunfähigkeit.

Wenn Personen aufgrund gesundheitlicher Beeinträchtigungen nicht mehr in der Lage sind zu arbeiten, ist eine Rente wegen voller Erwerbsminderung möglich, um das entfallene Einkommen zu ersetzen. Das Ausscheiden aus der Erwerbstätigkeit zählt jedoch zu den kritischen Lebensereignissen, mit denen Einsamkeit in Zusammenhang stehen kann und die zu gesundheitlichen Einschränkungen führen können. Dies ist insbesondere bei Erwerbsminderungsrentnern der Fall: Betroffene haben oft einen langen Weg hinter sich, bevor ihre gesundheitlichen Beeinträchtigungen anerkannt und der Beantragung einer Erwerbsminderungsrente stattgegeben wurde. Der Zeitaufwand und die Kraft, den dieser Prozess bedeutet, sowie die massiven gesundheitlichen Beeinträchtigungen machen es vielen schwer, regelmäßigen bzw. qualitativ hochwertigen (erfüllenden) Kontakt zu Mitmenschen zu pflegen, weshalb das Risiko für Einsamkeit steigt. In unserer eigenen Forschung konnten wir zeigen, dass dies kein Automatismus ist: Einige Erwerbsminderungsrentner schafften es trotz ihres Zustandes, nicht einsam zu werden. Diejenigen, die gut in Verbindung mit anderen Menschen blieben, waren auch mit ihrem Leben zufriedener. Es kommt also darauf an, sich selbst nicht zu stigmatisieren und im erfüllenden Austausch mit anderen Menschen zu bleiben bzw. wieder in Kontakt zu kommen.[66]

Migrationshintergrund

Wie wir bisher sehen konnten, gibt es eine ganze Reihe von Aspekten, die in Verbindung zu langfristiger Arbeitslosigkeit und Arbeitsunfähigkeit stehen und ein gutes Miteinander mit anderen erschweren können. Dies gilt auch für Menschen, die Deutsch als Muttersprache sprechen. Wie mag es da jenen Menschen ergehen, die es (vielleicht sogar ungewollt) in ein fremdes Land verschlagen hat und deren kultureller Hintergrund ein anderer als in Deutschland ist? Es braucht nicht viel Fantasie, um sich vorzustellen, dass sprachliche Barrieren (die bei Thea kein Problem sein können) und kulturelle Unterschiede (die bei Thea nicht groß, aber vielleicht doch bedeutsam sind) ausreichend Potenzial für eine soziale Isolation und langfristig für Einsamkeit beinhalten – natürlich in Abhängigkeit davon, inwieweit Integration, insbesondere in den Arbeitsmarkt, gelingt. Kommen gegebenenfalls noch körperliche oder psychische Beeinträchtigungen dazu, verschärft sich die Situation. So ist im Dritten Teilhabebericht[67] der Bundesregierung über die Lebenslagen von Menschen mit Beeinträchtigungen in Deutschland zu lesen, dass sich jeder dritte Mensch mit Behinderungen und ohne Migrationshintergrund oft einsam fühlt (31 %), wohingegen es bei denjenigen mit Behinderungen und *mit* Migrationshintergrund deutlich mehr sind (43 %). In einer Studie mit Studierenden der Jacobs University Bremen (jetzt Constructor University), die zu ca. 70 Prozent einen Migrationshintergrund haben, konnten wir nicht nur die Bedeutung von körperlicher Aktivität feststellen, sondern auch dass das Zugehörigkeitsgefühl für die Lebensqualität wichtig ist. Es kommt also darauf an, dass Menschen sich gut integriert fühlen, dass sie Möglichkeiten für soziale Teilhabe und Selbstbestimmung sehen und dass sie ihr Bedürfnis nach Kontakt mit anderen Menschen erfüllen können.

7.3 Was können Sie tun?

Unterstützung durch die Agentur für Arbeit, die Jobcenter oder die Deutsche Rentenversicherung (DRV)

Soziale Teilhabe ist in Deutschland gesetzlich verankert. Menschen, die einen sozialversicherungspflichtigen Job verlieren und staatliche finanzielle Unterstützung benötigen, wenden sich i. d. R. im ersten Schritt an die Agentur für Arbeit. Mit Einsetzen der Arbeitslosigkeit erfolgen dann die Zahlungen des Arbeitslosengeldes (ALG I). Wird innerhalb des Bewilligungszeitraumes für das ALG I keine Beschäftigung gefunden, übernehmen die Jobcenter die Betreuung des oder der Arbeitssuchenden. Weitere (reduziertere) Zahlungen für den Lebensunterhalt erfolgen nun unter dem Namen Bürgergeld. Alle Beteiligten, die zum Haushalt des Leistungsbeziehenden gehören, laufen unter dem Begriff Bedarfsgemeinschaft. Auf diesem Weg soll die Existenz finanziell gesichert sein, aber die Agenturen und Jobcenter bieten noch so viel mehr, was für eine gute Integration in den Arbeitsmarkt wichtig ist: z. B. finanzielle Unterstützung in Form eines Bildungsgutscheins für Weiterbildungen oder Umschulungen für eine bessere berufliche Qualifizierung oder in Form eines Arbeits- und Vermittlungsgutscheins (AVGS) z. B. für die Teilnahme an einem Berufs- und Karrierecoaching. Ausgebildete Coaches, Psychologen, Sozialpädagogen etc. unterstützen und beraten die Arbeitssuchenden auf ihrem Weg zurück in den Arbeitsmarkt. Hier sind Menschen, die nicht nur zuhören, sondern auch wichtige Impulse für eine Veränderungsarbeit geben. Festsitzende „Vermittlungshemmnisse“, wie es in der Fachsprache heißt, werden hier gemeinsam betrachtet und empathisch und nachhaltig aufgelöst.

Sollten Sie von Arbeitslosigkeit betroffen sein, dann nutzen Sie diese Angebote und lassen Sie sich von Ihrem Ansprechpartner bei der Agentur für Arbeit oder dem Jobcenter beraten. Für den Fall, dass bei Ihnen bereits ein Rehabilitationsbedarf – beruflich oder medizinisch – aufgrund einer Verletzung, einer Krankheit oder einer anderen Einschränkung festgestellt wurde, übernimmt ggf. die DRV die Zahlungen und das Jobcenter ist nicht mehr für Sie zuständig. In diesem Fall erfolgt die Finanzierung der Beratungs- und Qualifizierungsangebote über die entsprechenden Berater.

Interkulturelle Kompetenz, Resonanz und Offenheit

Mit dem Begriff „interkulturelle Kompetenz" ist die Kompetenz gemeint, mit Menschen anderer Kulturen angemessen zu interagieren. Diese Interaktion ist die Grundlage für eine gelungene Resonanz zwischen Menschen. Wir können in Resonanz mit anderen Menschen sein, aber auch mit uns selbst. Auch wer nur wenige Kontakte hat, kann Resonanz empfinden. Es kommt auf die Qualität der Interaktionen und der Beziehungen an: Gemeinsam erlebte, fürsorgliche und synchronisierte angenehme Zustände können das Gefühl fördern, dass das Leben sinnvoll ist, und damit auch das allgemeine Wohlbefinden und die Zufriedenheit stärken.[68,69] Es kommt also viel mehr auf das „gemeinsam Schwingen" an und auf das „In-sich-Ruhen" statt auf die Quantität der Kontakte und der gemeinsam verbrachten Zeit. Eine sichere Bindungserfahrung kann dabei ein Grundvertrauen bewirken, dass jemand bedingungslos zu uns steht und wir uns nicht einsam fühlen müssen, auch wenn gerade in diesem Moment niemand „da" ist. Dies scheint Thea zu fehlen, da die Eltern ihr dieses Grundvertrauen nicht mitgeben konnten und sie auch sonst – möglicherweise durch ihre Migrationsgeschichte – diese Bindungssicherheit nicht aufbauen konnte.

Unabhängig davon, ob Sie nun einsam sind, weil Sie selbst eine Migrationsgeschichte haben und sich fremd fühlen oder aus anderen Gründen wie etwa Arbeitslosigkeit oder Erwerbsminderungsrente – es gibt Hilfsangebote von unterschiedlichen Stellen. Auch hier zählt der erste Schritt, die Bereitschaft, nach diesen Angeboten überhaupt Ausschau zu halten. Es ist mitunter eine echte Leistung, Hilfe anzunehmen. Manchmal müssen dafür Stolz, Gekränktheit und andere, auch unbewusste, Barrieren überwunden werden. Ein irakisches Sprichwort sagt: „Nur der Geizige lehnt ein Geschenk ab." Jede Gabe ist ein Schritt zur Bindung, eine Verpflichtung für die Zukunft. Wenn Sie diesen Schritt schaffen, Hilfe anzunehmen, dann werden auch Sie irgendwann in der Lage sein, sich als Helfender zu revanchieren. Zu geben entspringt dem menschlichen Bedürfnis nach Gemeinschaft und setzt Glücksgefühle frei. Gönnen Sie dem Helfenden diesen Moment. Sobald Sie selbst mithelfen können, packen Sie mit an und kommen selbst in den Genuss dieses Gefühls.

Oft sind wir auch zu wählerisch, dann behagt uns unser Gegenüber nicht oder das Gesprächsthema oder wir werden mit Aufgaben konfrontiert, die „unter unserem Niveau" zu sein scheinen. Es geht um einen Anfang. Wir wissen auch, dass z. B. ein Ehrenamt kein Ersatz für die gewünschte Vollzeitbeschäftigung ist, aber es werden an vielen Stellen dringend Helfer gesucht, sei es bei der Caritas, beim Bücherflohmarkt des Roten Kreuzes, der Tafel, im Tierheim oder anderswo. So haben Sie die Möglichkeit, neue Menschen kennenzulernen, Sie führen Gespräche und bekommen Anregungen. Der bisherige Problemfokus löst sich etwas auf. Die Chance, aus dieser Position heraus einen nächsten Entwicklungsschritt zu tun, ist schon sehr viel größer.

Fazit

In Abgrenzung zu anderen Krisensituationen kommt der Arbeitslosigkeit in unserem Gesellschaftssystem eine besondere Bedeutung zu, da allein der Fachausdruck „Teilhabe am Arbeitsmarkt" verrät, dass nicht berufstätige Menschen hier von etwas Gemeinsamem (der sog. Teilhabe) ausgeschlossen sind. Es gibt verschiedene Möglichkeiten, wieder Anschluss zu finden und das Selbstwertgefühl zu stärken. Die besondere Situation der Bürger und Bürgerinnen mit Migrationsgeschichte lenkt unseren Blick auf den Bereich der Interkulturellen Kompetenz und den Abbau von Berührungsängsten auf allen Seiten. Das Schaffen von Kontaktpunkten, Austauschmöglichkeiten und Vernetzungen steht dabei im Fokus.

8. Zwischen Leistungsdruck und Selbstfindung – Charlotte

8.1 Auf den ersten Blick: Wenn das Bestreben, alles richtig zu machen, in Einsamkeit mündet

In der Vorbereitung auf meinen nächsten Termin mit Charlotte, 35 Jahre, Führungskraft und derzeit Single, blicke ich sinnierend durchs Fenster in unseren Garten. Andere würden wohl eher von Dschungel als von Garten sprechen, aber ich liebe die wild wachsenden Büsche und Bäume, und auch das Gras, das sich langsam, aber sicher, die Gehwegplatten einverleibt, in deren Ritzen kleine Veilchen blühen. Das gibt dem Garten in meinen Augen einen besonderen Zauber. Es ist *mein* Garten und er darf so wachsen, wie *ich* es schön finde. Dass meine Nachbarn tapfer ihren Mäher durch die akkuraten Rabatten schieben und missbilligend über den Zaun schauen, weil mein Garten es nie in eine Hochglanzzeitschrift schaffen wird, stört mich absolut nicht. Mein Optimierungswille geht hier offensichtlich andere Wege als der meiner Nachbarn. Und damit bin ich wieder bei Charlotte, denn ihr Thema ist: Ihren Anspruch („höher, weiter, schneller“) zu hinterfragen, dessen Erfüllung für sie Hand in Hand mit einem hohen Leidensdruck geht.

Sie wird sicher pünktlich sein, denn ihr Tag ist minutiös durchgetaktet mit Elementen der Selbstfürsorge, der Bildung, der Arbeit selbstverständlich (sie hat für ihr Alter schon erstaunlich viele Stufen der Karriereleiter in ihrem Unternehmen erklommen) und evtl. noch sozialen Kontakten – wenn Zeit bleibt. Die ist allerdings knapp, daher kommen die sozialen Kontakte seit ein paar Jahren zu kurz.

Der Besuch in meiner Praxis ist eine Mischung aus Selbstfürsorge und Arbeit, denn sie hat mich als Karrierecoach aufgesucht, da ihre Karriere zu stocken scheint, sie sich oft unwohl, antriebslos, ja regelrecht *einsam* in der Menge fühlt und sie diesen Zustand und seine Gründe analysieren will. Nach den ersten zwei Sitzungen haben wir begonnen, gemeinsam Neuland für Charlotte zu betreten – Gefühle, Bedürfnisse, Glaubenssätze und innere Antreiber – und genau mit Letzterem werden wir heute weiterarbeiten, damit sie ein besseres Gespür für sich und ihre Empfindungen entwickeln kann.

Biografie

Charlotte ist die älteste von vier Geschwistern. Sie ist ein „waches" Baby, das seine Umgebung neugierig erkundet. Die Funktionsweise der Spielzeuge durchschaut sie schnell und verlangt bald nach weiteren Herausforderungen. Mit einem Jahr kann sie laufen, da ist ihre Mutter bereits wieder schwanger, und der erweiterte Radius ermöglicht ihr, viel Neues zu entdecken, wobei ihr die ungeteilte Aufmerksamkeit der im Erziehungsurlaub weilenden Mutter gewiss ist. Mit der Geburt der Geschwister und der Wiederaufnahme der Berufstätigkeit ihrer Mutter vermindert sich diese einzigartige Zuwendung der Eltern. Charlottes Möglichkeit, wieder ins Zentrum der Aufmerksamkeit zu gelangen, ist ihr Leistungsstreben, mit dem sie sich zudem deutlich von den Geschwistern abhebt. Die Wertewelt der Eltern ist geprägt von Bildung, Pflichterfüllung, Verantwortung und Leistung – und von dem Wunsch, dass Charlotte die ihr geschenkte, überdurchschnittliche Intelligenz für den Ausbau einer tollen beruflichen Laufbahn nutzt. Abitur, Auslandsstudium und gleich danach eine Anstellung in einem großen, internationalen Logistikunternehmen – da bleibt keine Pause und keine Zeit für private Vergnügungen. Partnerschaften halten nicht lange, denn sie ist viel unterwegs und der Kalender ist voll. Außerdem ist auch hier der Wunsch groß, alles richtig zu machen – was die Beziehung anstrengend und unentspannt macht.

Nun ist sie schon länger Single – und glücklich damit, wie sie sagt, wenn da dieses Gefühl nicht wäre, dass irgendwas nicht stimmt. Es gehe auch beruflich nicht weiter und immer öfter falle es ihr schwer, ausreichend Energie für die Bewältigung ihrer Aufgaben aufzubringen. Mitunter mache ihr der Berg an Arbeit, der vor ihren Augen wächst, regelrecht Angst. Und dann ist da niemand, mit dem sie über dieses Gefühl der Schwäche reden kann …

Von außen betrachtet sehen wir eine junge, sehr gebildete Frau, mit einem guten sozialen Netz, durch das sie in vielen Winkeln der Welt mit Menschen verbunden ist. Sie achtet auf den Erhalt Ihrer Leistungsfähigkeit, treibt regelmäßig und diszipliniert Sport, trifft sich immer mal wieder mit Freunden in einer Bar oder einem Klub nach Feierabend, möglichst da, wo auch Kollegen – und Kunden – sind, wo sie neben dem Gespräch mit einem Freund auch noch ein wenig netzwerken kann. Sie ist modisch bis elegant gekleidet, gut frisiert und in der Öffentlichkeit nie in „Jogger und Schlappen" zu sehen. Ihre Wohnung wirkt wie aus einem „Schöner Wohnen"-Magazin, kein Bild hängt schief, keine Tasse steht in der Spüle.

Sie scheint „Everybodys Darling" zu sein, niemand sagt etwas Negatives über sie. Sie und ihr Leben sind nahezu perfekt!

Wie halten Sie es mit Ihrer „Außendarstellung"? Und wie wichtig sind Ihnen Ihre Erfolge und Leistungen?

8.2 Der Blick in die Tiefe: *Born to perform* – Selbstoptimierung bis zum Burn-out?

Es geht um den richtigen Umgang mit Zeit, die richtige Kommunikation mit Mitarbeitenden, die beste Art, den Körper gesund und fit zu halten, die optimalen Erziehungsmethoden etc. – Coaches und Trainer machen große Versprechen: effizientere Teams, besseres Zeitmanagement, fittere und schönere Körper.

Sie müssen nicht mal in den sozialen Medien unterwegs sein, um diese Versprechen wahrzunehmen. Klassische Werbung ist vielleicht etwas harmloser, zielt aber in dieselbe Richtung: Selbstoptimierung. „Wie kann ich noch besser werden, wie kann ich noch mehr erreichen?" Es gibt ein breiteres Spektrum an Optimierungsvarianten und für viele Menschen ist der Ehrgeiz, besser zu werden, zur zentralen Aufgabe im Leben geworden.

„Born to perform" – unter diesem Motto leben viele Menschen. Getrieben von dem Anspruch der Optimierung, verausgaben sie sich nicht nur und brennen aus, sondern rutschen auch durch eine Reduzierung ihrer Sozialkontakte in die Einsamkeit. Dabei geht es nicht nur um Leistungssteigerung, sondern auch um Individualisierung, dem Wunsch, besonders und einzigartig zu sein. Die Möglichkeit der Individualisierung, die uns mit wachsendem Wohlstand und politischer Freiheit gegeben wurde, wird zur Pflicht. Die Besonderheit des Individuums medial darzustellen und damit vergleichbar zu machen, ist eines der wesentlichen Merkmale sozialer Medien wie Instagram oder TikTok. Wenn die Menschen an dieser Pflicht der Individualisierung scheitern, dann reagieren sie mit innerer Leere, mit Depression, Antriebslosigkeit und Suchtverhalten auf ihr vermeintliches Versagen. Das wiederum stellt eine Einladung für die Einsamkeit dar, die sich hier gerne dazugesellt.

Doch Einsamkeit als Nebeneffekt der Selbstoptimierung schleicht sich auch auf anderen Wegen ein: Je größer unser eigenes Ego ist, desto weniger sind wir in der Lage, uns an einen anderen Menschen zu binden. Unsere Kompromissfähigkeit sinkt, weil wir uns selbst priorisieren. In der Folge geben wir Beziehungen schneller auf oder reduzieren Kontakte auf reines Networking und persönliche Vorteile.

Führungskräfte

Kennen Sie den Spruch „Je höher Du steigst, desto dünner wird die Luft!"? Oder „An der Spitze lebt es sich einsam!"? Einsamkeit macht keine Ausnahme bei Führungskräften: Genauso wie Mitarbeitende in Betrieben und Organisation können sie einsam werden, müssen es aber nicht: Die Forschung hat gezeigt, dass Manager nicht unbedingt einsamer sind als ihre Mitarbeitenden, die nicht in einer Führungsposition agieren. Es scheinen andere Faktoren zu sein, die Einsamkeit begünstigen, als Führungsverantwortung und Dienstalter.

Verschiedene Studien belegen, dass insbesondere Frauen in Führungspositionen häufiger von Einsamkeit betroffen sind. Diese können aufgrund von Geschlechtsvorurteilen und dem Druck, „Superfrauen“ sein zu müssen, ein erhöhtes Gefühl der Einsamkeit erleben.[70] Bemerkenswert ist: Führungskräfte, die unter Einsamkeit leiden, verändern ihr Führungsverhalten und können ggf. nicht mehr so effektiv anleiten, als wenn Sie sich gut verbunden und vernetzt fühlen würden. Des Weiteren kann die Einsamkeit von Führungskräften Auswirkungen auf ihre eigene Motivation und die der Mitarbeitenden haben, weil die Leistungsfähigkeit am Arbeitsplatz reduziert wird, aber vor allem die Freude an der Arbeit selbst leidet.

8.3 Was können Sie tun?

Wenn Sie selbst aufgrund Ihrer Führungsrolle oder aber aufgrund Ihrer starken Leistungsbezogenheit unter Einsamkeit leiden, können wir Ihnen Folgendes empfehlen[71]:

- **Ein Unterstützungsnetz mit wirklichem Austausch aufbauen:** Dies kann durch Mentoring, Coaching oder den Beitritt zu passenden Peer-Groups geschehen.
- **Offen kommunizieren:** Wenn Sie Ihre Visionen und Anliegen mit anderen teilen, kann dies die Distanz zwischen Ihnen und Ihren Mitmenschen reduzieren helfen und ein stärkeres Gefühl der Verbundenheit schaffen.
- **Ermutigen Sie zu gemeinsamer Entscheidungsfindung**: Die Einbeziehung von Teammitgliedern in Entscheidungsprozesse kann ein Gefühl der gemeinsamen Verantwortung für die Richtung und die Ziele der Organisation schaffen.
- **Suchen Sie nach ehrlichem, positivem Feedback und Anregungen:** Bemühen Sie sich aktiv um Feedback von Ihren Teammitgliedern. Das kollektive Potenzial der Gruppe kann eine wertvolle Ressource sein.
- **Fördern Sie eine Kultur der Inklusion:** Die Schaffung einer Kultur, in der sich alle Teammitglieder gehört und wertgeschätzt fühlen, kann das Gefühl der Isolation verringern und ein Gefühl der Verbundenheit fördern.
- **Selbstfürsorge praktizieren:** Sie sollten Ihr körperliches und psychisches Wohlbefinden in den Vordergrund stellen. Selbstfürsorge kann die nötige Widerstandsfähigkeit, Selbstwirksamkeit und Resilienz verleihen, um die Herausforderungen der Arbeitswelt zu meistern.

- **Verletzlichkeit zulassen:** Scheuen Sie sich nicht, authentisch Verletzlichkeit zu zeigen. Das macht menschlich und schafft eine zuverlässigere, tiefgehende und überdauernde Verbindung.

Belastungsfaktoren und Impulsgeber

Perfekt sein zu wollen in dem, was im Umfeld als richtig und wichtig angesehen wird, erzeugt einen hohen Leistungsdruck und damit Stress, insbesondere wenn wir glauben, dem nicht gewachsen zu sein. An dieser Stelle möchten wir Ihnen ein Modell vorstellen, das uns täglich in der Arbeit mit Menschen begleitet und die berechtigte Frage aufwirft: „Wer sagt dir eigentlich dauernd, dass du perfekt sein musst?“

Das Modell der inneren Antreiber

Auch wenn niemand um uns herum ist, der uns antreibt, auf Fehler hinweist und offensichtlich mit unserem Tun nicht zufrieden ist, fühlen einige Menschen sich förmlich getrieben von dem Anspruch, perfekt zu sein. Warum ist das so?

Taibi Kahler (*1943), ein US-amerikanischer Psychologe, hat aufbauend auf den Erkenntnissen der Transaktionsanalyse (nach Eric Berne, 1910–1970, siehe Kasten) das Modell der inneren Antreiber und *Miniskripte* entwickelt.

Transaktionsanalyse kurz erklärt

Die Transaktionsanalyse befasst sich mit der Frage, warum Menschen im jeweiligen Moment so fühlen, denken und handeln, wie sie es tun. Dazu wird die zwischenmenschliche Kommunikation, die hier als Transaktion bezeichnet wird, genauer unter die Lupe genommen.

Dabei werden bei jedem Menschen drei Ich Zustände angenommen:
- das **Eltern-Ich** (hier fließen Normen, Werte, Vorurteile, Gebote und Verbote der Eltern mit ein),
- das **Erwachsenen-Ich** (angepasst an die jeweilige Situation und angemessen) und
- das **Kind-Ich** (spontanes, mitunter impulsives Verhalten, eigene Wünsche, aber auch Prägungen sind maßgeblich).

Der Ich-Zustand, der gerade dominiert, beeinflusst, wie wir Situationen erleben und als Folge darauf denken, handeln und kommunizieren.[iii]

---

iii Schön erklärt ist die Transaktionsanalyse zum Beispiel im *Lexikon der Psychologie* (Dorsch) unter ↗ https://dorsch.hogrefe.com/stichwort/transaktionsanalyse oder unter ↗ https://studyflix.de/biologie/transaktionsanalyse-2695.

In Kurzform geht es in dem Modell der inneren Antreiber um die Vorstellung, dass elterliche Botschaften an Kinder als gut gemeinte Verhaltensvorgabe vermittelt werden. Folgt das Kind, wird es mit Anerkennung belohnt und kann für den weiteren Aufbau seines Selbstbildes abspeichern: So bin ich o.k.! Auf diesem Weg bilden sich langfristig Verhaltensmuster aus, um dem Gefühl der Zurückweisung zu entgehen bzw. Anerkennung zu erhalten. Es ist wie ein innerer Kompass, der das Kind auf dem Weg, Zustimmung von anderen zu bekommen, leitet. Die ursprüngliche elterliche Anweisung wird verinnerlicht und dient auch im Erwachsenenalter noch als „Antreiber" für das Verhalten. Wie nach einem „Miniskript" funktionieren wir in Situationen immer wieder nach dem gleichen Muster. Antreiber sind in diesem Modell Impulsgeber, die uns Kraft geben, aber auch hemmen können, indem sie – in Abhängigkeit von ihrer Dominanz – zu dysfunktionalem Verhalten führen.[72]

Es werden nach dem Modell fünf innere Antreiber unterschieden:

- **Sei perfekt!**
- **Sei stark!**
- **Mach es allen recht!**
- **Beeil Dich!**
- **Streng Dich an!**

In der Arbeit mit den inneren Antreibern ist es das Ziel, sich selbst – den eigenen Antreibern entsprechend – die passenden „Erlauber" zu gestalten (z. B.: „Ich darf mir Zeit lassen", „Ich darf Gefühle zeigen", „Ich darf Hilfe erbitten", „Ich bin so gut genug" etc.).

Wenn Sie mehr über Ihre inneren Antreiber erfahren möchten, können Sie vielleicht mit einem Onlinetest starten (z. B. unter: ↗ https://transaktionsanalyse-online.de/antreiber-test/). Wir möchten Sie an dieser Stelle einladen, sich täglich mithilfe der folgenden Affirmation (positive Aussagen über sich selbst) in eine Haltung der Selbstanerkennung zu bringen: Dazu sagen Sie sich: *„Ich bin mir meiner einzigartigen Fähigkeiten und Talente bewusst. Ich liebe und akzeptiere mich, so wie ich bin."*

Wenn sich beim Lesen dieser Affirmation bei Ihnen sofort ein innerer Anteil zu Wort meldet, der so etwas wie „Na ja, bis auf die fünf Kilo zu viel, die wegmüssten!" flüstert, dann dürfen Sie ihm freundlich, aber bestimmt antworten, dass Sie ihn gern zu Fragen der Gesundheitsprävention wieder zu Wort bitten, die fünf Kilo Übergewicht aber nichts daran ändern, dass Sie gut sind, so wie Sie sind!

Wenn Sie in unserem Werkzeugkoffer im dritten Teil des Buches stöbern, werden Sie noch weitere Impulse zu diesem Thema und damit verbundenen Themenbereichen finden (z. B. Übung 9.9 „Back to the roots").

Lebensstil und -entwürfe überdenken

Wir werden nicht müde zu wiederholen, dass Einsamkeit zunächst zwar ein negatives Gefühl ist, aber die positive Funktion innehat, für Veränderung zu motivieren. Wer sich einsam fühlt, kann diese Veränderungsmotivation nutzen, um am eigenen Zustand etwas zu ändern. Dazu bedarf es zum einen eines „Werkzeugkoffers" mit hilfreichen Impulsen, wie das zu bewerkstelligen ist – dafür halten Sie unser Buch in den Händen. Zum anderen ist es erforderlich herauszufinden, *was genau* Sie eigentlich vermissen. Mit Blick auf Menschen wie Charlotte, die erfolgreich und gesund sind, stellt sich die Frage: Was ist es, das Ihnen fehlt? Sind es Menschen allgemein oder die Qualität der bestehenden Beziehungen oder physische Treffen statt digitale oder „echte" Begegnungen ohne Erwartungen und Leistungsdruck?

Fühlen Sie sich häufig gestresst? Nehmen Sie sich einen Moment, um zu reflektieren, und notieren Sie, welche Faktoren Ihren Stress verursachen. Muss wirklich alles, was auf Ihrer To-do-Liste steht, von Ihnen erledigt werden?

Es lohnt sich, auch einmal auf das „große Ganze" zu schauen und Ihren Lebensplan zu überdenken. Prüfen Sie kritisch, ob alle gesetzten Ziele wirklich essenziell sind und Ihren eigenen Bedürfnissen entspringen. Gibt es Ziele, die Sie eventuell von Ihren Eltern übernommen haben? Die Sie verfolgen, weil wichtige Menschen in Ihrem Leben diesen Zielen einen hohen Wert einräumen? Empfinden Sie diese „Wertigkeit" in gleichem Maß? Bedenken Sie dabei auch stets Ihre seelischen Bedürfnisse und Ihre Gesundheit. Es könnte hilfreich sein, vertraute (und möglichst objektive) Menschen in diesen Prozess einzubeziehen. Zudem können Sie Ihre Familie und Freunde ansprechen, um gemeinsam zu überlegen, welche Aufgaben von anderen erledigt oder gestrichen werden können.

Auch wenn es banal klingt: Denken Sie daran, (auch kurze) Pausen bewusst einzuplanen – sei es im beruflichen Umfeld, im Haushalt oder bei ehrenamtlichen Tätigkeiten. Wenn Sie primär am Schreibtisch arbeiten, stehen Sie jede Stunde für drei Minuten auf, machen Sie Atemübungen, einfache Gymnastik oder halten Sie einen kurzen Plausch mit Mitmenschen oder „ihrem inneren Schweinehund“ (s. Abschn. 6.3 und Tab. 11.1–11.3). Planen Sie Ihre Termine realistisch und mit Pufferzeiten ein, denn ideale Bedingungen treten nur selten ein. Nutzen Sie auch die minimalen Freiräume, um einfach mal abzuschalten.

Vermeiden Sie, Lücken im Tagesablauf mit neuen Verpflichtungen zu füllen, in der Hoffnung, sich dadurch später zu entlasten. Seien Sie mutig und lernen Sie, auch Nein zu sagen. Beachten Sie schleichende Veränderungen, kleine zusätzliche Belastungen und stoppen Sie diese so früh wie möglich.

Wenn Sie gestresst sind, weil Sie *unter*fordert sind (ja, es gibt auch Bore-out, das Gegenteil von Burn-out!), dann überlegen Sie, wie Sie eine gesunde Auslastung erreichen können. Versuchen Sie, gemeinsam mit anderen gegen den Stress anzugehen. Schließen Sie sich beispielsweise einer Yoga-, Pilates- oder Tai-Chi-Gruppe an, je nach Ihren Interessen und Ihrem Fitnesszustand. Aber nutzen Sie diese Zeiten nicht, um sich und Ihr Leben weiter zu optimieren, sondern um sich genau von diesem Zwang zu *befreien*. Wenn Sie dazu Ideen suchen, dann schauen Sie doch mal, was Konstantin Schreiber, der beliebte Tagesschausprecher, dazu in seinem Buch *Glück im Unglück* schreibt.

Auch die folgenden Impulse sind auf diesem Weg der Loslösung vom Optimierungswahn hilfreich.

Entdecken Sie Ihre Kreativität

Schöpferisch tätig zu sein, macht uns freier und aufgeschlossener, auch anderen Menschen gegenüber. Kreativität ist ansteckend! Menschen, die voller Ideen und Initiativen stecken, reißen andere mit, strahlen Energie und Optimismus aus. Schöpferische Fantasie und Sinnlichkeit sind eng mit Emotionen verbunden und nähren unsere sozialen Instinkte. Fördern Sie Ihre Neugierde und Spielfreude. Wenn Ihr Weltbild erstarrt ist, setzen Sie sich mit den Ideen anderer auseinander, sei es durch Gespräche, Lektüre, politische oder kirchliche Gruppen.

Aber Achtung – mit Blick auf unsere Charlotte und die Herausforderung, sich von zu hoch gesteckten Zielen nicht demotivieren zu lassen: Wenn Sie Inspirationen für Ihre kreative Welt suchen, recherchieren Sie nicht die „Schöne-neue-Welt-Bilder“ der einschlägigen virtuellen Kreativplattformen, sondern gehen Sie in die Stadtbibliothek oder in einen klassischen Buchladen und suchen Sie nach entsprechenden Büchern. Die bearbeiteten Bilder und Videos im Internet haben i. d. R. nicht viel mit den Ergebnissen der ersten eigenen handwerklichen oder anderen künstlerischen

Produktionen gemein. Ein Zitat der österreichischen Philosophin und Künstlerin Lisz Hirn macht es deutlich: „Das Übel beginnt mit dem Vergleichen und endet im Gleichmachen."

Kreativität ist aber nicht nur mit Blick auf das Handwerkliche gefragt, sondern auch mit Blick auf unsere Beziehungen zu anderen Menschen. Unsere Verbindungen zu anderen Menschen sind nie ganz abgeschnitten, manchmal existieren sie in unserer Erinnerung und Vorstellungswelt weiter: Wen haben Sie aus den Augen verloren? Um welche „verlorene" Freundschaft tut es Ihnen leid? Vielleicht genügt ein Anruf, um wieder ins Gespräch zu kommen. Vielleicht vermisst auch der bzw. die andere Sie, aber niemand hat bisher den ersten Schritt getan. Warum tun Sie ihn nicht? Sie haben nichts zu verlieren. Welche Interessen haben oder hatten Sie? Was davon können Sie wieder aktivieren?

Pflegen Sie auch Ihre Kreativität mit Blick auf Ihre persönliche Entwicklung: Was wollten Sie schon immer lernen? Gibt es Kurse, die Sie besuchen können? Geheime Träume, die Sie aufgegeben haben? Wollten Sie früher singen, malen, tanzen? Es gibt Workshops für jedes Niveau und ohne Alterseinschränkungen, auch für totale Anfänger. Informieren Sie sich im Netz. Sie können sicher sein, dass Sie auf jeden Fall immer im richtigen Alter sind, dass Sie ausreichend Talent haben und Ihre Werke einen ganz besonderen Zauber ausstrahlen. Es geht nicht um Leistung, sondern um die Freude am Tun und an der Gemeinschaft.

Den inneren Reichtum wiederentdecken

In diesem zweiten Teil unseres Buchs haben wir Ihnen einige Mitglieder der Einsamkeitsfamilie vorgestellt. Es ist unsere Absicht, deutlich zu machen, wie wichtig es ist, die unterschiedlichen Auslösebedingungen und Ursachen für die Einsamkeit in Erfahrung zu bringen. Von ihnen hängt ab, welche Interventionen erfolgreich sein können. Erkennen Sie, was für Sie und was für Ihr Umfeld wesentlich ist. Überlegen Sie sich, was in Ihrem Leben wirklich wichtig ist und Ihrem Dasein Sinn verleiht. Gehen Sie in die Natur, um sich zu regenerieren, Abstand zu gewinnen und sich zu sammeln. Auch Kunst, Musik und Meditation können dabei helfen, den inneren Reichtum wiederzuentdecken. Die Psychologin, Heilpraktikerin und Meditationslehrerin Margrit Schreier[73] schlägt dazu die folgende RAIN-Meditation nach Tara Brach[74] (**Recognize**, **Allow**, **Investigate**, **Nurture**) vor:

Vorbereitung – Beruhigung des Geistes

Setzen Sie sich bequem und trotzdem aufrecht hin. Richten Sie Ihre Aufmerksamkeit auf Ihren Atem. Wo können Sie ihn am besten spüren? In der Nase, im Rachen, in Ihrem Brustkorb oder im Bauch? Nach einer kurzen Zeit wird Ihre Aufmerksamkeit vermutlich abschweifen. Das ist in Ordnung. Wenn Sie bemerken, dass Ihre Aufmerksamkeit abschweift, führen Sie sie einfach zurück zu Ihrem Atem – immer wieder, wenn es nötig ist.

1. **Erkennen – Recognize**
   Gibt es in der derzeitigen Auseinandersetzung mit dem Thema Einsamkeit etwas, was für Sie schwierig ist? Tauchen Sie ein in die Situation, die Ihnen Probleme macht. Was ist das für eine Situation? Lassen Sie sie wie einen Film vor Ihrem inneren Auge ablaufen.

2. **Erlauben – Allow**
   Auch wenn diese Gedanken und Gefühle schwierig für Sie sind, lassen Sie sie kurzzeitig zu und halten Sie diese aus. Lassen Sie sie da sein, ohne sie zu beurteilen.

3. **Erkunden – Investigate**
   Betrachten Sie Ihre Gedanken und Gefühle genauer. Welche Gedanken oder Gefühle stehen im Vordergrund? Können Sie sie auch körperlich wahrnehmen? Wie machen sie sich bemerkbar? Lösen sie noch andere Gedanken oder Gefühle in Ihnen aus, Assoziationen, Erinnerungen? Können Sie diese körperlich spüren? Nehmen Sie alles mit Sorgfalt wahr und versuchen Sie, diese Erfahrungen noch weiter zu erforschen. Wenn diese Erfahrungen zu belastend werden, können Sie jederzeit zu Ihrem Atem zurückkehren.

4. **Ernähren – Nurture**
   Diese Erfahrungen zuzulassen kann schwierig sein. Trösten Sie sich selbst, wie Sie einen Freund oder eine Freundin trösten würden. Sagen Sie sich einen Satz, der Ihnen jetzt guttut. Zum Beispiel: „Ich bin für dich da. Ich bin bei dir." Vielleicht mögen Sie dabei eine Hand an Ihre Wange oder auf Ihr Herz legen.

5. **Reflexion**
   Setzen Sie sich für ein paar Minuten hin, spüren Sie der Übung nach und reflektieren Sie: Haben Sie etwas Neues gelernt? Hat diese Übung Ihnen vielleicht Hinweise darauf gegeben, wie Sie mit der Schwierigkeit anders als bisher umgehen können? Haben Sie Ideen bekommen, was Sie vielleicht in Ihrem Denken, Fühlen und Handeln ändern sollten?

Probieren Sie diese Meditation aus, indem Sie sie als Sprachdatei selbst aufnehmen (z. B. auf dem Smartphone) und sich dann abspielen. Versuchen Sie dabei, nur auf die Übung zu fokussieren, alles andere loszulassen und ganz bei sich zu sein. Weitere Übungen zum Atmen von Margrit Schreier finden Sie hier: ↗ https://heilpraxis-schreier.de/achtsamkeit/meditationen/

Sie können auch ein Konzert oder eine Ausstellung besuchen. Wesentlich ist, dass Sie aus Ihrer Komfortzone herauskommen. Verständlicherweise begegnen wir in der Praxis oft dem möglichen Einwand: „Genau dafür habe ich keine Energie!“ oder: „Diesen Schritt schaffe ich nicht, das macht mir Angst.“ Unsere Empfehlung: Priorisieren Sie die Aktivitäten, die Ihnen grundsätzlich Freude machen, nach ihrem Schweregrad. Ganz oben stehen die, die Sie sich am ehesten zutrauen, die Aktionen, die Ihnen am leichtesten fallen. Und dann gehen Sie Schritt für Schritt weiter. Nach jeder durchgeführten Aktion können Sie innehalten und in sich hineinhorchen. Machen Sie die RAIN-Meditation noch einmal: Was erleben Sie nun? Was ist neu, was unangenehm und was vielleicht unerwartet positiv?

Fazit

Das Bedürfnis nach Wachstum und Entwicklung sind Triebfedern für das menschliche Handeln – darum sitzen wir heute auch nicht mehr am Feuer in der Höhle (bzw. nur noch im Abenteuerurlaub). Wenn aber aus dem „höher, schneller, weiter, schöner …“ (selbst-)zerstörerische Kräfte und chronische Stressoren werden, können Achtsamkeit, Kreativität und die Besinnung auf die eigenen individuellen Bedürfnisse einen neuen Kompass für das Leben bieten.

Teil III

Der Werkzeugkasten – das ist ja der Hammer!

„Ein entschlossener Mensch wird mit einem Schraubenschlüssel mehr anzufangen wissen als ein unentschlossener mit einem Werkzeugladen.“

– Emil Oesch

In diesem letzten Teil unseres Buchs sammeln wir Werkzeuge, die Ihnen helfen können, einen nachhaltigen Weg aus der Einsamkeit zu finden. Das obige Zitat soll deutlich machen: Entscheidend ist die eigene Motivation und damit der Grad der Entschlossenheit, diese auch zu nutzen.

Nachdem Sie schon die ein oder andere Reflexionsübung gemacht und einige Impulse bekommen haben, ist die Frage: Wie können die weiteren Schritte auf dem Weg aus der Einsamkeit aussehen? Manches Hilfreiche befindet sich vielleicht schon in Ihrem Verhaltensrepertoire, ohne dass Sie sich über die Wirkung Ihres Tuns im Klaren sind. Dies trifft übrigens auch auf die Lektüre dieses Buchs zu, denn Lesen gilt als wirksames Mittel gegen Einsamkeit und für die Förderung des emotionalen Wohlbefindens[75]! Empathie und emotionale Intelligenz können durch das Lesen von Büchern gezielt gefördert werden.[76]

„Deep Reading“ scheint dabei besonders hilfreich zu sein: das intensive Eintauchen in die Welt der Bücher. Das bewusste Auseinandersetzen mit unterschiedlichen Denkweisen und Lebenserfahrungen ist förderlich für die Resonanz mit sich selbst und anderen. Aufgrund dieser Erkenntnisse wird das Lesen von Büchern zu einer ernsthaften und wirksamen Maßnahme, um Einsamkeit zu überwinden. Es bietet eine Möglichkeit, sich mit der Welt zu verbinden, Verständnis zu fördern und sozialen Austausch zu erleichtern, was letztendlich zu einem erfüllteren und bereicherteren Leben führen kann[77]. Also: Lesen Sie bitte weiter.

9. Krisen erkennen und meistern

Die wissenschaftliche Forschung[78] zeigt, dass es vier wirksame Möglichkeiten (sogenannte Interventionsstrategien) gibt, damit Einsamkeit überwunden werden kann:

- die Verbesserung sozialer Kompetenzen
- die Erhöhung von sozialer Unterstützung
- die Intensivierung von sozialen Kontakten
- die Optimierung von sozialen Kognitionen (Wahrnehmung, Aufmerksamkeit, Gedächtnis, Denken, Problemlösen und Lernen im sozialen Kontext)

In den nächsten Kapiteln stellen wir Ihnen Übungen aus allen vier Bereichen vor, um (Einsamkeits-)Krisen zu bewältigen (Kap. 9), mit sich selbst und mit anderen in positiven Kontakt zu kommen (Kap. 10 u. 11) und den Zugang zu Ihren Ressourcen langfristig zu sichern (Kap. 12).

Anhand der verschiedenen Beispiele, wie Einsamkeit entstehen kann (Kap. 4–8), haben wir gesehen, dass sich Einsamkeit nicht plötzlich entwickelt, aber doch mit besonderen Krisen oder sogenannten Triggern zusammenhängen kann. Der Tod von nahestehenden Menschen, der Verlust des Arbeitsplatzes oder eine Trennung, ein Unfall, der Beginn einer Krankheit oder ein anderer Schicksalsschlag – viele dieser Ereignisse sind Auslöser, die außerhalb unserer Macht und unseres Einflusses stehen. Wenn Sie selbst einen Schicksalsschlag erlebt haben, gibt es Möglichkeiten, aus diesem Tief auch wieder herauszukommen. Wir Menschen sind resilient (vgl. Abschn. 4.2 und 6.2), wir können Stress aushalten und uns von Belastungen erholen. Auch Sie können das! Hier ein paar Möglichkeiten, die Ihnen diesen Prozess erleichtern:

ÜBUNG 9.1

Tagebuch schreiben

Wenn es Ihnen nicht gut geht, Sie sich einsam fühlen oder Sie Sehnsucht empfinden, versuchen Sie, Ihr vorherrschendes Gefühl mithilfe eines Tagebuchs besser zu verstehen. Blättern Sie noch einmal zurück zu unseren Reflexionsaufgaben im ersten Teil des Buchs, zur Selbsteinschätzung Ihres Einsamkeitsgefühls und den hilfreichen Fragen dazu (s. Tab. 2.2, Selbstcheck inkl. Frage 4). Was haben Sie bei den Fragen gedacht oder aufgeschrieben? Machen Sie sich nun zu den folgenden Fragen ein paar Notizen:

- Wann und wie oft tritt dieses Gefühl der Einsamkeit auf?
- Wie stark nehmen Sie es in den unterschiedlichen Situationen wahr?

- Welche Situationen sind es, in denen Sie sich besonders einsam fühlen? Sind es eher Situationen, in denen Sie mit anderen Menschen zusammen sind, oder in denen Sie allein sind?
- Können Sie beschreiben, was Sie vermissen oder was die Auslöser Ihres Gefühls sind?

Wir können uns das menschliche Handeln wie einen Eisberg vorstellen, der zum Großteil unter Wasser liegt und nicht sichtbar ist: Nur 20 Prozent sind bewusst, zu 80 Prozent hingegen wird unser Verhalten von all den positiven wie negativen Erfahrungen, verdrängten Konflikten, Glaubenssätzen und Instinkten bestimmt.

Wenn wir durch etwas getriggert werden, passiert Folgendes: Wie bei einem auf dem Wasser schwimmenden Eisberg werden wir „unter der Wasseroberfläche" von etwas getroffen, das wir nicht kommen gesehen haben. Dies kann eine Wahrnehmung sein, die etwas von dem, was uns nicht bewusst (weil unter der Wasseroberfläche) ist, loslöst. Wir werden damit zu Handlungen oder Emotionen bewegt, die wir nicht beabsichtigt haben und die wir uns vielleicht nicht mal erklären können (durch „Skripte" und *Miniskripte*, s. Abschn. 8.3, Übung 9.7 und 10.1). Oft ist dies auch in Konfliktsituationen der Fall – es „knallt" ohne erkennbaren Grund.

Wir können uns zum Beispiel durch etwas, was jemand sagt, getriggert und ausgeschlossen fühlen, obwohl unser Gegenüber es gar nicht so gemeint hat. Es reicht aber auch manchmal die Beobachtung, dass sich ein Mitmensch auf eine bestimmte Art und Weise verhält. Diese Beobachtung kann bei der einen Person etwas (z. B. Einsamkeitsempfinden) auslösen, während bei einer weiteren Person ganz andere oder gar keine Gedanken und Emotionen in Gang gesetzt werden. Das liegt daran, dass wir geprägt sind von früheren Beziehungen und Erfahrungen (inkl. Bindung und Zurückweisung), die mitunter schmerzhaft waren.

Wenn bei Ihnen das Gefühl der Einsamkeit getriggert wird, ist es für den Beginn eines Veränderungsprozesses wichtig, dieses Gefühl zuzulassen und auch für andere transparent zu machen. So können wir dieses Gefühl beobachten und die Umstände und Auslöser besser verstehen. Versuchen Sie es aber bitte *achtsam*: Insbesondere Menschen, die sich schon länger einsam fühlen, haben den Eindruck, immer und überall von Einsamkeit umgeben zu sein. Ein Tagebuch und das genaue Beobachten zeigen auf, dass es auch Zeiten gibt, zu denen das Gefühl der Einsamkeit eher gering oder unbedeutend ist. Nehmen Sie das Gefühl der Einsamkeit als etwas an, das es nicht zu bekämpfen, sondern besser zu verstehen gilt: Welche Gedanken und Gefühle haben Sie, wenn Sie sich einsam fühlen, und wie sieht das aus, wenn Sie sich nicht mehr (so sehr) einsam fühlen? Mit welchen Personen fühlen Sie sich gut verbunden und mit welchen einsam? Was vermissen Sie? Wirken die Auslöser eher kurz- oder längerfristig? Wenn Sie etwas vermissen, wann empfinden Sie diesen Mangel besonders intensiv und wie äußert sich Ihr Vermissen oder Ihre Sehnsucht genau?

Das Festhalten Ihrer Einsamkeitsmomente in einem Tagebuch kann Ihnen helfen, Ihre Gedanken und Gefühle zu sortieren, ohne sie gleich einem anderen Menschen preisgeben zu müssen. Sprechen hilft, aber bevor Sie sich öffnen, fällt es Ihnen vielleicht leichter, sich durch einen inneren Dialog selbst klarer zu werden, ohne Angst, jemanden mit Ihren Gedanken zu belasten oder etwas zu sagen, was Sie später bereuen. Wenn Sie dann merken, dass es Ihnen nicht reicht, sich nur dem Tagebuch anzuvertrauen, suchen Sie sich eine vertraute Person oder einen professionellen Gesprächspartner.

ÜBUNG 9.2

Umdenken – Erfassen und (Neu-)Bewerten von Verbindungen

Wenn Sie sich darüber klar geworden sind, dass Sie etwas vermissen, dann ist die Frage, was genau es ist. Wie und womit beschreiben Sie Ihre aktuelle Situation und wo wünschen Sie sich welche Veränderung? Vermissen Sie mehr Tiefgang in Beziehungen, wünschen Sie sich mehr oder intensivere Beziehungen oder mehr Möglichkeiten, Menschen kennenzulernen und sozial eingebunden zu sein? Was sind Ihre Erwartungen und welche Erfahrungen haben Sie? Wie groß ist der Unterschied zwischen dem, was Sie derzeit haben und erleben, und dem, was Sie sich wünschen? Um Ihre Wünsche ausreichend „Sogwirkung“ entfalten zu lassen, erlauben Sie sich grenzenlose Fantasie. Malen Sie sich Ihr Idealbild von zwischenmenschlichen Verbindungen in den schönsten Farben aus – dies soll wie die sogenannte Wunderfrage nach Steve de Shazer und Insoo Kim Berg wirken.

Bei der Wunderfrage handelt es sich um eine angeleitete Fantasiereise in den Zustand, in welchem das Problem gelöst ist. Entscheidend ist bei dieser Methode, sich in diesen Zustand einzu*fühlen* wie in einen schönen Film:

Stellen Sie sich vor, Sie gehen heute Abend nach Hause. Alles ist wie immer, Sie essen, vielleicht schauen Sie noch ein wenig fern oder lesen etwas, und dann legen Sie sich schlafen. Und während Sie schlafen und das ganze Haus ruhig ist, geschieht ein Wunder. Und das Wunder besteht darin, dass Ihr Problem gelöst ist, einfach so! Aber weil Sie schlafen, wissen Sie nicht, dass das Wunder geschehen ist. Wenn Sie also am Morgen aufwachen und niemand sagt Ihnen, dass das Wunder geschehen ist, woran würden Sie es merken? Woran erkennen Sie, dass das Wunder eingetreten ist? Was wäre anders?

Von Walt Disney, dem berühmten Trickfilmzeichner stammt das Zitat: „If you can dream it, you can do ist!“ (Übersetzt: „Wenn du es träumen kannst, dann kannst du es auch machen!“) In diesen Worten steckt eine große Inspiration. Lassen Sie Ihr Herz sprechen, erträumen Sie sich möglichst konkret und detailgenau den Zustand nach der Lösung Ihres Problems. Mit dem Träumen kristallisieren sich erste Ansätze für wichtige Schritte in Richtung Zielzustand heraus. Nutzen Sie die Motivation, um aus dem Idealbild ein realitätsnahes Ziel zu formulieren.

ÜBUNG 9.3

Zwiebelmodell

Wenn Sie Ihr soziales Netzwerk genauer betrachten möchten, dann empfehlen wir Ihnen das Zwiebelmodell oder das *Social Convoy Model*[79]. Dieses Modell macht uns darauf aufmerksam, dass wir im Laufe unseres Lebens drei Ebenen von Beziehungen pflegen, die allesamt für unsere Entwicklung wichtig sind (vgl. Abb. 9.1):

- Der Kreis in Abbildung 9.1, der uns am nächsten steht, umfasst die uns wichtigsten Menschen in unserem Leben, also jene, die uns am nächsten stehen und unserem Leben einen Sinn verleihen wie Partner, Kinder usw.
- Der zweite Kreis bezieht sich auf Menschen, die für uns zwar nicht ganz so wichtig sind, aber stark zu unserem Wohlbefinden beitragen können, indem sie uns auf diverse Weise unterstützen und unseren Wert bestätigen. Dazu zählen Freunde und Arbeitskollegen.
- Unsere schwächsten Bindungen werden im letzten Kreis veranschaulicht. Hierzu gehören z. B. der freundliche Kassierer im Supermarkt, die nette Kellnerin im Lieblingslokal oder der Briefträger, mit dem ab und zu ein Wort gewechselt wird.

Mithilfe dieses Modells können Sie Ihr eigenes Netzwerk visualisieren: Schreiben oder malen Sie zunächst sich selbst in die Mitte der Abbildung 9.1.

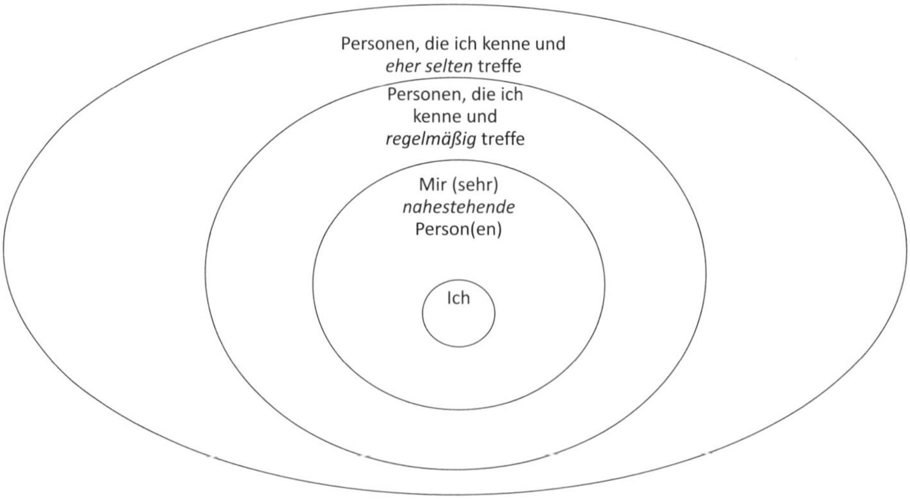

Abbildung 9.1: Zwiebelmodell: Bitte schreiben Sie Personen in die drei äußeren Kreise, um sich Ihrer bedeutsamen Mitmenschen bewusst zu werden.

Dann schreiben Sie in den nächsten Kreis Ihre engen, stabilen und unterstützenden Beziehungen. Denken Sie nur an die wichtigsten Verbindungen in Ihrem Leben. Das bezieht meist nur sehr wenige Menschen mit ein. Typischerweise bleiben diese mit Ihnen auch dann verbunden, wenn sich andere Bedingungen im Leben ändern. Beispielsweise bleibt Ihre Mutter auch dann Ihre Mutter, wenn Sie selbst Kinder bekommen. Eine sehr enge Freundin bleibt Ihnen verbunden, auch wenn Sie den Arbeitsplatz wechseln oder in Rente gehen.

Es kann im Laufe des Lebens zu grundlegenden Veränderungen kommen – zum Beispiel durch nicht lösbare Konflikte, Trennungen oder durch den Tod nahestehender Menschen. Da ist es gut, sich auch an andere Bezugspersonen zu erinnern, die vielleicht auf einen äußeren Kreis gerutscht sind, denn während ganz innen sogenannte rollenunabhängige Beziehungen liegen, sind auf der nächsten Schale die eher rollenbezogenen Kontakte, die sich über die Zeit hinweg verändern können. In diesen nächsten Kreis schreiben Sie die Personen, mit denen Sie sich etwas weniger eng in Beziehung sehen. Dies sind Personen, mit denen wir uns durch unsere Rollen verbunden fühlen, also zum Beispiel, weil wir Nachbarn sind, zusammenarbeiten oder gemeinsam Sport treiben. Der Kontakt mit diesen Personen ist aber schon so stark, dass wir mit ihnen zusammen auch mal etwas anderes unternehmen, also in der Freizeit einen Kaffee trinken oder gemeinsam spazieren gehen. Auch Verwandte zählen hierzu, zu denen wir regelmäßig Kontakt pflegen.

All diese Kontakte können sich verändern, etwa wenn wir in eine andere Stadt ziehen, den Arbeitsplatz oder den Ort, an dem wir Sport treiben, verlagern. Dabei kann diese Veränderung eine Abnahme, aber auch eine Intensivierung des Kontakts bedeuten – je nachdem, wie es von beiden Seiten gewünscht ist. Eine Abnahme der Intensität und Qualität der Beziehung kann dazu führen, dass diese Mitmenschen in den äußeren Kreis rutschen, aber wir können dem auch bewusst entgegenwirken.

Schreiben Sie in den äußersten Kreis die Menschen, die Sie kennen und mit denen Sie regelmäßig im Kontakt sind, aber eher nur deswegen, weil Sie mit diesen durch bestimmte Zusammenhänge verbunden sind: entfernte Verwandte, Hausarzt etc. Diese Beziehungen sollten nicht vergessen werden, auch wenn sie am schwächsten ausgeprägt sind in unserem sozialen Netz.

Sich nun all dieser Personen bewusst zu werden, kann helfen, sich eingebunden zu fühlen oder das aufzubauen bzw. zu intensivieren, was vermisst wird. Fehlen Menschen auf den verschiedenen Kreisen, gilt es, neue kennenzulernen oder sich an vorherige Freunde, Bekannte oder Nachbarn zu erinnern. Hat die Qualität der Beziehung gelitten, kann es an der Zeit sein, die Beziehung wiederzubeleben und zu „reparieren".

ÜBUNG 9.4

Beziehungslandschaft

Mit der Beziehungslandschaft (auch Beziehungspanorama genannt[80]) können wir unsere Beziehungen und deren Entwicklungen über die Zeit hinweg besser verstehen.

Überlegen Sie dazu, ob Sie sich an eine Zeit in Ihrem Leben erinnern, als Sie sich mit für Sie zentralen Mitmenschen gut verbunden gefühlt haben und alles „in Ordnung" zu sein schien. Wenn möglich, notieren Sie die ungefähre Jahreszahl unten in Abbildung 9.2. Nun tragen Sie zwei weitere Zeitpunkte ein, die Ihnen einfallen, an denen es nicht mehr so war wie zum Zeitpunkt der „guten Verbindungen", aber auch noch nicht so wie heute. Denken Sie an konkrete Beziehungserfahrungen. Es gibt kein Richtig und kein Falsch. Können Sie sich zum Beispiel an eine Zeit erinnern, als Sie für sich selbst festgestellt haben, dass es nicht mehr gut ist und Sie eigentlich etwas ändern möchten? Dann ist das ein Zeitpunkt, der in die Abbildung eingetragen werden kann. Ein weiterer Zeitpunkt kann sein, als die „Talsohle" erreicht wurde, als Sie beispielsweise das Gefühl hatten „Schlimmer geht's nicht mehr!" oder „Da komme ich ohne Hilfe nicht mehr raus". Aber es kann auch einfach eine Zeit der (weiteren) Trennung und des (wiederholten) Verlustes sein.

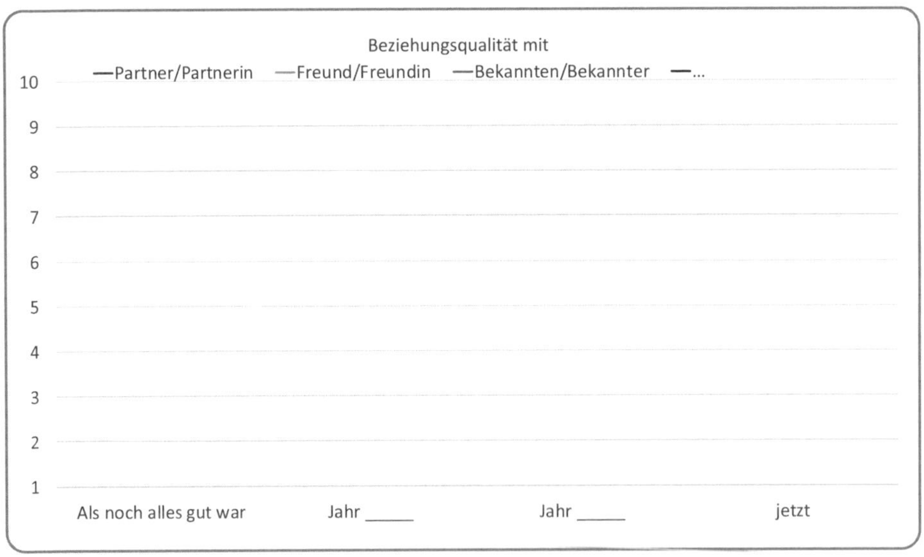

Abbildung 9.2: Ihre Beziehungslandschaft: Bitte tragen Sie die Beziehungsqualität mit verschiedenen Personen und das Ausmaß Ihrer Einsamkeit zu den unterschiedlichen Zeitpunkten ein (als Beispiel s. Abbildung 9.3)

Nun besteht die Aufgabe darin, zu überlegen, wie sich Ihre Beziehungsqualität mit zentralen Mitmenschen verändert hat. Wie war es mit der Freundin A oder dem Freund B? Hatten Sie einen Partner oder eine Partnerin und wie hat sich die Beziehung entwickelt? Gibt es noch weitere Menschen, die Ihnen wichtig sind und die Sie eintragen können? Tragen Sie Kreuze auf den Linien ein: Wenn die Beziehungsqualität sehr gut war, dann setzen Sie das Kreuz mit dieser Person hoch oben. Wenn die Beziehungsqualität eher schwach oder schlecht war, z. B. weil Sie sich gestritten haben oder kaum mehr Zeit miteinander verbracht haben, dann setzen Sie das Kreuz weiter unten. Es kommt nicht auf genaue Zahlen an, es sind nur ungefähre Werte.

Im letzten Schritt nehmen Sie bitte eine andere Farbe und zeichnen Ihr persönliches Einsamkeitsbefinden über die Zeit ein – unabhängig von den anderen Personen. Erst wenn Sie dies erledigt haben, überlegen Sie, womit die verschiedenen Veränderungen in der Beziehungsqualität und Ihrer Einsamkeit zusammenhängen könnten. Stand ein Umzug an oder gab es den Verlust eines Familienmitglieds zu verarbeiten? Haben Sie, z. B. während der Coronapandemie, negative Erfahrungen gemacht, die Sie lange oder gar bis jetzt beeinträchtigen? Wenn Sie solche Ereignisse identifizieren, dann kennzeichnen Sie diese bitte und schreiben Sie ein Datum dazu.

Dann geht es weiter, und zwar mit einem positiven Blick auf das Ganze. Dazu überlegen Sie bitte und fassen Sie zusammen:

1. Wie viele gute und wohltuende Beziehungen haben Sie jetzt und hatten Sie in der Vergangenheit?
2. Welche Rolle spielt(e) ein Ihnen sehr nahe stehender Mensch allgemein und bei den verschiedenen Entwicklungen?
3. Was hat dazu beigetragen, dass Sie mit Menschen, die Sie schon kannten, eine engere Freundschaft oder Beziehung aufgebaut haben?
4. Was hat zur Beendigung von Beziehungen geführt? Gab es vorher schon Anzeichen (Freunde hatten keine Zeit mehr oder Sie selbst wollten sich keine Zeit mehr nehmen)?
5. Welche Lebensereignisse haben Sie erlebt (Ortswechsel, lange Krankheit, Todesfall, Geburt von Kindern …)? Welche Bedeutung hatten diese für Sie persönlich?
6. Wie gestalten sich wertschätzende Beziehungen für Sie? Was macht diese aus und wodurch unterscheiden sich diese von unbedeutenden Kontakten?
7. Inwiefern hängt Ihre Einsamkeit mit der Anzahl und der Qualität Ihrer Beziehungen zusammen?

In Abbildung 9.3 ist die Beziehungslandschaft von Charlotte wiedergegeben.

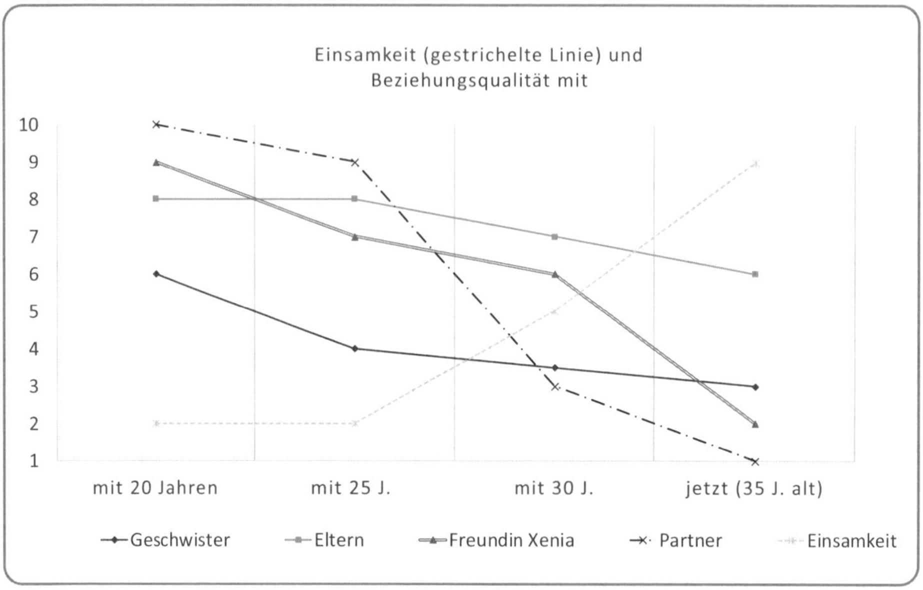

Abbildung 9.3: Beziehungslandschaft von Charlotte (Nutzen Sie dieses Beispiel, um Ihre eigenen Erfahrungen zu reflektieren)

Mit Blick auf Ihre eigene Beziehungslandschaft: Erkennen Sie besser, woran es Ihnen mangelt und wo Sie vielleicht auch nur wichtige Mitmenschen „vergessen“ haben? Was fehlt Ihnen? Was ist da? Was haben Sie vielleicht aus den Augen verloren und vernachlässigt? Könnten Sie selbst etwas verändern? Oder ist es wirklich an der Zeit, neue Menschen kennenzulernen, neue soziale Beziehungen aufzubauen?

Mit Ihrer Landschaft können Sie für und mit sich selbst reflektieren, aber auch gut mit anderen Menschen über das sprechen, was Sie belastet und was Sie vermissen. Bevor Sie aber wirklich auf andere Menschen zugehen, um mit ihnen zu sprechen, schreiben Sie Ihre Gedanken erst einmal auf oder klären Sie diese für sich. Denken Sie darüber nach, ob das wirklich ein Thema ist, das Sie mit anderen jetzt schon teilen möchten. Wenn Sie Unbehagen spüren, dann nehmen Sie dieses ernst und seien Sie erst mal vorsichtig und achtsam. Vielleicht ist es auch hilfreich, erst einmal mit einer ganz neutralen, fremden Person zu sprechen: mit jemandem bei der Telefonseelsorge oder einer Plattform wie „Redezeit für dich“ (↗ https://www.virtualsupporttalks.de/de).

ÜBUNG 9.5

Beziehungswaage – Erwartungen verstehen

Um Ihre Situation besser zu verstehen, ist es auch wichtig, Ihre Beziehungserwartungen unter die Lupe zu nehmen: Jeder Mensch hat individuelle Erwartungen und Bedürfnisse. Wichtig ist, dass es Ihnen gut geht, aber es gibt keinen objektiven Wert, der erreicht werden muss. Wenn Sie genau *eine* Freundin haben, dann kann dies genau das richtige Maß sein für Sie, und es ist überhaupt nicht wichtig, ganz viele weitere Freunde und Bekannte zu haben, die ständig vorbeikommen. Das ist das Bild, das uns durch Social Media und Co. vermittelt wird. Manche Menschen haben ein großes Netzwerk und ständig viele Menschen um sich herum, aber sie vermissen genau diese *eine* Freundin, mit der sie sich wirklich wohl fühlen können.

Wie sehen Ihre Erwartungen aus? Haben Sie bereits herausgefunden, was Sie wirklich brauchen? Wenn nicht, versuchen Sie sich darüber bewusst zu werden, z. B., indem Sie das Zwiebelmodell (s. Übung 9.3) zur Hand nehmen und in einer anderen Farbe ...

- dazu schreiben, wie viele Personen Ihnen auf den verschiedenen Kreisen fehlen, und
- einkreisen, wenn die Beziehung mit einer bestimmten Person nicht optimal ist (weil Sie zu wenig Zeit zusammen verbringen o. Ä.).

Nun machen Sie sich ein paar Gedanken zu der Qualität der Beziehungen:

- Wann ist eine Beziehung für Sie gut und wodurch ist diese dann gekennzeichnet?
- Welche Werte sind Ihnen wichtig in Beziehungen, der Partnerschaft oder in Freundschaften?
- In welchen Beziehungen sind diese Werte erfüllt?

Schreiben Sie Ihre Erwartungen auf und stellen Sie sie dem, was Sie tatsächlich erleben, gegenüber (vgl. Abb. 9.4).

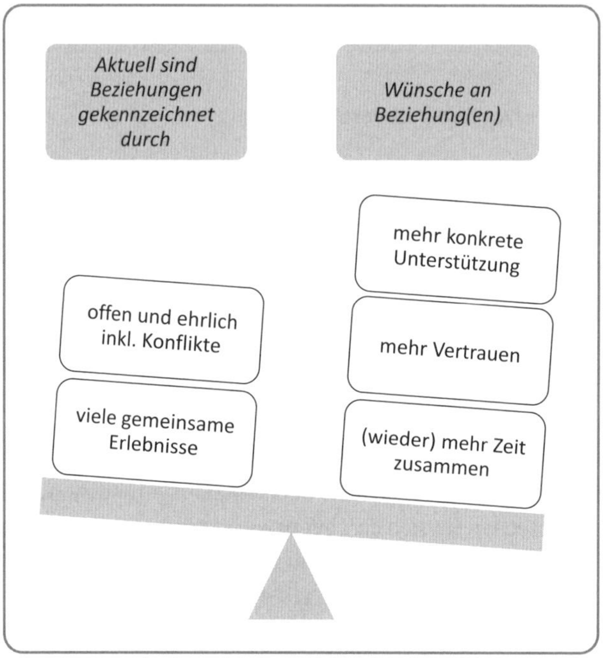

Abbildung 9.4: Beziehungswaage I: Ersetzen Sie bitte die Wörter in den dunklen Kästen durch Ihre eigenen tatsächlichen und gewünschten Erlebnisse

Wenn es Ihnen schwergefallen sein sollte, sich mit dem Thema Werte zu befassen, vertiefen wir den Blick an dieser Stelle: Als Werte werden wünschenswerte Zustände, Eigenschaften oder Haltungen von Menschen mit Blick auf sich selbst oder die Beziehung zu anderen Menschen bezeichnet. Ein Wert stellt somit ein erstrebenswertes, positives Ideal dar, welches wir zu erreichen oder zu erhalten versuchen.

Wir alle favorisieren (mehr oder weniger) unterschiedliche Werte und es ist leicht nachvollziehbar, dass Menschen sich umso besser verstehen und miteinander harmonieren, je mehr sich ihre Werte ähneln. Wenn für einen Arbeitnehmer zum Beispiel im beruflichen Kontext Autonomie wichtig ist, d. h. ein hohes Maß an Selbstbestimmung und Entscheidungsfreiheit, um mit hoher Zufriedenheit arbeiten zu können, dann werden Unternehmensstrukturen, die streng hierarchisch organisiert sind und in denen überwiegend nach Weisung gehandelt wird, eher für Unwohlsein sorgen. Menschen, deren Wert Sicherheit ist, fühlen sich in diesem Kontext wahrscheinlich wohler. Analog in Beziehungen: Wenn für einen Menschen Autonomie ein hoher Wert ist und es kommt ein Partner dazu, für den Sicherheit und enge Verbundenheit wichtig sind, dann wird die Unterschiedlichkeit der Werte Nährboden für Konflikte bieten. Vertrauen, Nähe, Kommunikation, Unterstützung und Respekt sind oft genannte Werte in Beziehungen.

Wo bestehen die größten Unterschiede zwischen dem, was Sie erwarten, und dem, was Sie üblicherweise erleben. Fragen Sie sich auch, ob Sie dies vermissen, weil

- Ihre Erwartungen sehr hoch sind (überhöhte, unflexible Standards) oder
- Situationen und Reaktionen von Ihnen eher kritisch und negativ bewertet werden, Sie eine für Sie selbst positive Bewertung nicht zulassen.

An diesen beiden Gründen können Sie selbst arbeiten. Bei diesem Ansatz ist es erst einmal nicht erforderlich, neue Leute kennenzulernen. Sie können stattdessen versuchen,

- die hinter Ihren Erwartungen liegenden Bedürfnisse dahingehend zu überprüfen, ob sie auch auf einem anderen Weg erfüllt werden könnten, denn das erlaubt, die Erwartungen an einen einzelnen Menschen und an bestimmte Beziehungen zu reduzieren.
- einen Perspektivwechsel bei der Bewertung der Situation oder Beziehung vorzunehmen. Wie würde ein Außenstehender, der einfach nur zusieht, die Situation bewerten? Gibt es auch positive Aspekte?

Kann es zum Beispiel sein, dass Sie erwarten, über alles mit Ihrem Partner zu reden, aber je mehr Sie dies von Ihrem Partner verlangen, desto häufiger kommt es zu Konflikten. Könnte es in Ordnung sein, einiges nicht oder anders anzusprechen, sodass es zu einem Austausch kommt, mit dem Sie sich beide wohlfühlen?

Kommen wir zu dem Bild der Waage, das Sie auch nutzen können, um einen Vergleich vorzunehmen von gewünschter und tatsächlicher Anzahl von Menschen, mit denen Sie in Kontakt stehen möchten. Malen Sie sich ein Bild wie das folgende auf (Abb. 9.5):

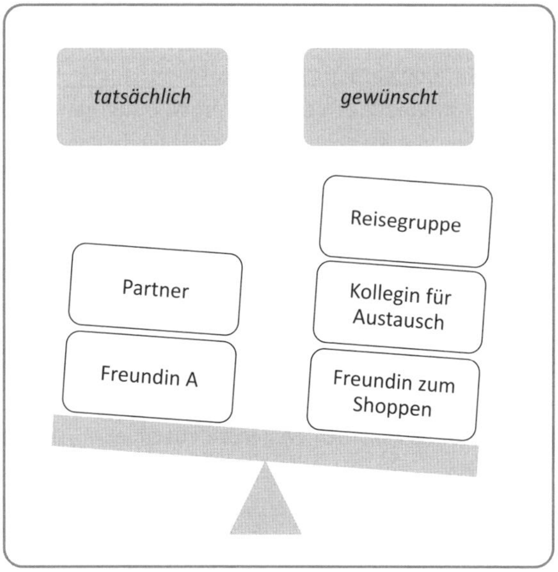

Abbildung 9.5: Beziehungswaage II: Ersetzen Sie bitte die Wörter in den weißen Kästen durch Ihre eigenen Bezugspartner oder Gruppen

Nehmen wir an, Ihre Waage sähe ähnlich aus wie die in Abbildung 9.5: Wenn Sie sich wünschen, gemeinsam mit einem lieben Menschen shoppen zu gehen, dann überlegen Sie, wer aus Ihrem Freundes- oder Bekanntenkreis vielleicht genau daran auch Freude haben könnte. Es kann für Sie hilfreich sein, bestimmte Formulierungen in der Ansprache dieses Menschen zu wählen. Stellen Sie möglichst keine „geschlossenen“ Fragen, also solche, auf die Ihr Gegenüber nur mit „Ja“ oder „Nein“ antworten kann, sondern fragen Sie „offen“:
„*Wo* hättest du Lust, mit mir mal bummeln zu gehen?“
„*Wann* würde es dir passen, dich mit mir zu treffen?“
„*Was* würde dir an einem gemeinsamen Nachmittag Spaß machen?“

Offene Fragen wirken belebend in der Kommunikation, sie regen das Nachdenken an und eröffnen kreativen Raum.

Wenn Sie gerne Austausch hätten, aber den langen Nachmittag oder Abend im Wohnzimmer gruselig finden, dann schlagen Sie für den Kaffee oder Wein doch noch mal ein Picknick im Park vor, anstatt nur zu Hause am Tisch zu sitzen, oder planen Sie auch ein einfaches Spiel (Würfelspiel oder Quiz) ein. Kombinieren Sie Austausch und Aktivität!

Wenn Sie sich gerne mit einem Mitglied Ihres Teams intensiver austauschen wollen, aber nur schwer einen Anknüpfungspunkt finden, dann überlegen Sie sich vorab ein paar (offene) Small-Talk-Fragen, um überhaupt erst einmal in Kontakt zu kommen: Was, wo, wann, mit wem, warum, wie …? Das sind gute Einstiegsfragen, die es Ihnen leichter machen, ins Gespräch zu kommen, und zugleich Interesse an Ihrem Gegenüber signalisieren.

Und wenn Sie gerne reisen, dies aber nicht allein machen möchten, dann nehmen Sie Kontakt zu anderen Menschen in ähnlicher Situation auf, z. B. über ein Mitreiseportal.

Sie hören sicher schon die unausgesprochene Botschaft: Nicht nur wünschen, sondern auch machen! Planen Sie zumindest den ersten Schritt – und gehen Sie diesen baldmöglichst. Überlegen Sie, wie das, was Sie schon haben, ein bisschen aufgewertet werden kann. Manchmal ist es mit Verbindungen zu Menschen wie mit langjährigen Möbelstücken: Wir haben uns so an sie gewöhnt, dass wir ihre Gegenwart gar nicht mehr wahrnehmen. Dann muss es nicht die neue Kommode sein, um wieder Glanz in die Hütte zu bringen, sondern mit etwas Politur oder einer anderen Position erstrahlt auch das bereits Vorhandene wieder in neuem Glanz und schenkt Ihnen Zufriedenheit.

Sie haben wahrscheinlich auch Mitmenschen um sich herum, auf die Sie sich verlassen können. Nehmen Sie sich die Zeit, diese aus einer anderen Perspektive zu betrachten. Bieten Sie selbst den Schlüssel, um die Tür zu neuen Wegen aufzuschließen, indem Sie auch mal Ihre Hilfe anbieten.

ÜBUNG 9.6

Impressionen anderer und aus sozialen Medien nutzen

Glauben Sie, dass die meisten Menschen in Ihrem Umfeld mehr Freunde haben und auf weniger soziale Probleme stoßen als Sie selbst?

Viele Menschen bejahen diese Frage sofort, obwohl es ihnen, wiederum von außen betrachtet, nicht schlecht geht. Warum also kommt es zu dieser Einschätzung, den anderen Menschen gehe es besser als ihnen? Ein Grund können die sozialen Medien sein. Wenn wir durch die Storys, Reels und Co. der anderen scrollen, sehen wir lauter fröhliche Menschen, die Feste feiern, Spieleabende besuchen, Konzerte genießen und Spaß bei Familienausflügen haben ... Natürlich haben einige Menschen mehr Freunde und mehr Glück im Leben (wobei das auf die Frage einlädt: Was genau ist Glück?), aber Ihr Leben kann als genauso gut bewertet werden und genauso erfüllt sein, wie das von anderen Menschen! Sie wissen inzwischen, dass es darauf ankommt, herauszufinden, was Sie brauchen und erwarten, und wie Sie sich grundsätzlich fühlen.

Beim Thema Bewertung bestimmter Situationen ist ein guter erster Schritt, die Zeit, die Sie allein verbringen, nicht als einsam zu interpretieren. Wenn von Einsamkeit Betroffene in der Beratung oder im Coaching den Hinweis erhalten: „Sie haben sich selbst“, um – daran anknüpfend – erst einmal einen Blick auf die eigenen Ressourcen zu werfen, dann entgegnen sie i. d. R. sofort: „Das reicht mir nicht!“ Oftmals bietet sich hier ein Blick auf den Selbstwert dieser Personen und das damit verbundene Mangelempfinden an. Und die Versicherung, dass es immer Menschen gibt, mit denen sie auch in Einsamkeitssituationen verbunden sind. In diesem Sinn: Denken Sie an die Personen in Ihrem Netzwerk (beispielsweise die Sie in Ihr Zwiebelmodell gemalt haben)!

Seien Sie sich bewusst, dass soziale Medien immer ein geschöntes Bild der Realität wiedergeben. Es werden mehr Sonnen- als Regenbilder geteilt, weil sie schöner aussehen, weil diese lieber in Erinnerung gerufen werden – und weil ein positives Bild von der eigenen Person aufrechterhalten werden soll. Diese Verzerrungen belasten viele Menschen, aber trotzdem spielen sie dieses Spiel mit. Sie posten nur die Situationen, die besonders schön und erfreulich wirken, und freuen sich, wenn Sie dafür mehr Likes und positive Kommentare erhalten. Was hat das jedoch für Folgen für die Betrachtenden? Sie bekommen ausschließlich oder zumindest primär die angenehmen Impressionen von anderen mit und haben keine Ahnung von den Schattenseiten. Meist geschieht das auch noch passiv, ohne mit dem Gegenüber zu interagieren. Schnell entsteht dadurch ein falscher Eindruck, dass es uns (den Betrachtenden) viel schlechter gehe als den anderen, dass wir weniger erreicht haben und vieles verpassen. So werden (vielleicht ohnehin schon vorhandene) negative Gedanken und Gefühle, zu denen auch Einsamkeit gehört, verstärkt. Wir kennen diese Tendenz auch schon aus der Zeit vor Social Media und aus anderen Bereichen: Solche kognitiven Fehler, auch „Bias“ oder „Erinnerungsverzerrungen“ genannt, sind menschlich und spornen uns im besten Fall dazu an, uns neue Ziele zu setzen. Aber sie können auch vollkommen unrealistisch und suboptimal sein. Dann werden sie zu einem Kampf gegen Windmühlen und das Scheitern ist vorprogrammiert.

Haben auch Sie zuletzt den Status von Bekannten angeschaut und gedacht „Da wäre ich auch gerne!“ oder „Warum war ich zu der Party nicht eingeladen!?“? Anstatt es bei Ihren negativen Gedanken zu belassen oder höchstens ein „Daumen hoch“ zu schicken, überlegen Sie sich, welchen netten Kommentar Sie an den Bekannten schicken könnten, damit dieser sich *mit Ihnen verbunden* fühlt. Wie wäre es mit „Schöne Party, nächstes Jahr bin ich auch wieder dabei!“ oder „Prima, dass Ihr so viel Spaß hattet, wann sehen wir uns mal wieder?“?

ÜBUNG 9.7

Der Blick zurück – Wir sind durch unsere Erfahrungen geprägt

Wie wir denken, interpretieren und reagieren, ist von unseren bisherigen Erfahrungen und *Miniskripten* geprägt. Insbesondere unsere Beziehungs- und Bindungserfahrungen sind bedeutsam für unser Einsamkeitserleben. Menschen bilden sich daraus sogenannte Schemata: Glaubenssätze oder Anleitungen, die sie bei vielen Aktivitäten leiten.

Diese Glaubenssätze können funktional sein, wie z. B.: „Ich bin in Ordnung“, „Beziehungen sind für beide Seiten gut“ oder „Einsamkeit kann mir den Impuls geben, etwas zu verändern“.

Dysfunktionale Glaubenssätze, also Gedanken und Gefühle, die nicht hilfreich sind, lauten z. B.: „Ich bin einfach unsympathisch“, „Ich bin es nicht wert, gemocht zu werden“ oder „Ich werde nie aus der Einsamkeit rauskommen!“.

Diese Glaubenssätze können verschiedene Bereiche betreffen, insbesondere
- die eigene Person (**Selbstschemata**),
- die Beziehungen zu anderen Menschen: Welchen Wert haben wir als Mensch in unserer Verbindung zu anderen und was erwarten wir von Beziehungen (**Beziehungsschemata**).

Die beiden Bereiche können zusammenhängen oder sich überlappen. Sie sind wie im Inneren von uns schlummernde Automatismen, die Gedanken, Gefühle und Verhalten auslösen, aber auch von diesen beeinflusst werden können. Damit besteht die Gefahr, dass diese Schemata wie ein Teufelskreis wirken, insbesondere wenn sie unbewusst sind. Der erste Schritt, um diesen Teufelskreis zu unterbrechen, ist daher, sich der Automatismen bewusst zu werden. Hierzu fragen Sie sich zunächst: Was halten Sie für die Ursache Ihres Einsamkeitserlebens?

Zweite Frage: Welche weiteren Gründe, auf die Sie Einfluss nehmen und die Sie verändern können, fallen Ihnen noch ein?

Ein Beispiel: Viele Menschen schieben Ihren Zustand auf das Alter, das ja nicht veränderbar ist. Wenn Sie nun aber auch erkennen, dass Sie sich nicht wohl und vielleicht einsam fühlen, weil Sie in eine neue Umgebung gezogen sind oder sich über Monate oder Jahre zu wenig Zeit genommen haben, um neue Leute kennenzulernen und Kontakte zu pflegen, dann können Sie *direkt daran etwas ändern.*

Machen Sie den Test: Überlegen Sie, welche anderen Menschen Sie kennen, die in Ihrem Alter sind. Haben Sie den Eindruck, dass es unter diesen auch Personen gibt, die genauso einsam sind wie Sie? Warum (nicht)? Wenn Sie nun an die Menschen denken, die weniger einsam zu sein scheinen, was ist bei diesen anders als bei Ihnen, und was könnten Sie von diesen für Ihr Leben übernehmen? Und wenn es Menschen gibt, die ähnlich einsam sind wie Sie: Was unterscheidet diese Menschen von Ihnen und was machen sie anders als Sie?

ÜBUNG 9.8

Unterschiedlichkeit wertschätzen und den eigenen Selbstwert stärken

Wenn es um das Gefühl der Zugehörigkeit bzw. Einsamkeit geht, dann gilt es auch, sich das Thema „Abweichen von der Masse" und „Anderssein" genauer anzuschauen. Viele Menschen erleben ein – wie auch immer geartetes – Anderssein negativ. Sie wünschen sich, dass andere ihrer Meinung sind und ihnen zustimmen, sie wollen *gemocht werden.* Das hat auch Einfluss auf den eigenen Selbstwert. Wer dauerhaft das Gefühl hat, abgelehnt zu werden oder falschzuliegen mit den eigenen Einschätzungen, Interessen und Meinungen, der definiert sich selbst eher durch dieses Gefühl, nicht zu passen, weniger wert zu sein oder keine Chance auf Zugehörigkeit zu haben. Und das kann wiederum Einfluss nehmen auf die wahrgenommene Qualität von sozialen Beziehungen.

Gut und sinnvoll wäre es, Unterschiedlichkeit als etwas Spannendes zu verstehen, über das wir mit anderen Menschen in Austausch kommen können, das Stoff bietet für Gespräche und Diskussionen und verschiedene Perspektiven. Aber wer nur erlebt, dass andere Meinungen nicht zugelassen werden, der kann auch schnell am eigenen Selbstwert zweifeln.

Selbstwert stärken

In unserer Arbeit erleben wir immer wieder, dass der erste Schritt auf dem Weg zum höheren Selbstwert (wie anderswo auch) über das Verstehen des „Warum" geht. Warum erlebe ich Situationen oft in dieser Art und Weise? Wie ist es eigentlich dazu gekommen, dass ich mir nur wenig zutraue, dass ich mich selbst als wertlos erachte? Was prägt eigentlich den Wert, den ich mir selbst gebe?

Unser Selbstwert entsteht während unseres Heranwachsens zu einem großen Teil durch die Reaktion unserer Bezugspersonen, unserer Umwelt auf uns und unser Handeln. Die beiden Extreme der Skala möglicher Ausprägungen reichen von „Ich kann machen, was ich will, es ist nie anerkennenswert" bis zu „Egal, was ich mache, alles wird überschwänglich positiv bewertet". Das heißt, unser Selbstwert spiegelt die Reaktionen der Menschen um uns herum auf unser Sein und Handeln wider.

Das ist eine einfache und einleuchtende Erklärung, die als Basis für eine Veränderung ausreichend sein kann. „Wenn das, was ich von mir selbst halte, nur ein Spiegel der Reaktionen anderer ist, dann bin das ja nicht ich!" – So lautete die überraschende Erkenntnis eines Klienten, die mich sehr berührt hat. Auf dieser Erkenntnis aufbauend, haben wir uns dem Thema Selbstmitgefühl und Selbstliebe zugewandt. Selbstliebe ist oft ein Begriff, der vorschnell negativ bewertet wird. Selbstliebe ist nicht mit Egoismus gleichzusetzen. Nur weil ich mir selbst liebevoll begegne, heißt das nicht automatisch, dass ich z. B. andere rücksichtslos für meinen eigenen Vorteil ausnutze. Aber Empathie für mich, für meine Empfindungen, für die Wunden und Strapazen, die ich auf meinem Lebensweg bereits erfahren musste (und dazu zählen auch die Abwertungen anderer), macht mich emotional widerstandsfähiger und stärkt mein Wohlbefinden und meine Selbstwirksamkeit.

Doch wie kann ich lernen, mich selbst zu lieben? Wenn unser Selbstwert dadurch geformt wird, wie unsere Umwelt auf uns reagiert, dann können wir diesen Mechanismus auch bewusst einsetzen: Wer ist denn am dichtesten an mir dran und ist immer bei mir? Ich selbst! Folgerichtig ist, dass ich meine Kommunikation mit mir selbst genauer betrachte und bewusst verändere. Hier kommen z. B. wieder die Affirmationen ins Spiel (vgl. Abschn. 8.3 und Übung 12.8). Wenn ich mich jeden Morgen vor dem Spiegel in meiner (angeblichen) Unvollkommenheit betrachte und liebevoll sage: „Ich bin genau richtig, wie ich bin!", wird diese Autosuggestion nach einiger Zeit fester Bestandteil meiner unbewussten Denkprozesse. Die positive Ausrichtung dieses Gedankens aktiviert das Belohnungszentrum des Gehirns und ist somit ein motivierender und energetischer Impuls.

Die positive Kommunikation mit uns selbst ist Ausdruck dessen, was wir uns selbst sein können: eine gute Freundin, ein guter Freund. Oft fragen wir im Coaching oder

der Beratung: „Was würden Sie Ihrem besten Freund in dieser Situation sagen?" und dann kommt in den meisten Fällen mit einem Lächeln eine wertschätzende, empathische und motivierende Äußerung. Warum also sprechen wir uns in dieser Weise nicht auch selbst Mut zu? Je mehr es uns gelingt, uns anzunehmen und zu lieben, wie wir sind, desto einfacher wird es, sich selbst ein guter Freund oder eine gute Freundin zu sein.

Dazu gehört auch, den Vergleich mit anderen, vermeintlich besseren, hübscheren, reicheren, erfolgreicheren etc. Menschen zu beenden. Ein Vergleich ist nur mit sich selbst erlaubt, denn dann besinnen Sie sich auf Momente, in denen Ihnen Dinge geglückt sind, in denen Sie fit waren und sich wohlfühlten. Hier gehen Sie im Coaching mitunter weiter und suchen für die Bewältigung schwieriger Momente in der bisherigen Lebensgeschichte den *Moment of excellence* („herausragenden Moment"). Aus der intensiven Assoziation mit diesem Moment können Sie dann, wenn es einmal schwierig wird, neue Kraft ziehen.

Wenn Sie sich selbst eine gute Freundin oder ein guter Freund sind, fällt es Ihnen auch leichter, über Fehler zu sprechen, diese zuzugeben und konstruktive Lösungen für zukünftiges Handeln zu suchen. Wenn Sie Fehler verstecken, vertuschen, sich ihretwegen grämen, dann fließt viel Energie in dieses Handeln, und diese Energie fehlt dann, um Lösungen zu finden.

Dazu gehört auch, vermeintliche Fehler an unserem äußeren Erscheinungsbild als individuelle Besonderheit zu bewerten. „Ich bin gut so, wie ich bin!" – Das ist immer wieder der Leitsatz. Es hilft bei der Akzeptanz des eigenen Körpers, sich bewusst zu machen, welcher Teil Ihres Körpers Ihnen selbst besonders gefällt. Hände, Augen, Haare, Füße – was auch immer es ist, würdigen Sie diesen Teil besonders. Und betrachten Sie auch das schüttere Haar mit freundlichen Augen – es gehört zu Ihnen und gibt Ihrem Kopf ein einzigartiges Format. Die Schwangerschaftsstreifen zeugen von der Geburt Ihres Kindes, Sie haben einem Menschen das Leben geschenkt – wie wertvoll ist der Körper, der das zustande gebracht hat? Fältchen machen Sie spannend, weil darin viel Lebenserfahrung liegt.

Und damit Sie all die Dinge, die Ihnen geglückt sind, die Ausdruck Ihrer Kompetenz, Ihres wunderbaren Wesens sind, nicht vergessen – schreiben Sie sie auf! Ob Sie es in Form eines Tagebuches machen oder Zettelchen beschreiben und diese in einem Glücksglas (z. B. ein altes Marmeladenglas) sammeln, ist gleichbedeutend. Hauptsache, all die guten und schönen Dinge, Verhaltensweisen und Glaubenssätze sind für Sie schnell abrufbar, wenn es mal wieder schwieriger werden sollte mit dem Selbstwert, z. B. wenn von außen Erschütterungen drohen.

Wenn Sie sich selbst besser annehmen können, wenn Sie sich empathisch begegnen, dann sind Sie sich auch Ihres tatsächlichen Wertes bewusst und nicht mehr in einem belastenden Maße von den Meinungen anderer abhängig.

ÜBUNG 9.9

Back to the roots

Wie Menschen Beziehungen wahrnehmen und gestalten, hängt auch von ihren frühe(re)n Beziehungserfahren ab. Dazu eine Übung:

- Listen Sie Ihre frühen Bezugspersonen auf: mindestens eine Person, idealerweise zwei bis vier Personen.
- Schreiben Sie zu jeder Person, wie diese Sie beeinflusst und dazu beigetragen hat, dass Sie der Mensch sind, der Sie heute sind.
- Woran spüren Sie den Einfluss oder die Bedeutung dieser Personen und ihres Einflusses noch heute?
- Gehen Sie bitte diese Punkte noch einmal durch und überlegen Sie, ob Ihnen auch noch mehr *Positives und Negatives* einfällt, z. B. „XY war oft traurig und hat sich dann nicht um mich gekümmert", „XY ist gekommen, wenn ich krank war" ...
- Abschließend betrachten Sie Ihre typischen Verhaltensweisen und Glaubenssätze von heute mithilfe der folgenden Fragen:
  - Wenn Sie einen Fehler machen, wie sieht eine typische Reaktion von Ihnen aus?
    Beispiel: „Wenn ich etwas Falsches tue oder sage, dann denke ich, dass andere Menschen mich nicht mehr mögen. Deswegen versuche ich, keine Fehler zu machen oder gar nichts zu sagen bzw. nichts zu tun."
  - Was müssen Sie tun, um Nähe und Unterstützung zu bekommen?
    Beispiel: „Wenn ich Nähe und Unterstützung erhalten möchte, dann muss ich übermäßig viel dafür leisten. Deswegen erwarte ich oft keine Unterstützung, denn ich kann nicht so viel leisten."
  - Wie fühlen Sie sich, wenn Sie sagen, was Sie brauchen (emotionale Bedürftigkeit)?
    Beispiel: „Wenn ich sage, was ich brauche, dann belaste ich meine Mitmenschen. Deswegen sage ich lieber nichts und passe mich anderen an."
  - Wenn Sie zeigen, dass es Ihnen schlecht geht, was passiert dann (negative Gefühle)?
    Beispiel: „Wenn ich zugebe, dass mir etwas fehlt oder es mir schlecht geht, dann wollen andere Menschen nichts mit mir zu tun haben. Deswegen unterdrücke ich diese schlechten Gefühle und lächele alles weg."

Wenn Sie ähnliche Gedanken haben, wie es in den obigen Beispielen anklingt, und auch Ihr Verhalten danach ausrichten, kann das dazu führen, dass Sie von anderen nicht so erlebt werden, wie Sie wirklich sind. Vielleicht haben Sie dann das Gefühl, von anderen Menschen abgelehnt zu werden, weil Sie die Erfahrungen (noch) nicht machen konnten, so angenommen zu werden, wie Sie sind.

Würden Sie sich *authentisch* zeigen, könnten Sie aber wahrscheinlich häufiger erleben, dass Sie gemocht, akzeptiert und wertgeschätzt werden. Versuchen Sie es mal wohldosiert in kleinen Schritten und empfindsam für sich und andere. Eventuell hilft Ihnen bei der Umsetzung auch die folgende Übung.

ÜBUNG 9.10

Die Welt um uns herum anders erleben

Negative Gedanken und Befürchtungen, die aus schlechten Erfahrungen oder einem Mangel an positiven Beziehungserfahrungen resultieren, können hinterfragt und verändert werden. Mit sogenannten Verhaltensexperimenten aus der kognitiven Verhaltenstherapie kann das, was wir denken, mit dem, was tatsächlich passiert, verglichen werden. Es kommt beispielsweise immer wieder vor, dass wir uns wegen etwas Sorgen machen, diese Sorgen aber in ihrer Intensität nicht angemessen oder überhaupt nicht notwendig sind. Diese Einschätzungen einer Situation, die wir „Annahmen" über die Realität nennen, sollen nun auf ihren tatsächlichen Realitätsgehalt überprüft werden, indem Bestätigungen für diese Annahme in der Lebensumwelt gesucht werden. Wählen Sie hierzu einen Ihrer Glaubenssätze aus und überprüfen Sie diesen in einer konkreten Situation mit Mitmenschen.

Nehmen wir beispielsweise den Glaubenssatz „Wenn ich Nähe und Unterstützung erhalten möchte, dann muss ich übermäßig viel dafür leisten. Deswegen erwarte ich oft keine Unterstützung, denn ich kann nicht so viel leisten". Zur Überprüfung beginnen wir mit einer einfachen Situation: Nutzen Sie z. B. eine Gelegenheit wie die Mittagspause an einem Arbeitstag oder ein Treffen in der Umkleidekabine beim Sport. Grüßen Sie eine andere Person freundlich (= leisten) und fragen Sie nach der Uhrzeit (= Unterstützung bekommen). Ziemlich sicher wird Ihnen diese Unterstützung gegeben. Gehen wir nun über zu einer etwas anspruchsvolleren Situation:

1. **Startpunkt:** Wählen Sie wieder einen zentralen Gedanken aus, den Sie testen wollen, zum Beispiel „Wenn ich Nähe und Unterstützung bei der Arbeit erleben will, dann muss ich übermäßig viel dafür leisten und darf keine Schwäche zeigen". Er bestimmt, wie Sie eine Situation erleben. Wäre der Gedanke nicht da, dann würden Sie die Situation höchstwahrscheinlich anders empfinden.
   Nun beschreiben Sie diesen Gedanken möglichst konkret. Etwa: „Wenn ich zugebe, dass es mir schlecht geht, dann wenden sich die Kollegen und Kolleginnen von mir ab."

2. **Bewerten** Sie Ihren eigenen Gedanken: Zu wie viel Prozent (von 0 bis 100 %) stimmt dieser Gedanke? 0 Prozent steht für „Ich glaube überhaupt nicht, dass dieser Gedanke stimmt", 100 Prozent bedeutet „Dieser Gedanke stimmt vollkommen".
3. **Experiment planen:** Entwickeln Sie das Experiment so genau wie möglich, um Ihren Gedanken in einer konkreten Situation zu testen. Beschreiben Sie das genaue Vorgehen inklusive, wann und wo Sie es umsetzen wollen. Beispiel: „Ich rufe meinen Kollegen am Montag vor der Mittagspause an und frage, wann er Zeit für ein Gespräch hat. Wenn wir dann zusammensitzen, werde ich davon berichten, dass es mir schlecht geht und was das für mich bedeutet."
4. **Den Teufel an die Wand malen** – Sorgen und Befürchtungen zulassen und aufschreiben: Schreiben Sie genau auf, was Sie an Konsequenzen befürchten und wie Sie feststellen, dass das Befürchtete eingetreten ist. Halten Sie diese Befürchtungen so konkret wie möglich fest, auch wenn es unangenehm ist und Sie vielleicht Angst haben, darüber nachzudenken. Denn wenn Sie wissen, was passiert und wie was zusammenhängt, dann können Sie besser reagieren, anstatt so zu handeln, wie es durch Ihren Gedanken geleitet typisch wäre.
   Beispiel: „Mein Kollege ist am Montag nicht erreichbar oder sagt, dass er in den nächsten Wochen keine Zeit hat. Wenn wir dann zusammensitzen und ich zugebe, dass es mir schlecht geht, dann sagt er, dass alles nicht so schlimm sei und ich mir an ihm ein Beispiel nehmen solle. Er ist ein Optimist und lässt sich nicht aus der Ruhe bringen. Oder er sagt, dass es bei ihm noch viel schlimmer sei ..."
   Überlegen Sie sich, wie Sie jeweils antworten möchten, um Ihr Anliegen rüberzubringen. Beispiel: „Es ist aber dringend und dauert auch nicht lange", „Für mich ist es so belastend. Ich kann und will das nicht mehr so positiv sehen, sondern will das endlich ehrlich zugeben und ändern".
5. **Aktiv werden:** Nun führen Sie das Experiment in der Realität durch.
6. **Zusammenfassen:** Anschließend schreiben Sie auf, wie das Experiment gelaufen ist, wie Sie sich gefühlt haben und wie es Ihnen anschließend ging. Wie stark sind Ihre Befürchtungen eingetreten – oder war es ganz anders? Wie haben Sie das festgestellt? Wie hat Ihr Gegenüber bzw. wie haben Ihre Mitmenschen auf Sie reagiert?
   Beispiel: „Mein Kollege hat – anders als erwartet – erstaunt reagiert und gesagt, dass er sich dies gar nicht vorstellen könnte, weil ich immer so stabil, entspannt und zufrieden wirke. Er hat tatsächlich gesagt, dass es sich für ihn auch schlimm anfühle und er kurz vorm Burn-out sei. Ich habe dann geäußert, dass ich ihn verstehe, und gefragt, ob wir uns nicht zusammentun können. Daraufhin hat er zugegeben, dass er sich auch mehr Austausch und Unterstützung wünsche und sehr gerne eine Taskforce mit mir bilden mag, um gemeinsam mehr zu schaffen. Er war sehr dankbar und hat gesagt, dass er froh sei, weil ich auf ihn zugekommen bin. Er schätze meine Art, mit Menschen umzugehen, das sei ihm vorher schon aufgefallen. Damit hatte ich wiederum nicht gerechnet, denn ich dachte immer, er würde mich gar nicht wahrnehmen. Damit war ich glücklich."

7. **Reflektieren:** Nun beantworten Sie bitte die folgenden Fragen:
   - Was nehmen Sie mit?
   - Wie haben sich Ihre Befürchtung und Ihr Glaubenssatz verändert?
   - Wie viel von dem, was Sie befürchtet haben, ist eingetroffen?
   - Wie könnte Ihr Glaubenssatz besser und passender formuliert sein?

   Beispiel: „Ich nehme mit, dass meine Befürchtungen halbwegs unbegründet waren. Mein Glaubenssatz scheint so nicht zu stimmen. Von meinen Befürchtungen sind vielleicht 25 Prozent eingetroffen, aber 75 Prozent sind es nicht. Mein Glaubenssatz müsste wohl besser lauten: ‚Wenn ich zugebe, dass es mir schlecht geht, dann nehmen mich einige Kollegen und Kolleginnen ernst und wir können uns zusammentun'."
8. **Neu-Bewertung:** Nun bewerten Sie Ihren neuen Glaubenssatz: Zu wie viel Prozent (von 0 bis 100 %) stimmt dieser Gedanke für Sie?

Es kann sein, dass Sie bei dieser Übung nicht nur positive Erfahrungen machen und der Großteil Ihrer Befürchtungen tatsächlich eintritt. Lassen Sie sich davon nicht entmutigen! Interpretieren Sie die negative Reaktion als etwas, das mit Ihnen nichts zu tun hat („der hat mich nicht gehört, weil es so laut war oder er schlecht hören kann", „die war so sehr mit sich selbst beschäftigt, dass sie mich nicht wahrnehmen konnte"). Führen Sie das Experiment noch einmal durch, aber in einem anderen Kontext oder in einer abgeschwächten Variante. Erst über die Zeit, wenn Sie schon viele positive Erfahrungen gesammelt haben, steigern Sie die Intensität. Und wenn es mal nicht so gut läuft, dann erinnern Sie sich an das, was zuvor positiv war, und an die unterstützenden Reaktionen, die Sie erfahren haben.

ÜBUNG 9.11

Verbindend reagieren

Wenn Sie Übung 9.10 („Die Welt um uns herum anders erleben") ausprobiert haben, denken Sie noch einmal an Ihre Reflexion und überlegen Sie, ob Sie das Geschehen noch etwas positiver bewerten können. Menschen, die unter Einsamkeit leiden, neigen dazu, vor allem das Negative zu sehen – insbesondere, wenn in einer Situation mit anderen Menschen etwas unklar ist. Wir möchten Sie dazu einladen, den positiven Erfahrungen nachzuspüren und diese wertzuschätzen. Wenn positive Erfahrungen *ent*wertet werden, kann das nachträglich zu negativen Gefühlen wie Scham und Angst führen oder diese Gefühle verstärken. Und das merken auch die Menschen um Sie herum, was sich wiederum negativ auf deren Verhalten Ihnen gegenüber auswirken kann. Nutzen Sie alle Tools, die es Ihnen leichter machen, auf die positiven Aspekte zu achten („Erfolgstagebuch", „Glücksglas" etc.). Bewahren Sie sich Gefühle wie „Damit war ich erst mal glücklich" und nutzen Sie diese als Quelle der Zuversicht.

Dieser Prozess ist wie ein schöner Tanz: Zwei Schritte vor, einer zurück und manchmal auch eine Drehung. Wichtig ist, in Bewegung zu bleiben und nicht nur auf Erfolge zu bauen. Mit Übungen wie der obigen können wir zwar nicht die Einsamkeit selbst bekämpfen, aber die Gedanken, die mit der Einsamkeit zusammenhängen. Wenn Sie verstehen, wie Sie anders denken und fühlen können, kann sich auch Ihr Gefühl der Einsamkeit verändern und sich immer mehr verabschieden.

ÜBUNG 9.12

Alleinsein kann guttun – bewusstes Alleinsein

Was denken Sie über das Alleinsein? Wie wir im ersten Teil dieses Buchs erklärt haben, sind Alleinsein und Einsamkeit nicht dasselbe. Alleinsein kann gut sein, wenn wir es wollen oder zulassen. Wer ungewollt allein ist, also lieber in Gesellschaft von anderen Menschen wäre, leidet oder nimmt diese Situation als bedrohlich war. Wir können aber lernen, Zeit allein als etwas Wertvolles und Gewinnbringendes zu begreifen:

- Suchen Sie sich eine Situation, in der Sie bewusst allein sind, obwohl Sie auch mit anderen Menschen zusammen sein könnten (z. B. während alle Kollegen gemeinsam in die Kantine gehen, gehen Sie an die frische Luft und essen dort Ihre mitgebrachte Mahlzeit). Lassen Sie Ihre aufkommenden Gefühle und Gedanken zu, nehmen Sie diese bewusst wahr, auch wenn sie nicht nur schön sind, und lenken Sie sich nicht ab (z. B. durch Telefonieren, Musik oder einen Podcast).
- Reflektieren Sie, wie gut es funktioniert hat, und überlegen Sie, wann Sie diese Übung (ggf. mit einer längeren Zeitdauer) wiederholen können. Erkennen Sie insbesondere Situationen, in denen Sie gewohnheitsmäßig Gesellschaft suchen, „Pseudokontakte" pflegen oder sich ablenken und in denen Sie genauso gut (bzw. besser) bewusst allein sein könnten. Üben Sie Alleinsein in unterschiedlichen Situationen, nehmen Sie bewusst wahr, wie viel besser Sie diese Situationen mit der Zeit aushalten und wie stolz Sie auf sich selbst sein können. Was gewinnen Sie für sich durch die Alleinzeit? Vielleicht Selbstbestimmung, Selbstkontrolle und Unabhängigkeit sowie ein besseres Gefühl für Ihre eigenen Bedürfnisse? (Das jedenfalls berichten uns viele Menschen.)
- Schenken Sie sich Qualitätszeit mit sich selbst. Je mehr Sie üben, desto einfach wird es Ihnen fallen, denn Übung macht den Meister (eine Gewöhnung stellt sich ein), und desto mehr profitieren Sie davon.

Mit der folgenden Übung können Sie das richtige Gleichgewicht zwischen Alleinsein und Zeit mit anderen Menschen finden: Nutzen Sie die folgende Tabelle 9.1 für sich persönlich, indem Sie zuerst die Pro- und Kontra-Spalten zu „allein verbrachter Zeit" ausfüllen. Wenn Sie mindestens einen Grund gefunden haben, der gegen allein verbrachte Zeit spricht, dann überlegen Sie sich, welche sinnvollen Strategien sich daraus ableiten lassen – obwohl Sie vorerst daran festhalten, die Zeit allein zu verbringen.

Pro „allein verbrachte Zeit"	Kontra „allein verbrachte Zeit"	Daraus folgt ...

Tabelle 9.1: Pro und Kontra von „allein verbrachter Zeit": Schreiben Sie für sich selbst auf, welche Argumente für und gegen Alleinsein sprechen und welche Strategie Sie verfolgen wollen, um trotz des Gegenarguments allein zu sein (für Beispiele s. Tab. 9.2).

Einige Ideen anderer Menschen finden Sie im Folgenden (Tab. 9.2):

Pro „allein verbrachte Zeit"	Kontra „allein verbrachte Zeit"	Daraus folgt ...
Dann bin ich kreativer.	Dann denken andere, dass ich ein Eigenbrötler bin.	Ich bin erst mit anderen zusammen und anschließend oder am nächsten Tag gönne ich mir meine Zeit allein und bin kreativ.
Ich kann selbst entscheiden, was ich mache.	Ich kann nichts machen, bei dem ich auf andere angewiesen bin (z. B. Tandem fahren).	Deswegen werde ich meine Freundin demnächst fragen, ob wir mal wieder Tandem fahren wollen.
Ich kann über meine eigenen Probleme nachdenken.	Ich komme allein nicht auf eine Problemlösung, weil ich mich immer im Kreis drehe.	Nachdem ich allein über meine Probleme nachgedacht habe, rufe ich bei der Telefonseelsorge an und frage dort um Rat für die Themen, bei denen ich allein nicht weiterkomme.
Ich brauche mich nicht über die Probleme anderer aufzuregen und bin freier.	Ich bekomme nicht mit, was bei meinen Freunden los ist.	Nach meiner Alleinzeit rufe ich eine Freundin an und frage, was es Neues gibt.

Tabelle 9.2: Pro und Kontra von „allein verbrachter Zeit" – Beispiele als Anregung für Ihre eigenen Argumente und Impulse

Versuchen Sie, einen positiven Impuls aus den Kontrapunkten zu ziehen: Wandeln Sie ihn um, damit Sie einen Grund haben, sich mal wieder mit anderen Menschen zu treffen, auszutauschen oder etwas gemeinsam zu tun. Nach einer Zeit allein gönnen Sie sich auch wieder Zeit in Gesellschaft, und wenn es nur ein Gang in die Fußgängerzone oder ein Besuch im Supermarkt ist. Nehmen Sie die anderen bewusst wahr, aber auch sich selbst. Und dann planen Sie Ihre nächste Zeit mit sich selbst.

ÜBUNG 9.13

Raus aus dem Schneckenhaus!

Wenn Sie sich einsam fühlen, kann das auch die Folge eines sogenannten motivationalen Konfliktes sein: Es kann ein tieferliegendes Problem dahinterstecken. Wie ist das bei Ihnen? Haben Sie Ziele wie „Nähe und Verbundenheit“ *und gleichzeitig* „nicht verletzt werden“? Menschen, die stark auf beide Ziele fokussieren, haben Schwierigkeiten, aktiv zu werden. Dabei können diese Ziele und was daraus folgt, auch unbewusst sein. Deswegen ist der erste Schritt die Bewusstmachung. *Vermeidungsziele* („nicht verletzt werden“) sind durch das, was wir bisher erlebt haben, geprägt (also zum Beispiel Beziehungserfahrungen). Diese Ziele können vor allem dann im Konflikt miteinander bzw. mit *Annäherungszielen* („Nähe und Verbundenheit“) stehen, wenn wir schlechte Erfahrungen gemacht haben. Neue Verletzungen vermeiden zu wollen, ist menschlich.

Während die Annäherungsziele klarer sind, müssen Menschen oft länger überlegen, um sich bewusst zu werden, welche Vermeidungsziele sie verfolgen und wieso. Typische Vermeidungsziele sind:

- Keine Schwäche zeigen
- Keine Konflikte oder Meinungsverschiedenheiten provozieren bzw. zulassen
- Keine Abhängigkeit entwickeln oder zugeben

Nun zu Ihnen: Würden Sie eines oder mehrere dieser Vermeidungsziele auch für sich selbst sehen? Was könnte dahinterstecken? Menschen, die es schaffen, dieses Rätsel zu lösen, schaffen es damit auch, ihre Gedanken und ihr Verhalten zu ändern und sich langfristig weniger einsam zu fühlen. Deswegen versuchen Sie, die folgenden Fragen für sich selbst zu beantworten oder mit einer Person Ihres Vertrauens zu erörtern.

Wonach sehnen Sie sich? Zum Beispiel nach einem BFF (Best Friend Forever) oder einem Partner, nach einem väterlichen Freund, der Ihnen zur Seite steht, oder nach einem Kind bzw. Enkelkind?

Schreiben Sie es hier auf:

____

____

Stellen Sie sich vor, diese Person existierte nun in Ihrem Leben. Gäbe es dann auch Dinge, die schwierig für Sie wären? Was könnte das genau sein?

____

____

____

Dies hier aufzuschreiben war sicherlich nicht einfach für Sie. Großartig, dass Sie es trotzdem gemacht haben! Wie fühlt sich das nun für Sie an?

Wahrscheinlich möchten Sie Intimität und Nähe mit einer anderen Person erleben, auf der anderen Seite empfinden Sie es als schwierig, etwas von sich zu zeigen, was Angriffsfläche für Kritik bietet. Wir können uns gut vorstellen, dass das schwierig ist und für Sie vielleicht sogar ausweglos erscheint. Lassen Sie uns in Kapitel 10 gemeinsam schauen, wie Sie diesen inneren Konflikt angehen und lösen können. Dazu überlegen Sie bitte noch einmal, warum es für Sie so schwierig ist, etwas von sich preiszugeben. Was könnte Ihnen helfen, weniger Angst davor zu haben? Schreiben Sie es auf!

10. Sich selbst positiv wahrnehmen

Wenn Sie unter Einsamkeit leiden, dann können auch andere Gefühle wie Angst, Scham, Schuld oder Hilflosigkeit damit einhergehen. Wenn dann noch intensives Grübeln, Fremd- und Selbstbeschuldigung oder das Gefühl, keine Schwäche zeigen zu wollen oder zu können, hinzukommen, kann es schwierig sein, diesen Zustand *ohne gezielte Strategie* zu überwinden. Um (besser) damit umgehen zu können und einen ersten Ansatz als Orientierung zu haben, bieten sich folgende Übungen an.

ÜBUNG 10.1

Achtsamkeit

Eine alte Zen-Weisheit sagt: Etwas ist vollkommen, wenn du es sein lassen kannst, wie es ist.

Im Zentrum des Zen-Buddhismus liegt die Meditation. Meditation bedeutet, Aufmerksamkeit und Bewusstsein zu schulen als Prozess, der durch wiederholtes Üben in einen Zustand der Stille und erhöhter Wachsamkeit führt. Eine einfache Technik, die Sie unproblematisch in jeder Alltagssituation probieren können, um sich über die Atmung aus innerer Unruhe in einen Zustand der Ruhe zurückzubringen, stellen wir Ihnen im Folgenden vor.

1. **Sitzen:** Setzen Sie sich auf einen Stuhl mit gerader Rückenlehne oder bequem auf den Boden.
2. **Konzentrieren Sie sich:** Fokussieren Sie sich auf Ihren Atem und achten Sie darauf, wie die Luft in Ihre Nase hinein und aus Ihrem Mund herausströmt. Nehmen Sie bewusst wahr, wie sich Ihr Bauch beim Einatmen und Ausatmen hebt und senkt. Wenn Sie mögen, legen Sie eine Hand auf Ihre Brust und eine Hand auf Ihren Bauch und fühlen Sie nun das Ein- und Ausatmen auch mit Ihren Händen.
3. **Erweitern Sie Ihre Aufmerksamkeit:** Sobald Sie Ihre Konzentration auf diese Weise fokussiert haben, erweitern Sie Ihren Fokus bewusst. Nehmen Sie Geräusche um sich herum und in Ihrem Körper, Ihre eigenen Empfindungen und Gedanken wahr.
4. **Akzeptieren:** Nehmen Sie alle Gedanken oder jede Empfindung an und betrachten Sie sie, ohne sie als gut oder schlecht zu bewerten. Wenn Sie die Bewertung nicht ausschalten können oder Ihre Gedanken zu rasen beginnen, richten Sie Ihre Aufmerksamkeit wieder auf Ihre Atmung. Erweitern Sie dann wieder Ihre Aufmerksamkeit.

Wie hat sich das angefühlt? Wie geht es Ihnen jetzt? Vielleicht fühlen Sie sich achtsam(er)? Achtsamkeit ist eine Form der Aufmerksamkeit für sich selbst und den eigenen Körper. Sie kann geübt und praktiziert werden. Manchen Menschen gelingt es leichter, achtsam zu sein, andere brauchen mehr Zeit, damit sie merken, wie gut es ihnen tut. Dabei geht es vor allem darum, die Aufmerksamkeit auf die individuelle Wahrnehmung, das eigene Verhalten und die eigenen Gefühle in dem aktuellen Moment zu richten, ohne dabei zu werten. Wichtig ist, dass Sie vor allem ...

- das Bewertende über Bord werfen und stattdessen denken „Ich akzeptiere, wie die Situation gerade ist".
- interessiert und aufgeschlossen sind und dabei die Haltung einnehmen: „Ich bin jetzt einfach im Hier und Jetzt und dabei gespannt, was kommt."
- geduldig mit sich und der Situation sind und die Einstellung haben „Ich lasse das, was auch immer kommt, einfach auf mich zukommen".
- Vertrauen haben und dieses durch Gedanken wie diesen ausdrücken: „Ich vertraue darauf, dass alles einen Sinn hat."
- aufgeschlossen und freundlich sind: „Ich erwarte etwas Gutes, es wird schon werden."
- durch die Augen eines Neulings schauen: „Ich bin offen für neue Erfahrungen."

Menschen, die sich einsam fühlen, ziehen sich oft zurück. Mit dieser Übung und den vermittelten Einstellungen können Sie es schaffen, Rückzugsmomente zu reduzieren oder sogar zu stoppen und stattdessen sich selbst und andere anders, positiver wahrzunehmen. Es kann auch helfen, in Situationen sicherer zu werden und unüberlegte Handlungen oder Reaktionen zu vermeiden, die wir später bereuen würden. Wir kultivieren damit mehr Zeit, Muße und positive Energie. Denn oftmals sind es automatisierte Prozesse (durch Skripte), die dazu führen, dass etwas nicht so läuft, wie wir es uns wünschen. Wenn wir uns aber achtsam verhalten, dann können Reaktionen angemessener sein. Anders ausgedrückt: *Wenn wir uns mehr Zeit geben und die automatisierten Prozesse verlangsamen und bewusst wahrnehmen, dann hilft das auch dabei, sich mehr so zu verhalten, wie wir es uns auch auf Dauer wünschen.*

Probieren Sie es noch mal aus, indem Sie Ihre eigenen Gedanken, Gefühle, Handlungsimpulse (die Sie oftmals als automatisierte Prozesse erleben) und körperliche Empfindungen wertschätzen, anstatt aus Handlungsdruck Stress und Überlastung resultieren zu lassen.

Wichtig ist, die Aufmerksamkeit nur auf den aktuellen Moment zu richten. Dabei sollten Sie wertungsfrei und neugierig das Hier und Jetzt wahrnehmen. Nehmen Sie sich und Ihren „inneren Schweinehund" an. Über Veränderungen denken Sie ein anderes Mal nach. Denken Sie nur an die aktuelle Situation, atmen Sie und genießen Sie den Moment.

Weitere Achtsamkeitsübungen finden Sie im Internet[81], bei verschiedenen Anbietern wie Krankenkassen[82] und in passenden Büchern. Der Vorteil der vielen Methoden und Übungen zum Thema Achtsamkeit liegt darin, dass es Ihnen möglich wird, für sich selbst ein verändertes, positiveres Gefühl zu entwickeln. Und damit leiten wir über zu dem nächsten, damit in Zusammenhang stehenden Thema, dem Selbstmitgefühl.

ÜBUNG 10.2

Selbstmitgefühl

Mitgefühl ist die Fähigkeit, empathisch und verständnisvoll auf das Leiden von anderen Menschen, Tieren und unserer Umwelt zu reagieren sowie das Bestreben, deren Leiden zu lindern. Selbstmitgefühl betont die Perspektive, dass Sie diese Fähigkeit und Haltung auch sich selbst gegenüber anwenden, insbesondere wenn es Ihnen persönlich nicht gut geht. Dazu gibt es verschiedene Techniken und wir stellen Ihnen die Übung nach van den Brink und Koster[83] bzw. Krieger und Seewer[84] vor.

1. **Im Hier und Jetzt – offen und freundlich.** Damit Sie bewusst in der aktuellen Situation sein können und dabei auch offen und freundlich-aufmerksam bleiben, stellen, setzen oder legen Sie sich bequem hin. Was nehmen Sie in dem aktuellen Augenblick wahr? Welche Erfahrungen machen Sie in diesem Moment? Was denken und fühlen Sie? Wie fühlt sich Ihr Körper an? Beobachten Sie diese Gedanken, Gefühle und Wahrnehmungen bewusst. Versuchen Sie, alle Ihre Empfindungen neutral oder positiv zu beschreiben. Beobachten Sie auch, ob Sie mit der Zeit mehr oder anderes wahrnehmen.
2. **Bewusst atmen:** Beobachten Sie Ihren Atem aufmerksam und verfolgen Sie entspannt, wie Sie die Luft ein- und ausatmen. Bleiben Sie zugewandt und freundlich. Werden Sie ruhiger, lassen Sie Ihre Atmung ruhiger werden. Dazu ...
   a. atmen Sie bewusst langsamer, gehen Sie dabei sanft und entspannt vor. Befreien Sie sich von Zwang und Druck.
   b. entspannen Sie Ihre Körperhaltung und Ihren Gesichtsausdruck, sodass diese zu Ihrer ruhigeren Atmung passen.
   c. atmen Sie in den Bauchraum. Spüren Sie Ihre Atmung. Atmen Sie weich und bewusst.
   d. atmen Sie durch Ihre Herzregion. Fühlen Sie, wie Sie Raum, Leichtigkeit und Wärme haben. Wenn Sie mögen, legen Sie eine Hand auf die Herzregion und fühlen Sie auch mit dieser Hand aufmerksam.
   e. lassen Sie ein Bild entstehen, das Ihnen hilft, diesen ruhigen Atemrhythmus zu halten und wiederzufinden. Dieses Bild kann ein sicherer Ort sein wie Ihr Wohnzimmer, eine bestimmte Umgebung wie ein Strand oder die Berge, eine entspannende Musik oder ein beruhigender anderer Mensch.
3. **Mitgefühl ergänzen.** Nehmen Sie nun wahr, wie Ihr Körper als Ganzes zu Ihnen gehört. Sie atmen, Sie befinden sich an einem bestimmten Ort. Nun probieren Sie aus, wie es sich anfühlt, wenn Sie sich etwas Freundliches, Mildes oder Unterstützendes wünschen: „Möge ich sicher / gelöst / entspannt / gelassen / glücklich ... sein.“ Wählen Sie das Adjektiv, was für Sie am besten passt, und möglichst in Ihren eigenen Worten. Lassen Sie das, was Sie empfinden, zu und atmen Sie damit bewusst weiter. Dazu „zergliedern“ Sie Ihren Wunsch in zwei Teile und denken den einen Teil („Möge ich ...“) beim Einatmen und den anderen Teil („... entspannt sein“) beim Ausatmen. Dabei ist Ihre Empfindung wichtig und richtig, nur diese zählt. Dieser freundliche Wunsch sollte behutsam durch Sie hindurch-

fließen. Nehmen Sie Ihre positiven Gedanken und Empfindungen in Ihren Körper auf, sodass sie Ihnen den weiteren Tag lang erhalten bleiben. Diese wohlwollenden Absichten können Sie sich auch später wieder ins Gedächtnis und in den Körper rufen, indem Sie sich an diese Übung erinnern. Nehmen Sie diese Übung mit in Ihren Alltag.

Wie geht es Ihnen jetzt? Ist dies eine neue Erfahrung für Sie? Insbesondere Menschen, die häufig Enttäuschungen, Kritik und Abwertungen, Ungerechtigkeiten und Ausgrenzung erleben oder andere negative Erfahrungen machen, haben Negatives in Bezug auf die eigene Person verinnerlicht. Ihnen fällt es schwer, anderen Menschen zu vertrauen und Positives zu erwarten. Obwohl dieser Selbstschutz, der vor weiteren Verletzungen bewahren soll, im Prinzip sinnvoll ist, kann er dazu führen, dass sich diese Menschen auf eine Art verhalten, die nicht (mehr) passend ist und eher zu einer Ausgrenzung führt und dazu, dass sie sich unwohl fühlen.

Wenn Sie diese Übung durchführen, können Sie nicht nur mehr im Hier und Jetzt sein, sondern auch erkennen, dass andere Menschen ebenfalls Schwierigkeiten haben und immer mal Fehler machen oder allgemein leiden. Übungen wie diese und andere meditative Techniken können das Gefühl der sozialen Verbundenheit steigern und somit Einsamkeit reduzieren.

Hier noch einige Tipps und Anregungen:

- Sprechen Sie Wünsche und wohltuende Gedanken aus.
- Fokussieren Sie sich auf (1) einen Ihnen (sehr) nahestehenden Menschen; dann (2) auf ein Lebewesen, das für Sie nur positiv ist; (3) auf einen neutralen Mitmenschen, dem Sie häufig begegnen (der weder negativ noch besonders positiv auf Sie wirkt); (4) auf eine „ablehnende“ Person, die bei Ihnen meistens negative Reaktionen hervorruft; (5) auf den Ihnen nahestehenden Menschen und die anderen drei Personen oder Lebewesen und abschließend (6) auf alle Lebewesen. Damit erweitern Sie Ihren Fokus und blenden nichts aus. Nehmen Sie die Ihnen nahestehende Person mit Ihren guten Wünschen wahr. Wie geht es Ihnen damit?
- Wiederholen Sie die Übung mit der Veränderung, dass *Sie sich selbst* mit hinzuholen: Fokussieren Sie sich auf (1) sich selbst; (2) auf ein Lebewesen, das für Sie nur positiv ist; (3) auf einen neutralen Mitmenschen, dem Sie häufig begegnen (die weder negativ noch besonders positiv auf Sie wirkt); (4) auf eine „ablehnende“ Person, die bei Ihnen meistens negative Reaktionen hervorruft; nun (5) auf sich selbst und diese drei Personen / Lebewesen und abschließend (6) auf alle Lebewesen. Damit erweitern Sie Ihren Fokus und blenden nichts aus, sondern nehmen sich selbst mit Ihren guten Wünschen in der „normalen“ Welt wahr. Was fühlen Sie nun?
- Wenn diese Erfahrungen für Sie neu und ungewohnt oder sogar unangenehm sind, dann lassen Sie dies absichtsvoll zu. Damit können Sie neue Erfahrungen machen und Blockaden lösen. Diese Blockaden können alter gespeicherter Schmerz sein, weil Sie sich immer wieder schützen wollten oder mussten. Dieser Schmerz kann zu Anfang wieder merkbar werden, weil Sie etwas öffnen, als wenn Sie eine oberflächlich verheilte Wunde aufreißen

und dann sichtbar wird, dass unter dem Schorf noch Eiter war. Sie werden vielleicht Erfahrungen machen, die Sie über viele Jahre nicht gespürt haben, und das kann erst mal schwierig sein. Das ist normal und bietet Ihnen die Chance, ihre soziale Verbundenheit mit sich und Ihrer Umwelt herzustellen bzw. zu verbessern. Wenn Ihnen das zu intensiv oder gar schmerzhaft vorkommt, dann starten Sie mit kleinen Einheiten, die zeitlich begrenzt sind. Suchen Sie sich Unterstützung und fühlen Sie in sich hinein, was Ihnen persönlich guttun würde. Nehmen Sie sich und das, was Sie denken, ernst.

- Gehen Sie sorgsam mit sich um – wie mit einem Freund, den Sie nicht verletzen wollen. Gleichzeitig bleiben Sie bitte „am Ball" und steigern Sie die Übungen über die Zeit, indem Sie intensiver über die Punkte nachdenken und sich bzw. der Übung mehr Zeit geben.

ÜBUNG 10.3

Akzeptanz

Wer sich einsam fühlt, der leidet. Dies kann intensiv bis schmerzhaft sein. Viele Menschen wollen dies nicht erleben und vermeiden Situationen, die das Gefühl der Einsamkeit auslösen. Um aber aus der Einsamkeit herauszukommen, gilt es nicht nur, auf bessere Zeiten zu warten, sondern 1. das Gefühl der Einsamkeit *anzunehmen* und 2. mit der Einsamkeit *umzugehen*. Die folgende Methode erleichtert Ihnen diesen Prozess etwas:

1. **Benennen:** Fassen Sie das Gefühl in Worte, ohne es zu bewerten (z. B. „Ich bin einsam und damit geht es mir schlecht").
   Versuchen Sie, den Grund dafür zu benennen (z. B. „Ich bin einsam und damit geht es mir schlecht, *weil* ich mich nach einer besten Freundin sehne, mit der ich auch über Intimes sprechen kann").
2. **Akzeptieren:** Nehmen Sie das Gefühl an (z. B. „Ich bin einsam, weil ich mich nach einer besten Freundin sehne, die ich nicht habe. Dies ist aber derzeit nun mal so und ich bin trotzdem in Ordnung").
3. **Wiederholen und aushalten:** Wiederholen Sie den Satz für sich selbst mehrmals. Halten Sie Gefühle, die dabei aufkommen, aus. Vermeiden Sie die Gefühle nicht durch Ablenkung.
4. **Beobachten:** Betrachten Sie aufmerksam sich selbst und Ihre Gefühle. Verändert sich Ihr Gefühl oder lässt es nach? Wie geht es Ihnen nun?

Bei dieser Übung geht es nicht darum, neue Kontakte aufzubauen oder bestehende Beziehungen zu verbessern. Es geht darum, dass Sie mit sich selbst ins Reine kommen. Diese Selbstresonanz kann eine wichtige Grundlage bieten, damit Sie auch mit anderen Menschen (besser) in Austausch kommen oder offen werden für neue Kontakte und Beziehungen. Geben Sie sich Zeit, denn die brauchen Sie. Nehmen Sie sich selbst an und akzeptieren Sie, dass Einsamkeit allen Menschen bekannt und dass Einsamkeit etwas Menschliches ist. Seien Sie geduldig mit sich.

Erkundigen Sie sich vielleicht auch einmal, ob es Achtsamkeits- und Selbstmitgefühlskurse in Ihrer Nähe gibt, oder recherchieren Sie nach Übungen im Internet. Dazu entwickelten Christopher Germer und Kristin Neff ein Mindful-Self-Compassion-Programm mit mehreren Übungen und Meditationen. Diese können Sie auch für das Üben zu Hause nutzen. Sie sind einzusehen unter ↗ https://www.msc-selbstmitgefuehl.org/msc.

11. Andere positiv wahrnehmen

Viele Menschen, die unter Einsamkeit leiden, vermissen einen erfüllenden Kontakt zu anderen Menschen. Wenn es Ihnen auch so geht, überlegen Sie, wie regelmäßig Sie sozial interagieren und ob es vorkommt, dass der jeweilige Kontakt *nicht* befriedigend für Sie verläuft. Wenn Sie dies häufig erleben und das ändern wollen, dann können Sie mit den folgenden Übungen anfangen.

ÜBUNG 11.1

Förderliche soziale Verhaltensweisen

1. **Aktuelle Kontakte vertiefen:** Nutzen Sie Ihre Kontakte zu Menschen, mit denen Sie in Kontakt sind. Dazu können Sie noch einmal die Übung zum Zwiebelmodell (Übung 9.3) machen und reflektieren: „Wie häufig habe ich mit den verschiedenen Menschen typischerweise pro Monat Kontakt?" Wenn Sie eine Freundin zum Beispiel nur alle drei Monate treffen, überlegen Sie, ob Sie sich häufiger treffen möchten. Oder was ist mit dem Bekannten, den Sie nur einmal im Jahr treffen, aber mit dem es dann immer sehr erfüllend ist? Könnten Sie auch zwischendurch mal telefonieren oder sich per Video-Call treffen? Können Sie die Kollegin, die häufig im Homeoffice arbeitet, nicht auch mal auf einen Spaziergang treffen? Dadurch lassen sich Beziehungen intensivieren. Vor allem bei Personen auf den weiter außen liegenden Kreisen kann dies sinnvoll sein, denn dadurch können diese Menschen sich für Sie weiter nach innen bewegen.
2. **Frühere Kontakte auffrischen:** Erinnern Sie sich an Menschen, mit denen Sie in der Vergangenheit in Kontakt standen, aber die Sie längere Zeit nicht mehr getroffen haben. Denken Sie an Menschen, mit denen das Zusammensein generell positiv war und zu denen Sie den Kontakt wieder herstellen können. Gibt es Nachbarn, Verwandte, frühere Vereins- und Arbeitskollegen oder ehemalige Mitschüler? Nutzen Sie auch die Übung zur Beziehungslandschaft (Beziehungspanorama, Übung 9.4), um zu schauen, wie gut es Ihnen mal mit diesen Mitmenschen ging und wie lange Sie sie nicht mehr getroffen haben.
3. **Neue soziale Kontakte knüpfen:** Jedes Zusammenkommen mit anderen Menschen bietet Ihnen die Möglichkeit, neue Kontakte aufzubauen. Wenn Sie dabei offen sind und positiv auf die anderen Menschen wirken, dann steigt auch die Wahrscheinlichkeit, dass daraus mehr entsteht. Versuchen Sie es: Gehen Sie auf andere Menschen zu und nehmen Sie die Signale von anderen wahr, dass diese für Kontakt mit Ihnen bereit sind. Geben Sie Zeichen, dass Sie an Kontakt interessiert sind – sowohl durch das, *was* Sie sagen, als auch

durch das, *wie* Sie es sagen (Körpersprache, Gesichtsausdruck, Stimmlage, körperlicher Abstand bzw. Nähe zu anderen, Berührungen).
Es gibt vielfältige Möglichkeiten, andere Menschen zu treffen und näher kennenzulernen oder mit ihnen gemeinsame Interessen auszuüben. Konkrete Angebote finden Sie über die „Angebotslandkarte" des Kompetenznetzes Einsamkeit (↗ https://kompetenznetz-einsamkeit.de/angebotslandkarte).

Bei allen drei Wegen ist es wichtig, dass Sie etwas tun, anstatt im Denken und möglicherweise Grübeln oder Zweifeln hängen zu bleiben. Um aus der Einsamkeit herauszukommen, müssen wir uns bewegen. Wenn das für Sie schwer ist, dann machen Sie die folgende Übung 11.2 (analog zu Abschn. 2.4, Abb. 2.2).

ÜBUNG 11.2

Vom Verstehen zum Handeln

Abbildung 11.1: Vom Verstehen zum Handeln: Nutzen Sie die Erkenntnisse und treten Sie in Aktion!

Überlegen Sie und schreiben Sie die Antworten auf:

1. **Problem genau beschreiben:** Wo liegt das Problem? Was genau hindert mich, aktiv zu werden?
2. **Ziel festlegen:** Was ist mein Ziel, wo will ich hin, was will ich erreichen?
3. **Lösungsideen:** Wie kann ich zu meinem Ziel kommen? Welche verschiedenen Wege gibt es? Lassen Sie alle Ideen zu und bewerten Sie in diesem Schritt nichts, denn das ist erst der Inhalt im nächsten Schritt.
4. **Bewertung der Lösungsideen:** Gehen Sie Ihre Ideen danach durch, wie gut sie umsetzbar sind und wie sehr sie in Ihrer eigenen Macht liegen, also wie gut Sie diese kontrollieren können. Markieren Sie die Lösungsideen, die für Sie aktuell am besten und mit Ihren eigenen Mitteln erreichbar erscheinen.
5. **Lösungsidee in die Tat umsetzen:** Ihre favorisierte markierte Idee führen Sie nun aus. Sie wertschätzen sich selbst für die Aktivität. Gedanken über mögliche Herausforderungen auf diesem Weg oder sonstige Befürchtungen lösen Sie auf mit Ihren erlernten Achtsamkeitsmethoden. Direkt im Hier und Jetzt!
6. **Bewerten:** Nachdem Sie Ihre Lösungsidee in die Tat umgesetzt haben, überlegen Sie, wie nah Sie Ihrem Ziel damit gekommen sind. Passen Sie Ihre Lösungsidee aufgrund Ihrer Erfahrungen an oder stellen Sie fest, dass es so gut war und Sie es auch so in Zukunft machen können. Entwickeln Sie einen Plan für ein weiteres Ziel und passen Sie diesen an sich ändernde Bedingungen an. Dabei kann Ihnen auch die folgende Übung helfen.

ÜBUNG 11.3

Im Hier und Jetzt – Werte, Einstellungen und Haltung

Die vorherigen Übungen kommen Ihnen sehr verkopft, theoretisch und rational vor? Deswegen gibt es eine weitere wichtige Zutat, um Lösungspläne zu entwickeln und wirklich mit ihnen arbeiten zu können: die Beachtung Ihrer Werte und Ihrer Haltung!

Schauen wir also noch mal hinter Ihre Ziele und Pläne. Vielleicht ist Ihr Ziel, neue Menschen kennenzulernen, frühere Verbindungen wiederzubeleben und Kontakt zu intensivieren – aber Sie stellen fest, dass es schwierig ist, diese großen Ziele im Alltag im Auge zu behalten. Dann kann das genaue Identifizieren und Beachten Ihrer Werte („Was ist mir wichtig?“) Sie dabei unterstützen, auch bei Unwägbarkeiten im Alltag an Ihrem Ziel festzuhalten und es in die Tat umzusetzen – ohne dabei verbissen zu sein und es nur als Qual zu erleben. Dabei geht es nicht nur um Ihre Werte und Ihre Haltung mit Blick auf die anderen Menschen, sondern auch mit Blick auf Sie selbst.

Bitte beantworten Sie die folgenden Fragen:

1. Wie möchte ich als Freund bzw. als Freundin sein?
2. Wenn ich an mich als Verwandten denke, wie möchte ich sein?
3. Was für eine Partnerin bzw. was für ein Partner möchte ich sein?
4. Wie möchte ich, dass meine Arbeitskollegen, Nachbarn und Bekannten mich wahrnehmen?
5. Wie möchte ich mit mir selbst umgehen?

Nun schreiben Sie sich bitte Ihre Werte so auf, dass sich daraus konkrete Handlungen und Aktivitäten ableiten lassen. Dazu kann die folgende Übersicht (Abb. 11.2) helfen, die Sie für sich anpassen und vervollständigen können. Unter den Onlinematerialien finden Sie eine Blankovorlage. Gehen Sie dazu unter ↗ http://www.junfermann.de auf die entsprechende Produktseite und scrollen Sie zur Mediathek zum Titel. Oder Sie malen sich selbst eine Übersicht, wie sie auf Sie am besten zutrifft.

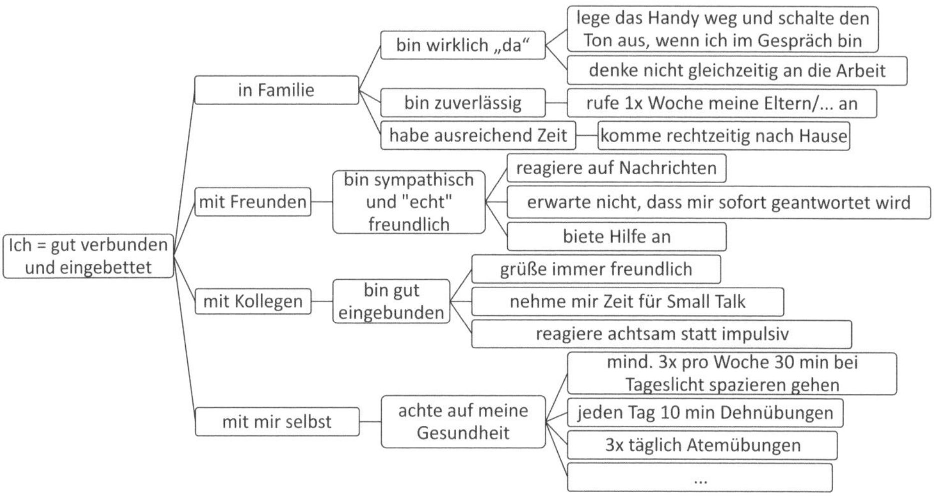

Abbildung 11.2: Werte und Aktivitäten: Bitte ergänzen Sie (auf der Vorlage) alle Inhalte in den Kästchen rechts von „Ich – gut verbunden und eingebettet“, sodass diese für Sie persönlich passen.

Um diese Übung vollständig zu bearbeiten, empfiehlt es sich auch, mögliche *Schwierigkeiten und Hindernisse* anzuschauen. So lässt sich frühzeitig planen, wie Sie mit diesen umgehen möchten, sodass Sie trotzdem an Ihren Zielen und Ihren konkreten Aktivitäten festhalten können. Dabei kann Ihnen auch die folgende Übung helfen.

ÜBUNG 11.4

Planung Ihrer Ziele

Die folgende Übung stammt aus dem Bereich der sogenannten sicheren Kommunikation und hat schon vielen Menschen geholfen. Zu einer sicheren oder guten Kommunikation[85] gehört, dass ...

- ausreichend Informationen weitergegeben werden, die aber nicht zu viel sind oder überfordern: Was muss mein Gegenüber wissen und was nicht?
- klar kommuniziert wird: Wie vermeide ich es, zu vage oder zu undeutlich zu kommunizieren?
- berücksichtigt wird, in welcher Umgebung und Situation kommuniziert wird: Habe ich viel oder wenig Zeit? Was passiert gerade und wie passe ich meine Kommunikation am besten an?
- Informationen nur dann weitergegeben werden, wenn diese auch überprüft wurden: Stimmt das, was ich sage? Bin ich mir sicher? Ist es wirklich zutreffend?
- beachtet wird, was das Gegenüber weiß, versteht und welchen Inhalten es zustimmen kann: Was braucht und möchte mein Gegenüber von mir und wie kommuniziere ich das angemessen?

Die Strategie der sogenannten Handlungs- und Bewältigungsplanung ist wissenschaftlich als wirksam nachgewiesen worden. Probieren Sie aus, wie auch Sie damit Ihren persönlichen Weg finden können. Entweder Sie planen Ihre Ziele, die Sie in der vorherigen Übung formuliert haben, oder Sie arbeiten mit unserem Beispiel zu einem erfüllenden Austausch und einer gelungenen Kommunikation. Damit ist im Folgenden gemeint:

- Sie stellen eine Beziehung zu Ihrem Gegenüber her.
- Sie nehmen sich Zeit, hören genau zu und reagieren angemessen auf die Äußerungen Ihres Gegenübers.
- Sie sprechen auf Augenhöhe, das heißt, Sie ordnen sich nicht unter (s. Transaktionsanalyse, Abschn. 8.3). Aber Sie stellen sich selbst auch nicht auf eine höhere Stufe. Gehen Sie davon aus, dass Sie beide gleichermaßen wertvolle Beiträge zu dem Gespräch leisten.

Was nehmen Sie sich für die nächste Zeit vor? Bitte tragen Sie eine, zwei oder drei konkrete Aktivitäten in Tabelle 11.1 ein, die Sie (gut bzw. besser als bisher) umsetzen wollen.

Welche Aktivitäten nehmen Sie sich vor? *(Bitte jeweils eine Aktivität in eine Zelle eintragen, z. B. „Ich grüße Leute im Park und versuche, mit ihnen ins Gespräch zu kommen“, „Ich frage einen anderen Teilnehmenden in meinem Sportkurs, wie es ihm geht“, „Ich lade meine Nachbarin zum Kaffee ein“.)*		
(Kommunikations-) Aktivität *A*	**(Kommunikations-) Aktivität *B***	**(Kommunikations-) Aktivität *C***

Tabelle 11.1: Aktivitäten definieren: Bitte schreiben Sie konkrete Aktivitäten auf.

Nun geht es um die genauere Planung dieser Aktivitäten. Bitte denken Sie zunächst an Aktivität A und beantworten Sie für diese die Fragen 1 bis 8 in Tabelle 11.2. Wenn Sie damit fertig sind, beantworten Sie bitte auch nacheinander diese Fragen für die Aktivitäten B und C.

1. Wie oft wollen Sie die Aktivitäten realisieren? *(Bitte tragen Sie die Häufigkeit pro Monat oder „einmalig“ ein.)*		
A	*B*	*C*
2. Wie lange planen Sie für die Aktivitäten jeweils ein? *(Bitte tragen Sie die Länge pro Aktivitäten ein – in Minuten.)*		
A	*B*	*C*
3. Wo wollen Sie die Aktivitäten realisieren? *(Bitte tragen Sie den jeweiligen Ort ein, z. B. „im Park“.)*		
A	*B*	*C*

4. Wann wollen Sie die Aktivitäten realisieren? *(Bitte tragen Sie typische Situationen ein, z. B. „beim ersten Sehen“ oder „jeweils nach dem Begrüßen“.)*		
A	*B*	*C*
5. Mit wem genau wollen Sie die Aktivitäten realisieren? *(Bitte tragen Sie ein, ob Sie die Aktivität allein ausüben wollen oder ob noch jemand dabei sein sollte.)*		
A	*B*	*C*
6. Welche Hilfsmittel benötigen Sie zur Ausübung Ihrer Aktivitäten? *(Bitte tragen Sie ein, welche Hilfsmittel Sie benötigen, z. B. „Sportkurs und Sportkleidung inkl. Turnschuhe“, „Telefonnummer, um die Nachbarin anzurufen“ etc.)*		
A	*B*	*C*
7. Wann wollen Sie damit beginnen, Ihre oben beschriebenen Pläne in die Tat umzusetzen? *(Bitte tragen Sie ein, wann Sie damit beginnen wollen.)*		
A	*B*	*C*
8. Was könnte Sie daran hindern oder es erschweren, Ihre geplanten Aktivitäten wie geplant auszuüben? *(Bitte tragen Sie jeweils mindestens eine Schwierigkeit pro Aktivität ein. Denken Sie dabei auch an Ihre persönlichen Vermeidungsziele oder was Sie typischerweise in Ihrem Alltag erleben, z. B. „Ich kann mich nicht überwinden“.)*		
8.1 A	*8.1 B*	*8.1 C*
8.2 A	*8.2 B*	*8.2 C*
8.3 A	*8.3 B*	*8.3 C*

Tabelle 11.2: Aktivitäten planen: Bitte schreiben sie alle Details so genau wie möglich auf.

Bitte überlegen Sie sich nun, wie Sie trotz der Schwierigkeiten, die sich Ihnen in den Weg stellen könnten (Frage 8 in Tabelle 11.2), Ihre geplanten Aktivitäten ausführen können (Tab. 11.3). Versuchen Sie jeweils mindestens eine Möglichkeit zu finden, wie Sie trotz der Schwierigkeiten mit der anderen Person bzw. den anderen Menschen in Kontakt kommen und dabei gut kommunizieren.

9. Wie würden Sie trotzdem oder stattdessen gut kommunizieren? *(Bitte tragen Sie je eine Möglichkeit ein, wie Sie diese Aktivitäten trotzdem ausführen könnten, z. B. „Wenn ich Angst vor einem persönlichen Gespräch am Telefon habe, schaffe ich mir erst mal eine Wohlfühlatmosphäre in meinem Lieblingssessel, und dann greife ich zum Hörer!" oder „Ich denke daran, wie zufrieden ich anschließend mit mir bin, mich doch überwunden zu haben!" oder „Ich verabrede mich und bitte jemanden, der mich gut kennt, mich auf jeden Fall abzuholen, damit ich nicht wieder absage".*		
9.1 A	*9.1 B*	*9.1 C*
9.2 A	*9.2 B*	*9.2 C*
9.3 A	*9.3 B*	*9.3 C*

Tabelle 11.3: Hindernisse überwinden: Nehmen Sie Ihren „inneren Schweinehund" an die Leine und finden Sie Mittel und Wege, an Ihren Zielen festzuhalten, auch wenn es schwierig wird!

Sie können sich überlegen, wie Sie sich selbst eine Brücke bauen könnten: Wenn Sie zum Beispiel Scham dabei empfinden, einen anderen Parkbesuchenden anzusprechen, können Sie beim ersten Treffen nur freundlich lächeln und grüßen, während Sie beim nächsten Mal mit einer gut überlegten Frage einen ersten Austausch initiieren. Diese Frage sollten Sie sich vorab überlegen, sodass sie auch gut rüberkommt (s. „offene Fragen" in Übung 9.5 und Übung 12.2).

Schauen Sie sich jetzt bitte noch mal Ihre Notizen an. Was halten Sie von Ihren oben beschriebenen Plänen?

____

____

Wenn Sie nicht zufrieden sind, dann justieren Sie noch mal nach! Und nun: Herzlichen Glückwunsch zur Erstellung dieser Pläne! Jetzt können Sie diese in die Tat umsetzen.

ÜBUNG 11.5

Interpersonelles Verhalten verstehen

Viele Menschen, die unter Einsamkeit leiden, verhalten sich (zu) passiv und senden (distanzierende) Botschaften. Ist das vielleicht auch bei Ihnen so, dass Sie Botschaften nicht beabsichtigen? Ist es Ihnen vielleicht nicht bewusst, wie Sie auf andere wirken? Sie tun dies vermutlich aufgrund von schlechten Erfahrungen (um sich davor zu schützen, diese wieder zu machen). Passivität sowie Schutz- und Vermeidungsverhalten können dann zur Gewohnheit werden. Wer nicht gewohnt ist, entspannt unter Menschen zu sein, für wen Abstandhalten und Vorsicht „Normalität" sind, der hat sich andere Standards gesetzt. Die fatale Folge davon, nicht mehr auf andere zuzugehen, sondern abwehrend zu reagieren, ist, dass ähnlich abweisende Reaktionen zurückkommen. Menschen zeigen sich als unterschiedliche „Typen" und es ist möglich, zwischen diesen zu wechseln.

Wie ist das bei Ihnen? Wie erleben Sie andere Menschen und wie schwer fällt es Ihnen, trotz wahrgenommener Ablehnung, offen und freundlich zu sein?

Lassen Sie uns einen Test machen, mit dem Sie feststellen können, welchem Typ Sie zurzeit entsprechen. Dazu schauen Sie sich das in Abbildung 11.3 dargestellte Kreismodell sowie die möglichen Ausprägungen von Ihrem Verhalten hinsichtlich Kontrolle (rechts – links) und Anschluss (oben – unten) an. Nun zeichnen Sie ein Kreuz ein, wo Sie sich selbst verorten.

Interpersonelles Kreismodell

Mit Kreismodell (engl. *circumplex*) beschreiben wir Modelle mit einer kreisförmigen Struktur, auf denen Ausprägungen interpersoneller Aspekte abgebildet werden. Je näher die Begriffe beieinanderliegen, desto enger stehen sie in Beziehung zueinander. Kreismodelle haben sich in verschiedenen wissenschaftlichen Bereichen (z. B. in der Emotionspsychologie) etabliert, um komplexe Zusammenhänge aufzuzeigen. Der sogenannte *Interpersonale Circumplex* (IPC), auf den wir hier indirekt Bezug nehmen, gilt als gut erforschtes Modell zur Beschreibung und Messung von Persönlichkeit. Er geht auf die Arbeit von Timothy Leary[86] (1957) zurück und wurde in Folge zu einem Kreismodell mit den Dimensionen Dominanz, Extraversion, Liebe und Bescheidenheit weiterentwickelt.[87] Für unsere Zwecke haben wir die Begrifflichkeiten angepasst.

Wenn es Ihnen hilft, denken Sie an eine konkrete Situation, in der Sie mit anderen Menschen zusammen waren und es nicht ganz optimal lief: Wie war *Ihr* Verhalten in dieser Situation?

Beispiel: Als Sie das letzte Mal ein Restaurant besucht haben und unzufrieden mit dem Servicepersonal waren, wie war Ihr Verhalten mit Blick auf den Umgang mit dem Konfliktthema (unabhängig davon, wer wann was – und möglicherweise welchen „Fehler" – gemacht hat)?

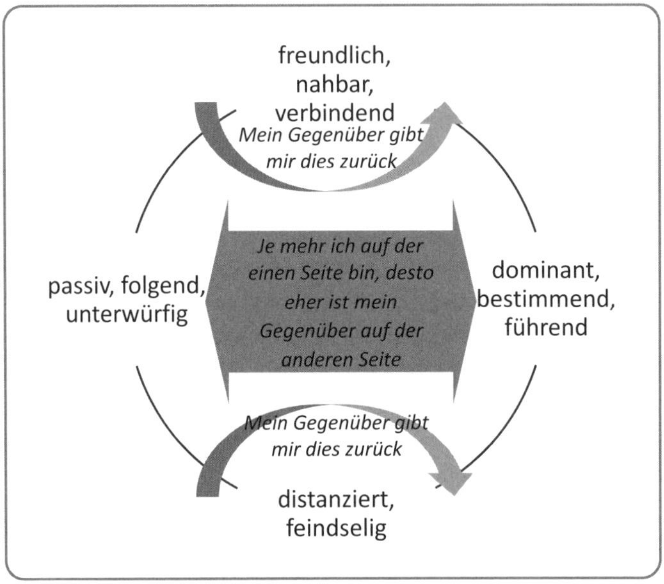

Abbildung 11.3: Kreismodell

In unserem Modell ist „distanziert, feindselig" unten angeordnet (Abb. 11.3), denn solch ein Auftreten ist nicht hilfreich, um andere Menschen kennenzulernen und mit ihnen in einem resonanten Austausch zu sein. Besser ist es, *generell freundlich und offen, nahbar und verbindend* eingestellt zu sein und so auch *auf andere zuzugehen und auf sie zu reagieren.* Manchmal kann es richtig sein, sich passiv unterzuordnen oder bestimmend zu sein. Die Wahrscheinlichkeit ist dann jedoch groß, dass unser Gegenüber genau die Gegenrolle einnimmt. Vielleicht kennen Sie das aus Teamarbeiten, wenn Sie Ihre eigenen Ideen – freundlich-zurückhaltend – zurückstellen und „auf den passenden Moment" warten. Dann kann es passieren, dass Sie komplett übergangen werden und Ihre Kollegen gar nicht mehr fragen, was Sie eigentlich denken oder vorschlagen. Oder Sie erzählen Ihrer Nachbarin überschwänglich von Ihrem letzten Urlaub und die scheint immer mehr abzuschalten und gar nichts mehr zum Gespräch beizutragen.

Das Einzige, was *nicht sinnvoll* ist, ist ein Verhalten, das *unflexibel, rigide und extrem* ist. Besser ist es, sensibel auf andere einzugehen und eine Mischung aus allen Richtungen zu wählen. Dann kann Ihr Gegenüber ebenfalls positiv und dynamisch auf Ihr Verhalten reagieren. Ganz nach der Redensart: „Wie man in den Wald hineinruft, so schallt es heraus."

ÜBUNG 11.6

Zeit und Selbstwirksamkeit

Bei den ganzen Übungen, die Sie nun kennengelernt haben, brauchen Sie nicht nur Zeit, um diese *auszuprobieren und umzusetzen.* Sie sollten sich auch die Zeit geben, diese *wirken* zu lassen. Denn damit erfüllende Beziehungen aufgebaut werden können, braucht es nun mal mehr als einen Moment.

Haben Sie Geduld, damit sich Ihre Einsamkeitsgefühle langsam verändern und weniger werden können.

Seien Sie gewarnt, dass dieser Prozess mitunter frustrierend sein kann. Damit Sie ihn dennoch meistern, hier ein paar Tipps, wie Sie Ihre Selbstwirksamkeitserwartung stärken:

1. **Denken Sie an eigene positive Erfahrungen** und an Bereiche, in denen Ihre Bemühungen schon erfolgreich waren. Wenn Sie z. B. mit Nachbarn einen guten Kontakt hergestellt haben, aber es mit anderen Menschen, beispielsweise einem Kollegen, nicht so recht zu funktionieren scheint, dann denken Sie an diese Nachbarn und versuchen Sie, daraus Energie zu ziehen. Gedanken wie „Ich kann es mit Nachbarn, dann wird es mir irgendwann auch mit den Kollegen gelingen“ sind hilfreich.
2. **Profitieren Sie von den Erfahrungen anderer** und lernen Sie von positiven Vorbildern. Nutzen Sie das, was andere erleben, als Inspirationsquellen und Impulsgeber. Suchen Sie sich passende „Vorlagen“, also Ihnen möglichst ähnliche Menschen, Situationen und Problemlagen.
3. **Suchen Sie sich Ermutigung:** Wenn Sie Mitmenschen haben, die Sie ermutigen können, dann bitten Sie diese um Unterstützung. Frage Sie zum Beispiel, was diese Menschen meinen, was Ihnen besonders gut gelingt und worin Sie schon sehr gut sind. Nehmen Sie diese positiven Rückmeldungen an.
   Zuspruch und Ermutigung können Sie sich auch selbst geben: Schreiben Sie sich selbst einen Brief, dass Sie an sich selbst und Ihre Fähigkeiten glauben, erfolgreich eine Aufgabe zu meistern, mögliche Hindernisse überwinden und die Motivation zum Aktivwerden auch dann aufrecht halten, wenn es schwierig wird. Spornen Sie sich selbst an und vertrauen Sie Ihren eigenen Kompetenzen.
4. **Werten Sie körperliche und emotionale Empfindungen richtig:** Wie Sie Stimmungen, Gefühle, körperliche Reaktionen und Signale wahrnehmen und interpretieren, beeinflusst maßgeblich Ihr Erleben und damit, wie Sie in die Zukunft schauen. Zum Beispiel kann Herzrasen als Angst, aber auch als positive Aufregung empfunden und interpretiert werden. Positive Aufregung ist gut, denn das zeigt, dass Sie etwas verändern wollen, dass Sie die Energie dafür haben und dass Ihnen das Bevorstehende wichtig ist. Legen Sie sich diese positiven Interpretationen bereit.

Damit können Sie es schaffen, „Beziehungssamen“ zu pflanzen und so zu pflegen, dass daraus ein Keimling wird. Neben ausreichend Zeit sind auch eine Portion Gelassenheit und Glück notwendig, denn nicht jeder Versuch von Ihrer Seite wird automatisch von Erfolg gekrönt sein. Bleiben Sie zuversichtlich und seien Sie großzügig mit der Zeit und der Achtsamkeit, die Sie in sich und den Prozess investieren. Nehmen Sie sich auch die Zeit, Positives zu feiern, und seien Sie dankbar.

12. | Übung macht den Meister

Kennen Sie das: Sie lesen ein Fachbuch zum Thema „Richtiger Schnitt von Obstbäumen“, weil Sie im Winter gesehen haben, dass das Geäst der Bäume in Ihrem Garten diesen dringend nötig hätte, und möchten es nun angehen. Sie lesen genau, wie welche Äste mit welchem Gerät am besten zu schneiden sind, und es klingt alles einleuchtend. Sie legen das Buch aus der Hand und „zack!“ ist es wieder Sommer – und Sie haben es nicht gemacht. Oder Kochbücher – ähnlicher Effekt: Sie möchten endlich mal etwas anderes kochen und lesen sich die Rezepte spannender und sicher leckerer Gerichte durch. Das Buch wandert in den Schrank und Sie kochen doch immer wieder das, was Sie schon kennen.

Jetzt haben Sie einen Ratgeber zum Thema „Resonanz mit sich und anderen“ in der Hand und Sie haben auch schon eine Menge gelesen, was Ihnen hoffentlich ebenfalls einleuchtet und spannend erscheint. Einiges ist vielleicht für Sie in Ihrer Lebenssituation lehrreich. Was sollte jetzt aber unbedingt erfolgen, damit es nicht beim Status quo bleibt? Richtig: die Umsetzung, das In-Aktion-Kommen, das Machen!

Wir bieten Ihnen im Folgenden einige Impulse, wie Sie möglichst barrierearm ins Handeln kommen können.

ÜBUNG 12.1

Rollenspiele

Eine gute Möglichkeit, um ins Handeln zu kommen, sind Rollenspiele. Vermutlich reicht das Wort schon, um negativ besetzte Erfahrungen aus Seminaren oder Trainings bei manchen von unseren Lesern und Leserinnen hervorzurufen – dennoch ist es eine gute Methode, um sich in einem sicheren Rahmen mit Menschen, die Ihnen wohlgesonnen sind, auszuprobieren. Besprechen Sie die Situation und was Sie erwarten vorher, damit Ihr Gegenüber weiß, wie er Sie unterstützen kann. Gerade nicht professionelle Begleiter sollten „geimpft“ sein, damit Ihre Beziehung unbeschadet bleibt.

Variieren Sie das Setting z. B. so, dass Sie selbst und Ihr Gegenüber die Rollen wie (von Ihnen!) gewohnt spielen und einmal mit einem optimierten Muster. Anschließend besprechen Sie, was gut und was nicht so gut gelungen ist. Dann überlegen Sie, was geübt werden könnte, damit Sie das Gefühl haben: „Ja, so kann ich es auch in der Realität machen.“ Spielen Sie das Rollenspiel noch mal durch und reflektieren Sie wieder. Im Folgenden einige Ideen, was genau Sie üben können.

ÜBUNG 12.2

Small Talk nutzen

Mit Small Talk (Vorab-Plauderei, -Quatschen, -Schnacken) lassen sich entspannt Gespräche starten. Wichtig zu verstehen ist, dass Small Talk nichts Schlechtes oder Minderwertiges ist. Viele Menschen, die unter Einsamkeit leiden, haben die Einstellung, dass es hierbei zu oberflächlich zuginge, die Themen uninteressant seien oder sie dafür keine Zeit verschwenden wollen. Um aber mit anderen Menschen in Kontakt zu kommen, eignet sich Small Talk hervorragend. Er ist ein möglicher Einstieg in eine Kommunikation oder Beziehung, die dann tiefer gehen kann.

Um zu üben und sich daran „zu gewöhnen", versuchen Sie, in Ihrem Alltag mit einer Person mindestens 30 Sekunden Small Talk zu genießen. Steigern Sie die Zeit und auch die Anzahl pro Tag. Nutzen Sie dazu Gelegenheiten wie die folgenden:

- Fahren Sie mit öffentlichen Verkehrsmitteln und lächeln Sie eine andere Person an.
- Wenn Sie im Supermarkt einen Bekannten treffen, wechseln Sie ein paar Worte.
- Gehen Sie spazieren und fragen Sie eine andere Person nach der Uhrzeit oder dem Weg.
- Wenn Sie einen Kollegen sehen, mit dem Sie vorher noch kein Wort gewechselt haben, sprechend Sie diesen an.
- Wenn Sie im Restaurant oder Imbiss warten, dann schauen Sie sich nach einer Person in Ihrer Nähe um und machen Sie eine kurze, freundliche Bemerkung.
- Besuchen Sie einen öffentlichen Vortrag oder eine Bühnenveranstaltung und sprechen Sie andere Besuchende an.

Gute Themen für Small Talk sind neben dem Wetter auch Bücher, Filme, der letzte Urlaub oder ein Hobby. Diese Themen haben gemeinsam, dass sie eine verbindende Ebene herstellen.

ÜBUNG 12.3

Menschen-Bingo

Wenn es Ihnen schon leichter fällt, Verbindung zu anderen herzustellen, schlagen wir Ihnen das folgende „Spiel" vor:

Situation: Sie sind auf einer Feier mit überwiegend fremden Menschen eingeladen und möchten dabei unterstützen, dass die Gäste (und somit Sie selbst) leichter und schneller miteinander in Kontakt kommen. Nutzen Sie dafür unsere Vorlage für ein „Menschen-Bingo".

Fragen Sie den Gastgeber im Vorfeld, wie viele Personen zu der Feier kommen und ob es in Ordnung wäre, dieses Bingo-Spiel mitzubringen. Fragen Sie auch, ob Schreibutensilien vorhanden sind (Kugelschreiber, Bleistifte o. Ä.) oder ob Sie sie mitbringen dürfen, denn alle Anwesenden müssen einen Stift haben.

Drucken Sie den Bingo-Bogen so oft aus, dass alle Anwesenden eine eigene Vorlage erhalten.

Spielen Sie gedanklich durch, wie Sie das Bingo anleiten: Wann ist ein guter Zeitpunkt und wie beziehen Sie den Gastgeber mit ein? Was genau sagen Sie und welche Körperhaltung nehmen Sie ein? Wie prämieren Sie den Gewinner? Nehmen Sie zum Beispiel einen schönen Stein mit, auf den Sie ein positives Wort schreiben wie „Gewinner" oder „Glücksstein" – über den die Anwesenden reden können und die Ihnen die Last abnehmen, viel zu sagen. Überlegen Sie vorab auch, was Sie bei Schwierigkeiten tun können, z. B. wenn mehr Personen als Ausdrucke vor Ort sind (Paare bilden) oder wenn es einige „Spielverderber" gibt, die nicht mitmachen wollen (nicht aus dem Konzept bringen lassen, einfach auf die freundlich reagierenden Personen eingehen).

MENSCHEN-BINGO

Ziel des Spiels: Finden Sie unter den Gästen die Personen, die das Genannte auf Ihrem Bogen machen, beherrschen oder erlebt haben. Wer als erstes eine Reihe „voll hat", hat gewonnen.

ANLEITUNG

- Gehen Sie im Raum herum und fragen Sie die anderen z. B.: „Arbeiten Sie ehrenamtlich?"
- Wenn die Antwort „Ja" lautet, dann lassen Sie die Person ihren Namen in das Kästchen schreiben.
- Wenn Sie vier Kästchen nacheinander diagonal, senkrecht oder waagerecht gefüllt haben, dann rufen Sie laut „Bingo!".

Arbeitet ehrenamtlich	Lädt regelmäßig Freunde und Freundinnen zum Brettspiele spielen ein	Ist in den letzten Wochen mit dem Zug 2. Klasse gefahren	Hat eine Person, der er / sie Sorgen anvertrauen kann
Kennt die Namen und Berufe der eigenen Nachbarn	Hat in diesem Monat in einem Restaurant gegessen	Hat ein Hobby, bei dem er / sie mit anderen Menschen zusammentrifft	Ist in einem Verein aktiv
Benutzt das Internet, um mit anderen Menschen zu kommunizieren	Hat schon mal eine Seniorenberatungs-stelle besucht	Hat ein (Senioren-)Studium angefangen / abgeschlossen	Leiht regelmäßig Bücher aus der Stadtbücherei aus
Hat Kontakt mit ehemaligen Bekannten aufgenommen, die er / sie lange nicht getroffen hat	Hat in diesem Jahr eine neue Fähigkeit (Sport, Sprache) erlernt	Hat in diesem Jahr einen Nachbarn zu sich nach Hause eingeladen	Hat ein Haustier

Tabelle 12.1: Menschen-Bingo – Spielgrundlage: Bitte lesen Sie sich die Inhalte der Zellen durch und passen Sie diese an, je nachdem, wo Sie das Menschen-Bingo einsetzen wollen. Wenn Sie beispielsweise auf einer Geburtstagsparty eingeladen sind, dann ersetzen Sie einen Text durch „War schon bei einer anderen Geburtstagsparty von XY dabei“ oder „Kennt XY schon länger als sein / ihr halbes Leben“. Versuchen Sie humorvolle Verbindungen zum Gastgeber aufzubauen.

ÜBUNG 12.4

Gespräche in Gang halten

Grundsätzlich haben viele Menschen, unabhängig davon, ob sie sich einsam fühlen oder nicht, Sorgen, etwas falsch zu machen oder etwas Unpassendes zu sagen. Aus dem Gefühl der Einsamkeit heraus wachsen diese Bedenken jedoch noch an. Im Umgang mit anderen Menschen sind Betroffene dann sehr auf die Angst konzentriert – das kostet viel Kraft und lässt sie „verkrampft" wirken. Der Fokus auf das vermeintliche Defizit erschwert es, ein Gespräch in Gang zu halten oder auch nur zu merken, dass das Gegenüber dafür offen wäre. Es ist, als würde das Miteinander aus dem Blickfeld geraten, aber wir können es zurückholen. Zum einen durch die schon beschriebenen Achtsamkeitsübungen, zum anderen durch ganz konkrete (Kommunikations-)Techniken:

1. Offene (W-)Fragen stellen: **Wie** gefällt Ihnen ... (das Wetter heute)? **Wo** ... (kommst du gerade her, willst du heute Mittag essen)? **Was** ... (war hier gestern los)?
   Überlegen Sie sich im Vorfeld ein paar Fragen, damit Sie vorbereitet sind.
2. Hören Sie aktiv zu, indem Sie ...
   a. dem Gespräch aufmerksam folgen und dies auch zeigen durch Blickkontakt, zustimmende *nonverbale,* aber *vokale* Kommentierungen wie „aha" und „mh" oder *nonverbale, nonvokale* Kommentierungen wie ein kurzes Nicken, Kopfschütteln etc.
   b. sachliche Inhalte in eigenen Worten wiederholen (z. B. „Sie meinen also, dass es heute noch regnen wird?").
   c. Inhalte wiedergeben, die die Gefühlswelt des Gesprächspartners betreffen („Ich verstehe, dass Sie sich über die Sonne gerade freuen.")

ÜBUNG 12.5

„Persönlich werden" und in die Tiefe gehen

Wenn Sie zu mehr Resonanz kommen wollen, dann geht dies Hand in Hand mit dem Zulassen von Nähe zu anderen (und sich selbst). Sind Sie inzwischen bereit, sich weiter zu öffnen, so wie Sie es sich auch von den anderen Menschen wünschen? Oder arbeiten die bisherigen Erfahrungen und Verletzungen noch dagegen? Sie haben gelernt, dass diese alten „Skripte" dazu führen können, dass Sie Situationen anders wahrnehmen als andere Menschen. Klar, eigenes nicht preiszugeben und das eigene Innere nicht ehrlich nach außen sichtbar zu machen, soll weitere schlechte Erfahrungen und Enttäuschungen verhindern helfen. Um aber die Nähe zu anderen Menschen zuzulassen und weiter aufzubauen, ist es notwendig, sich zu öffnen! Damit Ihre Angst vor der Öffnung Sie nicht an dem ersten Schritt hindert, haben wir hier einen weiteren Gedanken- und Übungsansatz für Sie: Akzeptieren, was ist!

Machen Sie sich bewusst, dass viele Menschen diese Angst vor Verletzung mit Ihnen teilen und dass ein Schutz davor grundsätzlich sinnvoll ist. Da die Intensität Ihres Schutzpanzers aber für Sie hinderlich ist, sollte er etwas kleiner werden. Ein paar Schwächen und Unsicherheiten zu zeigen, kann Sie auch menschlich(er) und bemerkenswert(er) machen. Sie können anderen Menschen auf Augenhöhe begegnen (anstatt perfekt sein zu müssen). Und damit erscheinen Sie auch ehrlicher. Außerdem sind Menschen Problemlöser, und wenn Sie sich öffnen und Ihre Herausforderungen und Probleme mitteilen, dann können Ihnen andere Menschen vielleicht dabei helfen. Das ist sehr verbindend. Wir haben das schon in vielen Workshops, Gruppenübungen und auch in der Forschung so erlebt. Auch Sie können das, unabhängig davon, wie alt oder jung Sie sind.

Wichtig ist dabei, Ihren Schutzpanzer nicht komplett abzuwerfen. Suchen Sie sich vertrauenswürdige Personen, machen Sie kleine Schritte. Wenn Sie das Gefühl haben, Sie sollten vorsichtig(er) sein, dann seien Sie vorsichtig. Denn es gibt keine Garantie, dass alles gleich beim ersten Mal so verläuft, wie Sie es sich wünschen. Deswegen überlegen Sie gut: Wer in Ihrem Bekannten-, Familien- und Kollegenkreis ...

- ist verschwiegen?
- hört gut?
- redet gut über andere?
- hat im Leben selbst schon mal etwas weniger Gutes und Leid erlebt?
- scheint Sie auch zu mögen ohne „Hintergedanken“?
- bewegt offensichtlich Themen, die sich mit Ihren Lebensthemen überschneiden?

Diesen Personen wenden Sie sich im ersten Schritt zu mit einer kleinen Öffnung Ihres Schutzschildes. Was sind Themen, die Sie gerade bewegen und die Sie relativ sicher mit anderen teilen können – vielleicht, weil Sie wissen, dass Ihr Gegenüber ähnliche Themen umtreibt? Haben Sie (Enkel-)Kinder im gleichen Alter? Interessieren Sie sich beide für Musik? Sind Sie Fans des gleichen Sportvereins? Die Liste kann so lang werden, wie es Themen gibt, die Menschen verbinden.

ÜBUNG 12.6

Wünsche und Bedürfnisse kommunizieren

Persönlich zu werden fällt nicht nur schwer, weil die Besorgnis vor Zurückweisung und verletzender Beurteilung besteht. Da kann auch die Sorge, anderen zur Last zu fallen, sein. Anstatt sich auszusprechen und eigenen Bedürfnissen Raum zu geben, behalten viele Menschen dann den unbefriedigenden Status quo bei. Dazu können auch für sie nicht gute, teilweise „toxische" Verbindung zu anderen Menschen gehören, und das, obwohl sie fühlen, dass die Beziehungen nicht optimal sind.

Haben Sie das auch schon erlebt oder erleben es sogar aktuell? Wir empfehlen für solche Beziehungssituationen eine Technik aus der Gewaltfreien Kommunikation, mit der es möglich ist, schwierige Momente zu „entwirren".

Dazu gehört auch, getrennt voneinander zu betrachten
- was (objektiv zu beobachten) ist,
- was Sie fühlen und
- was Sie brauchen (vgl. auch Abb. 12.1).

Denken Sie an eine bereits vergangene Beziehungssituation, die für Sie unbefriedigend oder verletzend verlaufen ist. Beantworten Sie dazu die folgenden Fragen:

1. Wenn ich mich und die anderen aus der Perspektive eines Adlers betrachte, der unabhängig und (bewertungs-)frei über allem schwebt, was kann ich dann *beobachten*?
2. Wenn ich in dieser Situation in mich hineinspüre, was *fühle* ich dann?
3. Wenn ich in mich hineinfühle, welches unerfüllte *Bedürfnis* löst dieses Gefühl aus?
4. Welche *Bitte* habe ich an die andere Person und was ist mein Wunsch an mich selbst, damit dieses Bedürfnis ausreichend gehört und erfüllt wird?

Beispiel: „Ich *beobachte,* dass einige meiner E-Mails unbeantwortet bleiben. Ich *fühle* mich traurig und unsicher, weil ich nicht weiß, was das bedeutet und ob du mich noch magst. Ich habe das *Bedürfnis nach echter Verbindung,* dass du mir auf meine E-Mails antwortest, dass du echten Kontakt zu mir suchst. *Ich bitte dich,* mich anzurufen oder bald Zeit für ein Treffen mit mir zu haben, damit wir uns richtig unterhalten können."

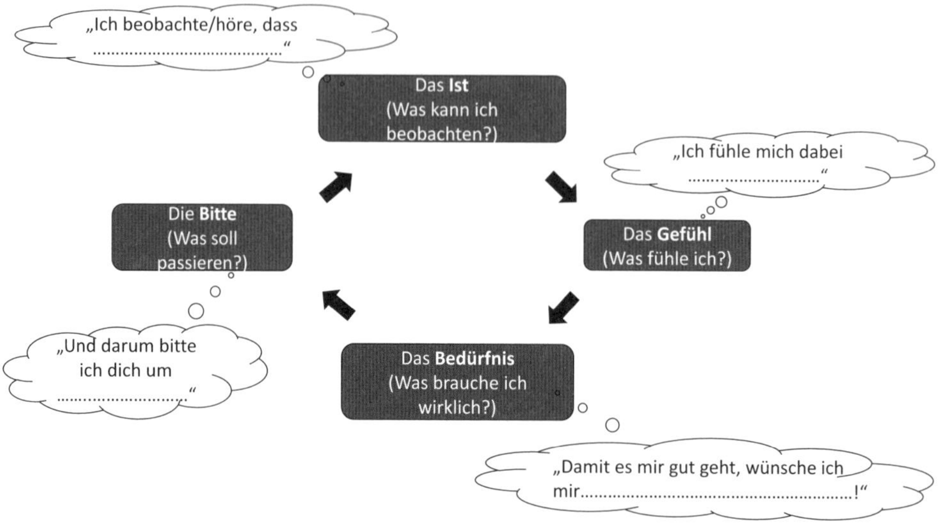

Abbildung 12.1: Wünsche und Bedürfnisse kommunizieren: Werden Sie sich der verschiedenen Aspekte (dunkle Boxen) bewusst und kommunizieren Sie diese (Sprechblasen). Nutzen Sie dieses Schema, um Ihre eigenen Bedürfnisse besser zum Ausdruck zu bringen

Sobald Sie sich im Klaren darüber sind, was Ihr wirkliches Bedürfnis hinter den Gefühlen ist, können Sie um entsprechende Handlungen bitten. Gehen Sie bitte nicht davon aus, dass Ihr Gegenüber Gedanken lesen kann – es ist an Ihnen, Ihre Bedürfnisse und Erwartungen zu kommunizieren.

ÜBUNG 12.7

Aufmerksamkeit lenken

Zum Thema „Achtsamkeit“ haben wir Ihnen bereits eine Übung vorgestellt, die Ihnen helfen kann, sich selbst besser wahrzunehmen (vgl. Übung 10.1). Jetzt möchten wir mit Ihnen üben, Ihre Aufmerksamkeit bewusst auf Begegnungen mit anderen Menschen zu lenken. Ziel dieser Übung ist, ein Gespür dafür zu bekommen, auf welche unterschiedlichen Bereiche Sie Ihre Aufmerksamkeit in zwischenmenschlichen Situationen richten können. Es geht nicht um gut oder schlecht, sondern um das bewusste Wahrnehmen und darum, Ihre Aufmerksamkeit gezielt auf etwas Bestimmtes zu dirigieren.

Starten Sie zunächst allein: Lernen Sie, wie Sie Ihre Aufmerksamkeit auf verschiedene Elemente einer Situation lenken anstatt auf sich selbst. Dies können Sie im Alltag üben, wenn

Sie Routinetätigkeiten erledigen, wie z. B. Zähneputzen, Duschen, Essen, Spazierengehen, Haus- oder Büroarbeit, oder wenn Sie auf etwas warten (z. B. an der Bushaltestelle). Folgendermaßen gehen Sie dabei vor[88]:

1. **Vor dem Training:** Suchen Sie sich eine passende Situation und Tätigkeit, um Ihr Aufmerksamkeitstraining durchzuführen. Beginnen Sie, indem Sie Ihre Aufmerksamkeit zunächst so „einsetzen", wie Sie es gewohnt sind. Beantworten Sie jetzt die Fragen:
   a. Wie viel Aufmerksamkeit ist aktuell auf *Sie selbst,* also Ihre eigenen Gedanken, Gefühle und / oder Ihren körperlichen Zustand gerichtet? Auf einer Skala von 0 bis 100 %:

   0 ———————————————— 100

   b. Wie viel Aufmerksamkeit ist aktuell auf die Übung, also dieses Training, und die Tätigkeit, die Sie gerade ausführen, gerichtet? Auf einer Skala von 0 bis 100 %:

   0 ———————————————— 100

2. **Trainingsstart – Start der Aktivität:** Richten Sie Ihre Aufmerksamkeit nun bewusst auf die jeweilige Tätigkeit. Immer, wenn Sie bemerken, dass Sie in Gedanken abschweifen, ziehen Sie Ihre Aufmerksamkeit bewusst zurück auf die Aufgabe. Das können Sie schaffen, indem Sie sich – ohne zu urteilen – auf die folgende Übung konzentrieren, die Ihre Sinne anspricht:
   a. **Berühren:** Wie fühlt sich die Aktivität an? Was nehmen Sie wahr (Wärme, Nässe, Unebenheiten etc.)? Mit welchem Teil Ihres Körpers fühlen Sie dies, z. B. mit der Hand oder im Gesicht?
   b. **Sehen:** Was fällt Ihnen während der Tätigkeit auf? Was sehen Sie insbesondere? Wie sieht die Aktivität aus? Welche Merkmale nehmen Sie wahr: Helligkeit, Schatten, Umrisse, Färbungen?
   c. **Hören:** Welche Töne nehmen Sie wahr? Welche Arten von Geräuschen sind insbesondere mit der Tätigkeit verbunden?
   d. **Riechen:** Welche Gerüche nehmen Sie wahr? Ändert sich ein Geruch während der Aktivität? Wie viele Gerüche können Sie wahrnehmen?
   e. **Schmecken:** Was schmecken Sie? Verändert sich ein Geschmack während der Tätigkeit?

3. Am **Ende des Trainings** beantworten Sie die folgenden Fragen:
   a. Wie viel Aufmerksamkeit ist aktuell auf *Sie selbst,* also Ihre eigenen Gedanken, Gefühle und Ihren körperlichen Zustand gerichtet? Auf einer Skala von 0 bis 100 %:

   0 ———————————————— 100

   b. Wie viel Aufmerksamkeit ist aktuell auf die Übung, also dieses Training, und die Tätigkeit gerichtet? Auf einer Skala von 0 bis 100 %:

   0 ———————————————— 100

4. Wiederholen Sie die Übung in unterschiedlichen Situationen und prüfen Sie, wie sie Ihnen in verschiedenen Umgebungen und in unterschiedlichen Verfassungen gelingt, also wenn Sie allein oder unter Menschen sind, wenn Sie müde und hungrig oder ausgeschlafen und entspannt sind etc. Planen Sie die Übung auch gerne als Verhaltensexperiment (vgl. Übung 9.10).

In einer Fortsetzung der Übung geht es darum, zu lernen, Ihre Aufmerksamkeit stärker auf äußere, positive Aspekte zu richten, anstatt auf sich selbst und auf bedrohlich oder verwirrend wirkende Zeichen zu fokussieren. Wenn Ihnen das gelingt, können Sie zukünftig auch mehr Aspekte wahrnehmen, die Ihnen sonst vielleicht nicht auffallen oder die Sie suboptimal oder falsch interpretieren. Wenn Sie Ihre Umwelt und Ihre Mitmenschen positiv wahrnehmen, kann es Ihnen auch leichter fallen, optimal auf sie zu reagieren. Insbesondere einsame Menschen können von dieser Übung profitieren, weil Sie oftmals nicht so geübt darin sind, auf die positiven Aspekte einer Situation zu achten, diese wahrzunehmen und förderlich zu verarbeiten.

Für die folgende Übung wäre ein Tagebuch optimal. Oder Sie füllen die unten stehende Tabelle 12.2 aus. Schreiben Sie sich täglich auf, welche positiven (also freundlichen, entgegenkommenden und für Sie angenehmen) Zeichen Sie von anderen Menschen wahrnehmen. Achten Sie bewusst auf das, was andere Menschen sagen, aber auch darauf, wie sie es sagen, also auf nonverbale Zeichen wie Körperhaltung, Abstand zu Ihnen, Tonlage etc.

Tag und Zeit	Situation	Wer?	Freundliches Zeichen der anderen Person	Mein Gefühl

Tabelle 12.2: Zeichen der Freundlichkeit: Dokumentieren Sie Ihre Erlebnisse.

Im Folgenden finden Sie einige Beispiele zur Veranschaulichung (Tab. 12.3):

Tag und Zeit	Situation	Wer?	Freundliches Zeichen der anderen Person	Mein Gefühl
Montagmorgen	Eintreffen bei der Arbeit	Kollegin	Sagt freundlich hallo	Freue mich
Dienstagmittag	Im Supermarkt	Fremder Mann	Lässt mich an der Kasse vor	Bin dankbar
Mittwochmorgen	Im Zug	Fremde Frau	Fragt mich, ob ich zur Arbeit fahre	Bin begeistert
Donnerstag	In meiner Wohngegend	Nachbar	Fragt mich, wie es mir geht	Fühle mich verbunden
Freitag	Im Park	Bekannte	Grüßt mich und sendet auch Grüße an meine Familie	Bin glücklich und denke, ich könnte sie mal wieder zum Kaffee einladen

Tabelle 12.3: Zeichen der Freundlichkeit – Beispiele

Ärgern Sie sich nicht über Menschen, die unfreundlich sind oder nicht zurückgrüßen. Schauen Sie lieber gleich weiter, wie viele andere Menschen es gibt, die freundlich wirken und etwas Entgegenkommendes signalisieren. Konzentrieren Sie sich auf Erfreuliches, das kann auch die Sonne sein, die hinter Wolken zum Vorschein kommt, oder eine Blume am Wegesrand. Nehmen Sie dies wahr und ziehen Sie daraus positive Energie. Seien Sie dankbar. Wie dies noch besser gelingen kann, das behandeln wir in der nächsten Übung.

ÜBUNG 12.8

Interpretationsfokus

Wenn es Ihnen schwerfällt, Ihre Aufmerksamkeit auf positive Aspekte zu richten, dann sind Sie auch damit nicht allein. Aber das lässt sich ändern. Machen Sie sich oft Gedanken, warum die anderen so negativ (rücksichtslos, gemein, ignorant, feindselig oder streitsüchtig) sind? Wenn Sie dazu tendieren, eher auf das Negative zu fokussieren, verstärkt sich die Wirkung unangenehmer Interaktionen noch dadurch, dass Sie sie entsprechend interpretieren: Das (vermeintlich) negative Verhalten der anderen Menschen wird als besonders ablehnend und selbstwertschädigend empfunden. Hinzu kommt oft eine gewisse Bewertungsängstlichkeit, also die Angst, in sozialen Situationen negativ beurteilt zu werden durch die jeweiligen Interaktionspartner. Ist das bei Ihnen auch so? Machen Sie den Test.

Im Folgende (Tab. 12.4) finden Sie eine Anzahl von Feststellungen. Lesen Sie bitte jede Feststellung durch und wählen Sie aus den fünf Antworten diejenige aus, die angibt, was im Allgemeinen für Sie zutrifft: 0 = trifft nie zu, 1 = trifft fast nie zu; 2 = trifft manchmal zu; 3 = trifft oft zu; 4 = trifft fast immer zu.

Schreiben Sie bitte bei jeder Feststellung die Zahl, die Ihrer Antwort am ehesten entspricht, ans Ende der Zeile. Es gibt keine falschen Antworten.

Feststellung	Wie oft empfinden Sie so?
1. Es bereitet mir Unbehagen, wenn andere mein Verhalten als der Situation nicht angemessen erachten.	
2. Die Meinung, die andere von mir haben, macht mich unruhig, selbst wenn ich weiß, dass sie keine Auswirkungen hat.	
3. Ich fühle mich nervös und unruhig, wenn ich spüre, dass jemand mich anschaut.	
4. Es macht mir viel aus, wenn Leute ein schlechtes Bild von mir haben.	
5. Ich fühle mich unwohl, wenn mir ein Fehler im Umgang mit anderen unterläuft.	
6. Die Meinungen wichtiger Personen über mich setzen mich unter Druck.	

Feststellung	Wie oft empfinden Sie so?
7. Ich habe Sorge, dass andere über mich lachen.	
8. Ich fürchte mich davor, dass meine Mitmenschen meine Schwächen erkennen.	
9. Es beunruhigt mich, dass ich einen schlechten Eindruck hinterlassen könnte.	
10. Ich habe Angst, dass andere mich nicht respektieren.	
11. Ich habe Bedenken, dass andere etwas an mir auszusetzen haben.	
12. Die Meinung anderer über mich bringt mich aus dem Gleichgewicht.	
13. Ich fühle mich überlastet, wenn ich bei jemandem nicht gut ankomme.	
14. Wenn ich mit jemandem spreche, grüble ich gleichzeitig, was er von mir denkt.	
15. Ich mache mir Gedanken darüber, ob mein Eindruck auf andere negativ ist.	
16. Ich befürchte, dass meine Vorgesetzten keine gute Meinung über mich haben.	
17. Ich ärgere mich, wenn andere mich für wertlos halten.	
18. Ich denke, ich beschäftige mich zu sehr damit, was andere von mir halten.	
19. Ich glaube, zu oft etwas Falsches zu tun oder zu sagen.	
20. Ich fühle mich nervös und unruhig, wenn ich weiß, dass andere Menschen mich beurteilen.	

Tabelle 12.4: Leiden Sie unter Bewertungsängstlichkeit? Bewerten Sie die Aussagen (nach Vormbrock & Neuser, 1983)[89] bitte ehrlich und rechnen Sie Ihre Punkte aus.

Nun zählen Sie bitte Ihre Punkte zusammen. Sie können zwischen 0 und 80 Punkten haben. Je höher Ihr Wert (insbesondere, wenn er über 30 liegt), desto mehr sollten Sie versuchen, Ihre Aufmerksamkeit auf sich selbst zu richten und weniger Angst vor der Bewertung von anderen zu haben. Leichter gesagt als getan? Absolut! Was Ihnen dabei helfen kann, sind z. B. positive Selbstaffirmationen. Verkehren Sie die Aussagen in ihr Gegenteil, aber so, dass sie weiterhin authentisch bleiben. Dann lesen Sie sich diese am besten laut vor, also etwa:

- „Es ist für mich in Ordnung, wenn andere mein Verhalten als der Situation nicht angemessen erachten."
- „Die Meinung, die andere von mir haben, bereitet mir keine Sorgen, insbesondere dann nicht, wenn ich weiß, dass sie keine Auswirkungen hat."
- „Ich bleibe entspannt und ruhig, wenn ich spüre, dass jemand mich anschaut."
- „Es macht mir nichts aus, wenn Leute ein schlechtes Bild von mir haben."
- „Ich bleibe gelassen, auch wenn mir ein Fehler im Umgang mit anderen unterläuft."
- Usw.

Schreiben Sie sich eine Liste mit diesen positiv formulierten Aussagen und versuchen Sie, diese zu verinnerlichen, indem Sie sich Situationen vorstellen, in denen Sie „früher" ...

- unruhig, angespannt, zappelig, nervös und beunruhigt wurden,
- sich Sorgen gemacht haben,
- Angst bekommen haben oder Ihnen etwas Kopfzerbrechen bereitet hat,
- Schlimmeres befürchtet haben oder
- zu sehr mit dem beschäftigt waren, was andere von Ihnen denken könnten.

Atmen Sie dann bewusst, vertrauen Sie auf Ihre eigenen Fähigkeiten und denken Sie an Situationen, in denen Sie etwas erfolgreich gemeistert haben.

Interpretieren Sie die Situation um: Geben Sie ehrlich zu, dass andere Sie nicht kalt lassen. Ihre Mitmenschen und was diese über Sie denken, ist Ihnen nicht egal. Das ist Ihre Stärke! Wertschätzen Sie sie! Nun müssen Sie Ihre Stärken im Bereich Selbstsicherheit und Entspannung weiter ausbauen und beide Bereiche in ein Gleichgewicht bringen. Geben Sie sich dafür genug Zeit und Muße – in den Situationen selbst und wenn Sie sich auf solche Situationen gedanklich vorbereiten.

Als Unterstützung für solch eine Vorbereitung und als „Impfung" gegen Stress empfehlen wir Ihnen die folgende Übung.

ÜBUNG 12.9

Situationsanalyse

Eine gute Methode, um die Richtigkeit einer als negativ und bedrohlich *wahrgenommenen* Situation zu überprüfen, ist die Situationsanalyse. Damit können Sie lernen, wie Sie Ihre Verhaltens- und Denkmuster so lenken, dass sie Ihre *gewünschten Ziele erreichen* und sich nicht von untauglichen Interpretationen und Verhaltensweisen blockieren lassen. So werden sie auf diesem Weg hinterfragt und passende Strategien für die Interaktion mit anderen Menschen entwickelt. Es wird in zwei Schritten vorgegangen: einer Erhebungs- und einer Lösungsphase.

Die Diskrepanz zwischen objektiver Situation und Ihrer Interpretation zu erkennen und zu nutzen, ist dabei sehr wichtig, denn das kann Ihnen helfen, sich Fehlern oder Verzerrungen in der Wahrnehmung bewusst zu werden und zu erkennen, was und wie Sie etwas zum Besseren ändern können. Zentral ist auch die abschließende Interpretation Ihrer erreichten Ziele. Vielleicht müssen Sie Ihre Ziele etwas anpassen, sodass Sie realistischer werden. Aber lassen Sie uns erst mal starten:

Erhebungsphase

1. **Situationsbeschreibung** – Beschreiben Sie ein ganz konkretes Ziel und welches Problem es damit gibt.
   Beispiel: „Ich möchte mich mit meiner Freundin zum Spazierengehen treffen. Ich schicke ihr eine Whatsapp-Nachricht, in der ich sie frage, ob sie morgen oder übermorgen Zeit hat. Sie antwortet ebenfalls per Whatsapp, dass ihre Mutter zu Besuch kommt und dass es daher nicht passt."
2. **Interpretation der Situation** – Beschreiben Sie, wie Sie die Situation und die Antwort Ihres Gegenübers interpretieren.
   „Ich bin meiner Freundin nicht wichtig, sonst könnte sie ihre Mutter auch mal zwei Stunden allein lassen; ich nehme mir extra Zeit für sie, und ihr ist das egal."
3. **Verhalten in der Situation** – Beschreiben Sie, wie Sie reagieren.
   „Ich antworte nicht. Als sie mich eine Woche später anruft und mir erzählt, dass sie mit einer anderen Freundin in der Zwischenzeit ein Konzert besucht hat, platzt es aus mir heraus: ‚Ist deine Mutter wieder weg, kannst du jetzt wieder reden und bin ich dir jetzt wieder gut genug?' Darauf reagiert meine Freundin verständnislos und wir beenden das Telefonat an dieser Stelle sehr frostig, ohne dass wir uns erneut verabreden."
4. **Tatsächliches Ergebnis** – Beschreiben Sie, was bei der Situation rausgekommen ist.
   „Ich bin sehr traurig, dass wir uns nicht verabredet haben. Ich bin wütend auf mich selbst, weil ich so eingeschnappt reagiert habe. Ich habe Angst, wieder mit dieser Freundin zu kommunizieren, weil ich eine Schwäche eingestehen müsste und sie mich wieder verletzen könnte."

5. **Gewünschtes Ergebnis** – Überlegen Sie, wie es hätte besser laufen können, sodass Sie auch zufrieden gewesen wären.
   „Zum Beispiel hätte ich ihr vorschlagen können, ihre Mutter in unseren Nachmittag so einzubinden, dass wir einen Augenblick für uns haben und dann gemeinsam mit ihrer Mutter einen Kaffee trinken. Vielleicht hätte es auch schon gereicht, wenn wir über einen Alternativtermin gesprochen hätten."
6. **Abgleich** – Wie groß ist die Übereinstimmung zwischen dem, was Sie sich gewünscht haben und dem, wie es sich entwickelt hat?
   „Die Übereinstimmung ist fast gleich null: Ich habe nicht das erreicht, was ich mir gewünscht hatte, sondern stattdessen bewirkt, dass ich allein bin und wir uns verkracht haben. Im schlimmsten Fall habe ich vielleicht eine Freundin weniger."

Lösungsphase

7. **Überprüfung und Korrektur der Interpretation** – Nun erarbeiten Sie sich bitte, inwiefern die Interpretation und Ihr Verhalten hilfreich sind. Haben beide zum tatsächlichen Ergebnis der Situation beigetragen?
   Ich bin ihr nicht wichtig. → „Der Besuch ihrer Mutter ist selten und ich kann verstehen, dass sie die Zeit nutzen möchte, **das hat nichts mit mir zu tun**."
   Ich habe nicht geantwortet. → „Ich darf ‚persönlich' werden und von **meinen Gefühlen und Bedürfnissen** sprechen, damit es für mich eine gute Lösung geben kann."
   Nach meinem Ausbruch bin ich wütend auf mich selbst! → „Ich erkenne und **akzeptiere** meine Gefühle und kann mein Verhalten erklären und damit eine **Versöhnung** einleiten."
   Ich habe Angst, wieder mit dieser Freundin zu kommunizieren. → „Ich vertraue auf die Stabilität unserer Freundschaft, dafür denke ich an schwierige Momente, die wir erfolgreich zusammen gemeistert haben."
8. **Sammeln von alternativen Handlungsoptionen** – Überlegen Sie sich, was Sie anders hätten machen können und wie Sie nun aus dieser Situation wieder rauskommen könnten.
   „Ich hätte gleich antworten können: ‚Viel Spaß euch beiden und melde dich doch, wenn es bei dir wieder passt, denn ich würde gerne Zeit mit dir verbringen!', ‚Das verstehe ich, ich freue mich, wenn wir dann demnächst mal wieder etwas gemeinsam unternehmen. Meldest du dich?' oder ‚Alles klar, das ist ja schön. Kann ich mich euch bei einer Unternehmung vielleicht anschließen?'. Ich nehme mir vor, sie zu bitten, mich anzurufen, sobald es bei ihr wieder passt, oder mir zu schreiben, wann ich sie anrufen darf. Dann sage ich: ‚Hallo, schön dich zu hören. Du, ich wollte dir noch mal sagen, dass ich nicht so glücklich damit bin, wie es gelaufen ist und dass mir meine Reaktion letztens leidtut. Ich hatte mich sehr auf die Zeit mit dir gefreut und konnte die Enttäuschung nicht gut kanalisieren. Ich hoffe, du nimmst meine Entschuldigung an und wir machen demnächst mal wieder etwas zusammen.'"

9. **Zusammenfassung** – Nun fassen Sie bitte die neuen Aspekte zusammen: Was finden Sie daran gut, was ist ganz neu und was sollte vielleicht weiter angepasst werden?
   „Ich finde meinen Plan gut. Richtig neu ist das für mich nicht, das kenne ich von mir schon. Aber: Ich hätte gegenüber meiner Freundin gleich klarer sagen können, dass ich enttäuscht bin, und gleich nach einem anderen Datum für ein Treffen fragen können."
10. **Generalisierung** – In diesem letzten Schritt versuchen Sie bitte, das Entwickelte auf andere Situationen zu übertragen.
   „Wenn ich keine Zusage erhalte, dann sollte ich immer gleich nach einem anderen Termin oder einer anderen gemeinsamen Aktivität fragen. Ich könnte ehrlich zugeben, dass ich enttäuscht bin, und konkret sagen, dass mir die Person wichtig ist und dass ich gerne etwas gemeinsam unternehmen möchte."

Solche Situationsanalysen können allein oder auch mit anderen Personen zusammen gemacht werden. Wenn ein Coach oder Psychotherapeut Sie begleitet, können Sie diese Analyse auch mit diesem erarbeiten bzw. besprechen. Über die Zeit hinweg sollten Sie lernen, die Situationsanalyse allein zu nutzen, denn dann können Sie sie am besten in verschiedenen Lebensbereichen und schwierigen Situationen einsetzen.

13. | Was tun, wenn das alles nicht hilft?

Wenn das Gefühl der Einsamkeit mal zu- und wieder abnimmt sowie Energie freisetzt, um etwas aktiv zu verändern, dann hat es einen Sinn: Einsamkeit kann ein Warnsignal sein und als Motivation wirken. Wir haben bislang darauf geschaut, wie Menschen sich selbst aus der Einsamkeit heraushelfen können. Als übergeordnetes Ziel wird die Resonanz mit sich und anderen Menschen angestrebt: Dazu gehören „gesunde" Erwartungen, Zugang zu den eigenen Ressourcen, Arbeit am eigenen Selbstwert und der Selbstwirksamkeit, eine positive(re) Sicht auf das Alleinsein und nicht zuletzt Wege der Kommunikation über Einsamkeit für einen offenen Austausch und erfüllende Interaktionen.

Wenn Sie aber das Gefühl haben, Sie kommen allein nicht aus Ihrer Einsamkeit heraus – sei es, weil Ihnen die Energie fehlt, die vorgeschlagenen Übungen einmal auszuprobieren, sei es, weil der erhoffte Erfolg trotz Geduld und langem Atem ausbleibt –, dann suchen Sie sich Unterstützung! Gerade Menschen mit Beeinträchtigungen oder chronischen Krankheiten können große Schwierigkeiten haben, Teilhabe am gesellschaftlichen Leben zu erreichen. Es ist in Ordnung, mehr Unterstützung zu benötigen.

Unterstützung kann auf unterschiedliche Weise geschehen, auch in Form eines Ehrenamtes (wer anderen hilft, hilft sich selbst) oder einer Selbsthilfegruppe. Wichtig ist nicht, dass die Unterstützungsmaßnahmen speziell auf die Reduzierung von Einsamkeit abzielen. Auch allgemeine Angebote wie (betriebliche) Gesundheitsförderung, Disease Management Programme (DMP, Behandlungsprogramme für Menschen mit chronischen Erkrankungen) oder Weiterbildungs- und Rehabilitationsmaßnahmen machen durchaus Sinn. Dabei stehen sogenannte verhältnisbezogene Interventionen (z. B. auf die Arbeitsumgebung und Arbeitssicherheit bezogen) den verhaltens- und personenbezogenen Maßnahmen gegenüber. Zu Letzteren zählen beispielsweise Motivationsförderung zur Verhaltensänderung und Verhaltenstrainings. Von besonderer Bedeutung sind aber immer die individuellen Verhaltensweisen inklusive den eigenen Denkmustern und Empfindungen. Warten Sie nicht darauf, bis andere etwas für Sie verbessern, sondern tun Sie selbst den ersten Schritt. Starten Sie bei und mit sich selbst.

Initiativen gegen die Einsamkeit

Es gibt zahlreiche gute Initiativen, die Menschen aus der Einsamkeit helfen. Beispiele sind Mehrgenerationenhäuser, Sportvereine, Begegnungsstätten und entsprechende politische Maßnahmen. Einsamkeit lässt sich vorbeugen und überwinden, indem wir so früh wie möglich gute Kommunikation, soziale Kompetenzen und Bindungen fördern, Freundschaften pflegen, offen bleiben für neue Erfahrungen und indem wir offen und zugewandt auf andere zugehen. Dies kann sehr gut über Selbsthilfegruppen oder Angebote von öffentlichen, kirchlichen oder auch privaten Trägern geschehen.

Wichtig ist, dass eine Gemeinsamkeit geschaffen wird, damit sich Menschen einander oder einer Aufgabe verbunden fühlen. Digitale Medien können insbesondere älteren Menschen helfen, in Kontakt zu bleiben, aber auch analoge Treffen sollten nicht vernachlässigt werden. Wenn eine Begegnung stattfindet, dann kommt es darauf an, „ganz" in der Situation zu sein, das Smartphone auszuschalten und erst *später* wieder mit allen anderen Freunden und Mitmenschen in Kontakt zu treten. Denn Einsamkeit hat viel mit Kommunikation und Interaktion zu tun, also damit, wie wir mit anderen reden und von anderen angesprochen beziehungsweise verstanden werden.

Wenn diese Maßnahmen nicht ausreichend sind, können Sie auf professionelle Angebote zurückgreifen. Oft liegt der Fokus auf der Aufrechterhaltung noch bestehender Netzwerke, dem Aufbau neuer Kontakte, der Verbesserung von kommunikativen und sozialen Fähigkeiten und dem Vermitteln der Zuversicht, Kontakte knüpfen und aufrechterhalten zu können. Auch international werden viele Maßnahmen entwickelt und getestet. Es gibt vielfältige Angebote, die von Nachbarschaftshilfen und Familieninterventionen bis hin zu sozialen Kompetenztrainings und Psychotherapie reichen.

Wir möchten Sie also darin bestärken, die Angebote des Gesundheitssystems für sich zu nutzen. Entsprechende Konzepte können als echtes Beziehungsangebot verstanden werden und somit eine Möglichkeit bieten, die emotionalen Herausforderungen in einem empathischen und professionellen Kontakt zu thematisieren. Durch dieses Angebot können Ressourcen mobilisiert werden, um sich mit dem eigenen Genesungsprozess zu befassen. In solchen Beziehungen entwickeln sich (neue) Hoffnung und der Mut, sich mit eigenen Befürchtungen und Problemen zu beschäftigen. Beziehung kann ein Raum sein, in dem Kraft geschöpft wird, um neue Herausforderungen anzugehen und in dem Handlungsalternativen reflektiert werden können.

Vertrauenspersonen finden

Wenn Sie sich nicht sicher sind, wer als Vertrauensperson infrage käme, lassen Sie sich auch von Ihrer Intuition leiten. „Passende" Unterstützende bieten eine Beziehung an, in der heilende Erfahrungen möglich sind, indem sie …

- Ihnen empathisch begegnen: „Ich sehe dich mit deinem Leid und ich schaue es mir gemeinsam mit dir an. Ich bin auch bei schwierigen Entscheidungen an deiner Seite."
- Sie auf Augenhöhe ansprechen: „Ich weiß nicht besser als du, was das Richtige für dich ist, aber ich kann dir helfen, dass du das selbst für dich herausfindest."
- Sie in Ihrer Ressourcenfindung bestärken: „Wie hast du in der Vergangenheit eine ähnliche Herausforderung bewerkstelligt?", „Was war damals hilfreich?", „Wo klappt es denn schon ganz gut?", „Wer könnte noch helfen?".
- Ihnen gegenüber authentisch sind: „Ich nehme dich ernst und teile dir meine Gedanken mit, auch wenn du sie vielleicht erst mal nicht hören magst."
- Ihnen Zuversicht auf eine bessere Situation (wie auch immer diese aussehen mag) vermitteln.

Vertrauen Sie dem Prozess – Ihr Werkzeugkoffer ist jetzt gut bestückt! Von ganzem Herzen wünschen wir Ihnen viel Erfolg!

Epilog

Und was ist mit uns?

Da schreiben wir ein Buch zum Thema Einsamkeit, analysieren Studien, sammeln Fallbeispiele und entwickeln für Sie, unsere Leser und Leserinnen, die ganz individuellen Gesichter der Einsamkeit. Wir diskutieren die Kapitel mit der Lektorin und den Menschen aus unserem Umfeld – und erst ganz am Ende, als alles steht, da stellt uns jemand die Frage: Und was ist eigentlich mit euch? Wie geht es euch selbst mit Blick auf das Thema Einsamkeit?

Also werden wir selbst am Ende dieses Ratgebers noch einmal „persönlich" und reflektieren unser eigenes Einsamkeitsempfinden.

Wann fühlt ein Verbindungsprofi Einsamkeit? – Christiane Smidt und die Einsamkeit

Mein Alltag, beruflich und privat, ist geprägt von der Begegnung und dem Austausch mit Menschen. Da sind die Kunden und Auftraggeber, die Familie, die Freunde, die Chöre, die Ehrenämter, die morgendliche Hundegruppe – überall Menschen und ihre Geschichten, Erlebnisse und Gefühle – Kommunikation ohne Pause. Persönliche Begegnungen, Telefonate, Videomeetings, Mails, Kurznachrichten, Social Media … eine täglich neu beginnende und nie abebbende Flut von Informationen, Botschaften, Signalen.

Aber es sind nicht immer nur heitere Informationen und Geschichten. Mein Beruf bringt es mit sich, dass sich die Menschen in schwierigen Situationen an mich wenden, wenn Unterstützung benötigt wird, wenn gestritten wird, wenn Verluste zu verarbeiten sind, wenn sich kein Weg zeigt. Meinen Kunden gegenüber bin ich zum Schweigen verpflichtet und es ist niemand um mich herum in meinen Coachingräumen, mit dem ich im Anschluss an die Sitzungen, in anonymisierter Form natürlich, in den Austausch gehen könnte. Und hier beginnt die Einsamkeit des Verbindungsprofis. Ich arbeite in einem Team von ebenfalls selbstständigen Coaches und Beraterinnen, wir arbeiten an unterschiedlichen Standorten, und obwohl so viele Menschen um mich herum sind, schleicht sich immer wieder mal das Gefühl der beruflichen Einsamkeit an. Einsamkeit, weil die Verbindungen im Arbeitsalltag nicht die Qualität haben, die ich brauche. Ich nehme also eine Diskrepanz zwischen tatsächlichen und benötigten Verbindungen wahr.

In meinem ersten beruflichen Leben war ich auch selbstständig, aber in ein festes Team eingebunden, welches tagtäglich für viele Stunden gemeinsam arbeitete. Da war auch persönlicher Kontakt, es war ein kurzer Weg zum Arbeitsplatz der Kollegen, wir trafen uns an der Kaffeemaschine, in der Küche zur Pause, und oft sind wir noch nach der offiziellen Arbeitszeit in kleiner Runde beisammen geblieben für eine kurze Tagesreflexion oder einfach nur, um entspannt noch ein paar Worte zu wechseln.

Das fehlt mir in der Selbstständigkeit, wie ich sie heute lebe.

Damit bin ich das Paradebeispiel der Menschen, die Einsamkeit inmitten anderer, sogar vertrauter, Menschen empfinden.

Hört sich das für Sie konstruiert an? Ist es aber nicht. Dieses Einsamkeitsgefühl, so klein es auch ist, wird sogar aus mehreren Richtungen genährt.

- Da ist zum einen der Moment, in dem ich Austausch benötige, aber trotz vieler Menschen um mich herum niemand da ist, mit dem ich mich austauschen könnte.
- Dann sehe ich vor meinem inneren Auge andere Kollegen, die z. B. in einem Tandem oder größeren Team arbeiten, und frage mich, ob ich überhaupt noch (zu den anderen) dazu gehöre.
- In der fortgeschrittenen Variante dieses Zweifels denke ich dann, dass nur ich dieses Gefühl so habe, weil ich nicht so souverän und selbstsicher wie die anderen bin, wahrscheinlich, weil ich einfach nicht so gut wie sie bin.

Entscheidend für die Auflösung dieser emotionalen Abwärtsbewegung ist dann, wie ich diesem Gefühl begegne.

Ich gönne mir einen Moment der Achtsamkeit, ich fühle und höre in mich, auf der Suche nach dem Bedürfnis, welches sich da gerade als unerfüllt meldet. Als erstes nehme ich somit das Gefühl an, lenke mich nicht ab und suche den Weg heraus aus dem Schmerz.

Vielleicht nehme ich Kontakt auf zu einer Kollegin und frage sie nach einem Zeitfenster für einen gemeinsamen Kaffee – in unserem Fall auch gerne virtuell. Wir besprechen dann nicht nur den Fall, der mich bewegt, und meine inhaltlichen und methodischen Überlegungen dazu, sondern auch meine (Selbst-)Zweifel. Transparenz und Kommunikation sind der Schlüssel.

Wenn niemand da ist, der Zeit für einen solchen Austausch hat, gehe ich mit meinem „inneren Team" in den Dialog. Ich befrage meine Anteile zu ihrer Meinung in der Angelegenheit und mache mich selbst auf die kleinen und großen Erfolge aufmerksam, die ich mit meiner Arbeit hatte und habe. Meinen inneren Anteilen habe ich Namen gegeben und wir sind im Laufe der Jahre zu einem guten Team zusammengewachsen.

Es gibt auch in der Partnerschaft, im Kreis der Familie und der Freunde immer mal kleine Momente der Einsamkeit, wenn ich mich von irgendwelchen Situationen ausgeschlossen fühle. Immer wieder lade ich mich dann selbst dazu ein, mit einer anderen Brille auf die Situation zu blicken, anders zu bewerten und das Spektrum dessen, was ich wahrnehmen kann, zu erweitern.

Einsamkeit taucht nicht nur mit unterschiedlichen Gesichtern auf, sondern auch in unterschiedlicher Intensität. Die kleinen Episoden, die sich schnell wieder auflösen, gehören m. E. in jedem Fall zum Leben dazu, sie tragen dazu bei, die vorhandenen Verbindungen wieder stärker wahrzunehmen und wertzuschätzen. Erst die Zunahme der Intensität und die Chronifizierung erfordern intensive Auflösungsmaßnahmen und ggf. auch professionelle Unterstützung dabei, damit es nicht zu großem Leid und in der Folge zu Krankheiten kommt.

Ich hoffe, dass unser Buch Ihnen hierbei eine echte Unterstützung sein wird.

Die Einsamkeitsexpertin auf der ständigen Suche nach dem Wir – Sonia Lippke und die Einsamkeit

Als Wissenschaftlerin versuche ich, nicht mich selbst in den Mittelpunkt zu stellen, sondern allgemeine Erkenntnisse herauszuarbeiten und zu kommunizieren. Mein Ziel ist es, vorherrschende Phänomene und Zusammenhänge zu beschreiben: Wie geht es Menschen und was erklärt Unterschiede? Wie kann ich vielen Menschen helfen und nicht nur Einzelnen? Was kann mehr bewirken als das Drehen an einer einzelnen Schraube oder die Diskussion eines individuellen Problems? Diese Fragen versuche ich in meiner täglichen Arbeit zu beantworten – allein und im Team. Ich kann gut allein sein und genieße das Alleinsein oft sehr. Aber auch die Arbeit im Team macht mir viel Spaß und ich weiß, dass ich in der Gruppe zu Leistungen fähig bin, zu denen ich mich allein nicht motivieren könnte. Allein stelle ich mir die Frage: „Lohnt sich das überhaupt?“ Im Team stellt sich diese Frage nicht und ich bleibe mit den anderen einfach bei der Sache, auch wenn es mal schwierig ist oder die Probleme unlösbar scheinen. Wenn mich der Mut verlässt, dann denke ich an Forschungsergebnisse, die zeigen, dass Teams, die aus sehr unterschiedlichen Individuen bestehen, zu viel kreativeren Lösungen in der Lage sind als homogene Teams oder Einzelpersonen. Solche Erkenntnisse motivieren mich oder geben mir die Zuversicht, dass wir das auch schaffen können und dass ich als Teil dieses Teams einen Mehrwert schaffen kann. Ein gutes Beispiel ist das aktuelle Buch, das Sie in den Händen halten.

Statistiken begeistern mich: Zahlen, die allgemeine Tendenzen darstellen und ein Bild von der Mehrheit der Menschen in unserem Land, auf unserem Kontinent, auf unserem Planeten zeichnen. Gleichzeitig liebe ich – wie viele Menschen – Geschichten. Geschichten von anderen Menschen, von Menschen, die besonders sind oder sich durch eine Eigenheit auszeichnen. Geschichten wie die unserer Protagonisten und Protagonistinnen, die nicht gänzlich erfunden sind, sondern in Anlehnung an die echten Lebensgeschichten der Kundinnen und Kunden aus unserem Praxisalltag erzählt wurden. Mich begeistern Persönlichkeiten wie Therese von Bayern (die unter dem Pseudonym „Gräfin Therese Elpen" aufregende Forschungsreisen unternahm), Berta von Suttner (als Mutter des Friedensnobelpreises) und Marie Curie, die als Pionierinnen Neuland eroberten und anderen Menschen – vor allem Frauen – zeigen konnten, wie wichtig Mut und Selbstvertrauen sind, insbesondere wenn sich Schwierigkeiten auftun und wenn es gilt, auch Einsamkeit, Absagen und Ausgrenzung zu überwinden. Ich bewundere Menschen wie Mahatma Gandhi, Nelson Mandela und Michelle Obama, die immer wieder mit Diskriminierung und Ablehnung zu kämpfen hatten, aber auch in der Lage waren, viele Menschen mitzunehmen und gemeinsam viel zu bewegen.

Der Glaube an sich selbst, Vorbilder, aber auch tragende Beziehungen zu anderen Menschen sind zentral, um neue Wege zu gehen, Ausgrenzung auszuhalten und auf „Durststrecken" nicht die Kraft zu verlieren. Auch wenn die Schwierigkeiten und Durststrecken heute anders aussehen als früher, erlebe ich immer wieder, dass Menschen an die Grenzen ihrer Möglichkeiten kommen. Einsamkeit kann eine solche Grenzerfahrung sein, das habe ich selbst immer wieder erlebt, beispielsweise bei meiner Habilitation. Dabei habe ich zum ersten Mal festgestellt, dass das Thema Einsamkeit und Verbundenheit keineswegs neu ist, sondern mit vielem zusammenhängt, mit dem ich mich persönlich und beruflich schon vorher intensiv beschäftigt hatte. Seitdem lässt mich das Thema nicht mehr los.

Manchmal erlebe ich selbst Einsamkeit, auch in der Zusammenarbeit mit anderen: Ich habe gelegentlich das Gefühl, dass in der Wissenschaft nur an der Oberfläche gekratzt wird, aber keine wirkliche Verbindung und kein echter Austausch stattfindet. Wenn wissenschaftliche Erkenntnisse nicht in die Praxis umgesetzt werden, bin ich unzufrieden und fühle mich manchmal einsam. Ich will mehr, aber ich weiß nicht so recht, wie. Freundschaften und Arbeitsbeziehungen wie die mit Christiane Smidt geben mir dann Impulse und Rückhalt. Dafür bin ich sehr dankbar.

Immer wieder stolpere ich in Texten über das Pronomen „ich" und frage mich dann, wo das „wir" ist. Wie ist das Ich gemeint – ausschließlich oder wie ein Wir? Dazu ein kleiner Exkurs: Ich bin sehr gerne im asiatischen Raum unterwegs und da definieren sich die Einzelnen viel mehr durch ihre nahen Mitmenschen, insbesondere ihre Familie, Freunde und andere Bezugspersonen. Für mich ist das auch wichtig: Neben meinen privaten „Rollen" (z. B. Mutter) möchte ich auch eine geschätzte Freundin und Kollegin sein, die mit ihren Besonderheiten nicht nur „individuell", sondern vor allem auch spannend ist, zum Beispiel durch meinen interkulturellen Kontext: Ich bin in Mexiko geboren, in Spanien und Deutschland aufgewachsen und habe später in den USA, Kanada und den Niederlanden gelebt. Ich reise gerne durch unterschiedliche Kulturen. Dazu und zu vielen weiteren Themen hätte ich gerne mehr in unserem Buch geschrieben, denn es gibt noch so viele weitere wichtige Aspekte, die mit Einsamkeit und Resonanz direkt und indirekt zusammenhängen. Ausgrenzung, Stigmatisierung, Diskriminierung und Tendenzen wie Cancel-Culture machen mich traurig. Einsam fühle ich mich vor allem dann, wenn ich das Gefühl habe, in bestimmten Kreisen nicht (mehr) dabei zu sein oder nicht wahrgenommen zu werden. Mit den Werkzeugen, die wir in unserem Buch beschrieben haben, habe ich gute Erfahrungen gemacht.

Ich wünsche mir, dass Sie unser Buch und alles, was Sie sich damit entwickelt haben, als Bereicherung empfinden und, wenn Sie etwas vermissen, dass Sie sich konstruktiv mit uns in Verbindung setzen. Wenn Sie sich nicht „abgeholt" fühlen und mit Ihrer Einsamkeit immer noch allein sind, dann probieren Sie die Werkzeuge noch einmal aus – Sie schaffen das! Ich hoffe, wir konnten Ihnen einige Anregungen geben und Mut machen, Neues auszuprobieren. Denn das ist es, was das Leben so spannend macht. Unser Buch und die Inhalte, die Sie sich hoffentlich selbst erarbeitet haben, mögen Ihnen dabei helfen.

Übrigens: Ich gehöre zu den Professorinnen und Professoren, die für *ZEIT Campus ONLINE* Quizze aus ihren jeweiligen Fachbereichen erstellen, damit die Lesenden gegen sie antreten können. Seit 2017 gibt es auch ein Quiz zum Thema Einsamkeit. Vielleicht wollen Sie ja mal gegen mich antreten? Sie finden das Quiz unter: ↗ https://www.zeit.de/campus/2017-05/beat-the-prof-einsamkeit

Weiterführende Ressourcen und Links

Nun haben Sie Mitglieder aus der Einsamkeitsfamilie kennengelernt und viele weitere Impulse und Orientierungsinformationen erhalten. Was nehmen Sie mit für Ihren Umgang mit sich und anderen? Was haben Sie Ihrem „Werkzeugkoffer" neu hinzugefügt? Was war vorher schon drin, was konnten Sie neu für sich entdecken?

Wir geben Ihnen im Folgenden noch ein paar Netzwerkressourcen an die Hand – Links, Foren, Adressen und Ideen für weitere Angebote:

Allgemein

- Das **Kompetenznetz Einsamkeit (KNE)** setzt sich mit den Ursachen und Folgen von Einsamkeit auseinander und fördert den Austausch über förderliche Faktoren in der Prävention. Zudem finden Sie hier verschiedene Angebote gegen Einsamkeit in ganz Deutschland: ↗ https://kompetenznetz-einsamkeit.de
- Die **Telefonseelsorge** ist eine vorwiegend ehrenamtlich betriebene Hilfseinrichtung zur telefonischen Beratung: ↗ https://www.telefonseelsorge.de/ und Tel. 0800/1110111 oder 0800/1110222
- Bei **nebenan.de** vernetzen sich Menschen aus der Nähe: Nachbarn und andere Menschen in der Umgebung kennenlernen, treffen, in Austausch kommen und sich gegenseitig unterstützen unter: ↗ https://nebenan.de/
- Internetseite der **Deutschen Gesellschaft für Psychologie (DGPs) e. V.** mit vielen Beiträgen, die sich mit der Ausnahmesituation „Corona" beschäftigen, aber auch hilfreich sind für andere Krisen, in die Menschen geraten können: ↗ https://psychologische-coronahilfe.de/
- **Initiative GemEinsamkeit**: ↗ https://initiative-gemeinsamkeit.de/
- **Gemeinsam gegen einsam** – die Kampagne des Sozialverbands Deutschland: ↗ https://www.sovd-gemeinsam.de/
- Mit Sport und **verein(t) gegen Einsamkeit**: ↗ https://gesundheit.dosb.de/angebote/vereint-gegen-einsamkeit

Einsamkeit unter Kindern und Jugendlichen

- Unterstützung für Kinder und Jugendliche. Immer auf der Suche nach **ehrenamtlichen Unterstützenden** … ↗ https://www.kidkit.de/
- Die Nummer bzw. Website gegen Kummer hilft bei Fragen, Sorgen und Problemen – Kindern, Jugendlichen und deren Eltern: ↗ https://www.nummergegenkummer.de/.

- Ein **Werkzeugkasten gegen Einsamkeit und für demokratische Werte** für außerschulische Jugendarbeit und fachübergreifende Projekte in Schulen: ↗ https://www.progressives-zentrum.org/publication/methodenkoffer-gegen-einsamkeit/

Einsamkeit älterer Menschen

- Die **Freunde alter Menschen e. V.** vermittelt Besuchspartnerschaften zwischen Jung und Alt (aktuell für die Städte Berlin, Hamburg, Köln, Frankfurt a. M. und München): ↗ https://www.famev.de/
- Der gemeinnützige Verein **Wege aus der Einsamkeit e. V.** hat das Ziel, die Lebensumstände älterer Menschen in der Gesellschaft zu verbessern. Vernetzungsmöglichkeiten bestehen online und analog: ↗ https://www.wegeausdereinsamkeit.de/
- **Miteinander – Füreinander.** Kontakt und Gemeinschaft im Alter: ↗ https://www.malteser.de/miteinander-fuereinander.html
- **Silbernetz** bahnt einsamen Menschen ab 60 Jahren Wege aus der Isolation. (Telefonische) Unterstützung in Deutschland gibt es unter ↗ https://silbernetz.org/
- ***malreden*** gibt älteren Menschen die Möglichkeit, sich mit einem einfühlsamen Gegenüber auszutauschen und Alltag, Sorgen und Freuden zu teilen (für die Schweiz): ↗ https://malreden.ch/

Achtsamkeit und Selbstmitgefühl

- **Achtsamkeit mit Herz** steht für eine Gruppe von Frauen, die verschiedenste Ausbildungen und Erfahrungen, unter anderem mit Meditation, Körperarbeit, buddhistischer Psychologie und Achtsamkeit, mitbringen und verbinden: ↗ https://achtsamkeit-mit-herz.de/
- Der **MBSR-MBCT Verband** ist ein Zusammenschluss von Achtsamkeitslehrenden: ↗ https://www.mbsr-verband.de/
- **MindfulnessSwiss** wirkt als Berufsverband für professionell praktizierende Lehrerinnen und Lehrer für MBSR und vermittelt qualifizierte Achtsamkeitslehrende für verschiedene Lebens- und Gesellschaftsbereiche: ↗ https://www.mindfulness.swiss/
- Informationen über **Achtsamkeit** z. B. über: ↗ https://heilpraxis-schreier.de/achtsamkeit/meditationen/
- Ein **Trainingsprogramm** mit vielen weiteren Übungen: ↗ http://www.compassion-training.org (inkl. kostenloses E-Book *Mitgefühl: In Alltag und Forschung* von Tania Singer und Matthias Bolz)

Filme zum Thema Einsamkeit und innerer Schweinehund

- *Wege aus der Einsamkeit* – ein Film von Angelika Wörthmüller (58:59 Min.). Verfügbar bis 24.02.2026 unter ↗ https://www1.wdr.de/mediathek/video-wege-aus-der-einsamkeit-100.html
- *Wie wir den inneren Schweinehund bändigen* bei „MDR um 4" vom 22.01.2024 (44:30 min). Einzusehen in der ARD-Mediathek bis zum 21.01.2025.

Leiten Sie Links, die Sie hilfreich finden, auch gerne an andere Menschen. Vernetzen Sie sich, denn jetzt ist die Zeit dafür. Machen Sie Ihren eigenen Plan, wie Sie nun weitermachen möchten – mit Freude und Zuversicht, mit Ideen und Menschen, die Sie mitnehmen können auf die weitere Reise.

Quellenverzeichnis

1. Lippke, S., Keller, F., Derksen, Chr., Kötting, L., Ratz, T. & Fleig, L. (2022): Einsam(er) seit der Coronapandemie: Wer ist besonders betroffen? – psychologische Befunde aus Deutschland. *Prävention und Gesundheitsförderung* 17, 84–95. Einzusehen unter: ↗ https://link.springer.com/article/10.1007/s11553-021-00837-w (letzter Aufruf am 22.06.2024).
2. Lippke, S. (2024): Convenience Sample.
3. Dorsch – Lexikon der Psychologie: Stichwort „Resonanz". Einzusehen unter: ↗ https://dorsch.hogrefe.com/stichwort/resonanz (letzter Zugriff am 22.06.2024).
4. Mikulincer, M., Shaver, P. R. & Gal, I. (2021): An attachment perspective on solitude and lonelinness. In: Coplan, R. J., Bowker, J. C. & Nelson, L. J., *The Handbook of Solitude*. Wiley.
5. Als Beispiel: F. A. Z. Podcast für Deutschland: Die andere Epidemie: Warum immer mehr Menschen einsam sind. Einzusehen unter ↗ https://www.faz.net/podcasts/f-a-z-podcast-fuer-deutschland/die-andere-epidemie-warum-immer-mehr-menschen-einsam-sind-18916494.html (letzter Zugriff am 22.06.2024).
6. Vgl. Anm. 1.
7. Buecker, S., Mund, M., Chwastek, S., Sostmann, M. & Luhmann, M. (2021): Is loneliness in emerging adults increasing over time? A preregistered cross-temporal meta-analysis and systematic review. *Psychological Bulletin* 147, 787–805.
8. Bailie, J., Bishop, G. M., Badland, H., Emerson, E., Aitken, Z., Stancliffe, R. & Llewellyn, G. (2023): Health and wellbeing outcomes associated with loneliness for people with disability: a scoping review. *BMC public health,* 23(1), 2361.
9. European Commission (2021): Loneliness in the EU. Einzusehen unter: ↗ https://op.europa.eu/en/publication-detail/-/publication/67ee8c53-edcc-11eb-a71c-01aa75ed71a1/language-en%202021 (letzter Aufruf am 04.04.2024).
10. Pikhartova, J., Bowling, A. & Victor, C. (2016): Is loneliness in later life a self-fulfilling prophecy? *Aging Mental Health* 20, 543–549.
11. Blanchflower, D. G. & Graham, C. L. (2021): The u shape of happiness: a response. *Perspectives on Psychological Science* 16, 1435–1446.
12. Mund, M., Freuding, M. M., Möbius, K., Horn, N. & Neyer, F. J. (2020): The stability and change of loneliness across the life span: a meta-analysis of longitudinal studies. *Personality and Social Psychological Review* 24, 24–52.
13. Luhmann, M. & Hawkley, L. C. (2016): Age differences in loneliness from late adolescence to oldest old age. *Developmental Psychology* 52, 943–959.
14. Nier, E. (2018): Die Jungen wollen kulturelle Vielfalt. *Statista*. Einzusehen unter: ↗ https://de.statista.com/infografik/14174/kulturelle-entwicklung-in-deutschland/ (letzter Aufruf am 22.06.2024).
15. Schobin, J., Arriagada, C. & Gibson-Kunze, M. (2024): Einsamkeitsbarometer 2024. Bundesministerium für Familie, Senioren, Frauen und Jugend. Berlin. ↗ https://www.bmfsfj.de/bmfsfj/service/publikationen/einsamkeitsbarometer-2024-237576
16. Statistisches Bundesamt (o. J.): „Haushalte nach Haushaltsgröße und Haushaltsmitgliedern – nach Bundesländern im Jahr 2023". Einzusehen unter ↗ https://www.destatis.de/DE/Themen/Gesellschaft-Umwelt/Bevoelkerung/Haushalte-Familien/Tabellen/1-2-privathaushalte-bundeslaender.html (letzter Zugriff am 22.06.2024).
17. Vgl. Anm. 1.

18. Beutel, M.E., Klein, E. M., Brähler, E., Reiner, I., Jünger, C., Michal, M., Wiltink, J., Wild, P.S., Münzel, T., Lackner, K.J. & Tibubos, A.N. (2017): Loneliness in the general population: prevalence, determinants and relations to mental health. *BMC Psychiatry* 17, 97.
19. Hajek, A., Kretzler, B. & König, H.-H. (2021): Informal caregiving, loneliness and social isolation: a systematic review. *International Journal of Environmental Research and Public Health* 18, 12101.
20. Quirke, E., König, H.-H. & Hajek, A. (2021): Extending understanding of grandchild care on feelings of loneliness and isolation in later life : A literature review. *Zeitschrift für Gerontologie und Geriatrie* 54, 513–516.
21. Maes, M., Qualter, P., Vanhalst, J., Van Den Noortgate, W. & Goossens, L. (2019): Gender differences in loneliness across the lifespan: a meta-analysis. *European Journal of Personality* 33, 642–654.
22. Chawla, K., Kunonga, T. P., Stow, D., Barker, R., Craig, D. & Hanratty, B. (2021): Prevalence of loneliness amongst older people in high-income countries: A systematic review and meta-analysis. *PloS One* Jul 26;16(7):e0255088.
23. Cihlar, V., Reinwarth, A. & Lippke, S. (2022): Einsamkeit im Alter: die geografische und psychosoziale Perspektive. In *Wohnen und Gesundheit im Alter,* Teti, A., Nowossadeck, E., Fuchs, J. & Künemund, H. (Hrsg.), S. 55–76. Springer.
24. Vgl. Anm. 7.
25. Surkalim, D.L., Luo, M., Eres, R., Gebel, K., van Buskirk, J., Bauman, A., Ding, D. (2022): The prevalence of loneliness across 113 countries: systematic review and meta-analysis. *BMJ* Feb 9:376:e067068.
26. Vgl. Anm. 13.
27. Wacker, E., Beck, I., Brandt, M. & Köbsell, S., Lippke, S. & Niehaus, M. (2023): *Gesundheit – Teilhabechancen – Diskriminierungsrisiken: Health in All Policies als Querschnittsaufgabe bei Beeinträchtigungen und Behinderung*. Springer.
28. Lippke, S., Dahmen, A., Gao, L., Guza, E. & Nigg, C.R. (2021): To what extent is internet activity predictive of psychological well-being? *Psychological Research and Behavior Management*. 14, 207–219.
29. Vgl. Anm. 7.
30. Wittler, K. (2013): Einsamkeit Ein literarisches Gefühl im 18. Jahrhundert. *Deutsche Vierteljahrsschrift für Literaturwissenshaft und Geistesgeschichte* 87, 186–216.
31. Bucher, A.A. (2023): Annäherungen an Einsamkeit: Literarisch und definitorisch. In: Einsamkeit – Qual und Segen, 3–19. Springer.
32. Vgl. Anm. 30 u. 31.
33. Cacioppo, J.T. & Cacioppo, S. (2018): Loneliness in the modern age: An Evolutionary Theory of Loneliness (ETL). *Advances in Experimental Social Psychology*, 58 127–197.
34. Spithoven, A.W. M., Cacioppo, S., Goossens, L. & Cacioppo, J.T. (2019): Genetic contributions to loneliness and their relevance to the Evolutionary Theory of Loneliness. *Perspectives on Psychological Science* 14, 376–396.
35. Bains, K.K. & Turnbull, T. (2019): Improving health outcomes and serving wider society: the potential role of understanding and cultivating prosocial purpose within health psychology research and practice to address climate change and social isolation and loneliness. *Frontiers in Psychology* 10, 1787.
36. Radio FM4: Klimaaktivistin Luisa Neubauer im Interview. Einzusehen unter ↗ https://fm4.orf.at/stories/3028853/ (letzter Aufruf am 22.06.2024).
37. Neubauer, R. (2009): Isolierung Einsamkeit – ansteckend wir eine Grippe. Tagesspiegel online. Einzusehen unter: ↗ https://www.tagesspiegel.de/gesellschaft/panorama/einsamkeit-ansteckend-wie-grippe-6785473.html (letzter Aufruf am 22.06.2024).

38. Russell, D.W. (1996). UCLA Loneliness Scale (Version 3): Reliability, validity, and factor structure. *Journal of personality assessment,* 66(1), 20-40. ↗ https://osf.io/kcbu6/download
39. Entringer, T. (2022): *Epidemiologie von Einsamkeit in Deutschland.* Kompetenznetz Einsamkeit, 4/2022. Einzusehen unter: ↗ https://kompetenznetz-einsamkeit.de/wp-content/uploads/2022/07/KNE_Expertise04_220629.pdf (letzter Aufruf am 22.06.2024).
40. Item aus der modifizierten und ins Deutsche übersetzten „Center for Epidemiological Studies-Depression-(CES-D)-Skala", ursprünglich veröffentlicht von Radloff, L.S. (1977): The CES-D scale: A self report depression scale for research in the general population. *Applied Psychological Measurements*, 1, 385-401.
41. Luhmann, M. (2022): *Definition und Formen der Einsamkeit.* Kompetenznetz Einsamkeit, 1/2022, S. 22. Einzusehen unter: ↗ https://kompetenznetz-einsamkeit.de/wp-content/uploads/2022/07/KNE_Expertise01_220629.pdf (letzter Aufruf am 22.06.2024).
42. Fleig, L., Pomp, S., Schwarzer, R. & Lippke, S. (2013):). Promoting exercise maintenance: How interventions with booster sessions improve long-term rehabilitation outcomes. *Rehabilitation Psychology*, 58(4), 323-333.
43. Dorsch – Lexikon der Psychologie: Stichwort „Wohlbefinden". Einzusehen unter ↗ https://dorsch.hogrefe.com/stichwort/wohlbefinden (letzter Aufruf am 22.06.2024).
44. Wang, F., Gao, Y., Han, Z., Yu, Y., Long, Z., Jiang, X., Wu, Y., Pei, B., Cao, Y., Ye, J., Wang, M. & Zhao, Y. (2023). A systematic review and meta-analysis of 90 cohort studies of social isolation, loneliness and mortality. *Nature human behaviour,* 7(8), 1307-1319.
45. Vgl. Anm. 43.
46. Umberson, D. (1987): Family status and health behaviors: social control as a dimension of social integration. *Journal of Health and Social Behavior* 28, 306.
47. Frauengesundheitsportal (2023): Studie: Weniger Sozialkontakte und Gefühl tiefer Einsamkeit in der Depression. Zitiert nach einer Pressemitteilung der Stiftung Deutsche Depressionshilfe und Suizidprävention vom 07.11.2023. Einzusehen unter: ↗ https://www.frauengesundheitsportal.de/themen/psychische-erkrankungen/meldung/studie-weniger-sozialkontakte-und-gefuehl-tiefer-einsamkeit-in-der-depression/ (letzter Aufruf am 22.06.2024).
48. Bühring, P. (2021): Einsamkeit und soziale Isolation: Das Tabu brechen. *Ärzteblatt.* Einzusehen unter: ↗ https://www.aerzteblatt.de/archiv/218157/Einsamkeit-und-soziale-Isolation-Das-Tabu-brechen (letzter Aufruf am 22.06.2024).
49. Henriksen, R.E., Nilsen, R.M. & Strandberg, R.B. (2023): Loneliness increases the risk of type 2 diabetes: a 20 year follow-up – results from the HUNT study. *Diabetologia* 66, 82–92.
50. Maetzel, J., Heimer, A., Braukmann, J., Frankenbach, P., Ludwig, L., & Schmutz, S. (2021): Dritter Teilhabebericht der Bundesregierung über die Lebenslagen von Menschen mit Beeinträchtigungen: Teilhabe – Beeinträchtigung – Behinderung. Bonn: BMAS.
51. Krieger, T. & Seewer, N. (2022): *Einsamkeit.* Hogrefe.
52. Kanbay, M., Tanriover, C., Copur, S., Peltek, I.B., Mutlu, A., Mallamaci, F., & Zoccali, C. (2023). Social isolation and loneliness: Undervalued risk factors for disease states and mortality. *European Journal of Clinical Investigation,* 53(10), e14032. ↗ https://doi.org/10.1111/eci.14032
53. Henriksen, R.E., Nilsen, R.M. & Strandberg, R.B. (2023): Loneliness increases the risk of type 2 diabetes: a 20 year follow-up – results from the HUNT study. *Diabetologia* 66, 82–92.
54. Dorsch – Lexikon der Psychologie: Stichwort „Angststörungen". Einzusehen unter: ↗ https://dorsch.hogrefe.com/stichwort/angststoerungen (letzter Aufruf am 22.06.2024).

55. Busch, M. A., Maske, U. E., Ryl, L., Schlack, R. & Hapke, U. (2013): Prävalenz von depressiver Symptomatik und diagnostizierter Depression bei Erwachsenen in Deutschland. Ergebnisse der Studie zur Gesundheit Erwachsener in Deutschland (DEGS1). *Bundesgesundheitsblatt* 2013. Einzusehen unter: ↗ https://edoc.rki.de/handle/176904/1501 (letzter Aufruf am 22.06.2024).
56. Batallas, D., Rodriguez-Hernandez, V., Hidalgo, V., & Salvador, A. (2024): Loneliness during the post-confinement period: The significance of social living conditions for stress biomarkers and memory. *Behavioural Brain Research,* 459, 114771.
57. Dorsch – Lexikon der Psychologie: Stichwort „Fünf-Faktoren-Modell". Einzusehen unter: ↗ https://dorsch.hogrefe.com/stichwort/fuenf-faktoren-modell (letzter Aufruf am 22.06.2024).
58. Vgl. Anm. 51.
59. Möbius, W. & Försch, C. (2019): *7 Wege aus der Einsamkeit und zu einem neuen Miteinander*. DuMont.
60. Dorsch – Lexikon der Psychologie: Stichwort „Resilienz". Einzusehen unter ↗ https://dorsch.hogrefe.com/stichwort/resilienz (letzter Zugriff am 22.06.2024).
61. Joyce, S., Sand, F., Tighe, J., Laurent, S. J., Bryant, R. A. & Harvey, S. B. (2018): Road to resilience: a systematic review and meta-analysis of resilience training programmes and interventions. *BMJ Open* 8(6). Einzusehen unter: ↗ https://bmjopen.bmj.com/content/8/6/e017858 (letzter Aufruf am 22.06.2024).
62. Gaspar, C. & Hollmann, D. (2015): Bedeutung der Arbeit. Ein Kooperationsprojekt von GfK Verein und Bertelsmann Stiftung. Einzusehen unter: ↗ https://www.bertelsmann-stiftung.de/fileadmin/files/user_upload/Bedeutung_der_Arbeit_final_151002_korr.pdf (letzter Aufruf am 22.06.2024).
63. Morrish, N. & Medina-Lara, A. (2021): Does unemployment lead to greater levels of loneliness? A systematic review. *Social Science and Medicine* 287, 114339.
64. Farias, J. P. & de Sá Ferreira, A. (2024): Evidence map on burnout syndrome in higher education teachers and its relationship with ergonomic and biopsychosocial factors: a scoping review. *International Journal of Occupational Safety and Ergonomics*, 20:1–8.
65. Vgl. z. B. Stubbs, J. M. & Achat, H. M. (2022): Pandemic loneliness in healthcare workers. Does it predict later psychological distress? *Psychological Reports* Nov 22:332941221139719. Oder: Karcz, E., Zdun-Ryżewska, A. & Zimmermann, A. (2022): Loneliness, complaining and professional burnout of medical personnel of psychiatric wards during COVID-19 pandemic – cross-sectional study. *Healthcare* 10, 145.
66. Lippke, S., Ricken, L., Zschucke, E., Hessel, A., & Schüz, N. (2020): Gesundheit und Lebenszufriedenheit bei Erwerbsminderungsrentnern und -rentnerinnen: Die Bedeutung von finanziellen Ressourcen und Einsamkeit. *Die Rehabilitation*, 59(6), 341–347.
67. Vgl. Anm. 50.
68. Vgl. Prinzing, M., Le Nguyen, K. & Fredrickson, B. L. (2023): Does shared positivity make life more meaningful? Perceived positivity resonance is uniquely associated with perceived meaning in life. *Journal of Personality and Social Psychology* 125, 345–366.
69. Fredrickson, B. L., Cohn, M. A., Coffey, K. A., Pek, J. & Finkel, S. M. (2008): Open hearts build lives: Positive emotions, induced through loving-kindness meditation, build consequential personal resources. *Journal of Personality and Social Psychology* 95, 1045–1062.
70. Magalhães, C. M., Machado, C. F. & Nunes, C. P. (2022): Loneliness in leadership: a study applied to the Portuguese banking sector. *Administrative Sciences*. 12, 130.
71. Higgins, E. (2023): The Loneliness of Leadership. *LinkedIn*. Einzusehen unter: ↗ https://www.linkedin.com/pulse/loneliness-leadership-eoin-higgins-yslac/ (letzter Aufruf am 22.06.2024).

72. Kahler, T. (2008): *Process Therapy Model: Die sechs Persönlichkeiten und ihre Anpassungsformen*. Process Training and Consulting.
73. Schreier, M. (2021): Achtsamkeitsbasierte Verfahren in der qualitativen Gesundheitsforschung. In: Niederberger, M. & Finne, E., *Forschungsmethoden in der Gesundheitsförderung und Prävention*, S. 533–569. Springer.
74. Brach, T. (o. J.): *RAIN: a practice of radical compassion*. Einzusehen unter: ↗ https://www.tarabrach.com/rain/ (letzter Aufruf am 22.06.2024).
75. Deutsches Zentrum für Altersfragen (Hrsg.) (2023): *Bücherlesen in der zweiten Lebenshälfte: Welche Zusammenhänge gibt es mit Aspekten von Lebensqualität und Gesundheit?* Einzusehen unter: ↗ https://www.dza.de/fileadmin/dza/Dokumente/DZA_Aktuell/DZA-Aktuell_04_2023_Buecher_lesen_in_der_zweiten_Lebenshaelfte.pdf (letzter Aufruf am 22.06.2024).
76. Bavishi, A., Slade, M. D. & Levy, B. R. (2016): A chapter a day: Association of book reading with longevity. *Social Science & Medicine*, 164, 44–48.
77. Hartmann, S., Klasen, L., Keller, N. & Huxhold, O. (2023): Bücherlesen in der zweiten Lebenshälfte: Welche Zusammenhänge gibt es mit Aspekten von Lebensqualität und Gesundheit? *dza aktuell: Deutscher Alterssurvey*, Heft 04/2023, herausgegeben vom Deutschen Zentrum für Altersfragen.
78. Masi, C. M., Chen, H.-Y., Hawkley, L. C. & Cacioppo, J. T. (2011): A meta-analysis of interventions to reduce loneliness. *Personality and Social Psychology Review* 15, 219–266. Sowie: Gómez-Zúñiga, B., Pousada, M., & Armayones, M. (2023): Loneliness and disability: A systematic review of loneliness conceptualization and intervention strategies. *Frontiers in Psychology*, 13.
79. Antonucci, T. C., Ajrouch, K. J. & Birditt, K. S. (2014): The convoy model: explaining social relations from a multidisciplinary perspective. *Gerontologist* 54(1): 82–92 Einzusehen unter: ↗ https://www.ncbi.nlm.nih.gov/pmc/articles/PMC3894851/ (letzter Aufruf am 05.04.2024).
80. Vgl. Anm. 51.
81. Pertagnol, L. (o. J.): *56 wirksame Achtsamkeitsübungen: So wirst du achtsamer*. Powerful:me. Einzusehen unter: ↗ https://www.powerful-me.de/achtsamkeit/achtsamkeitsuebungen/ (letzter Aufruf am 22.06.2024).
82. Die Techniker: *MBSR-Achtsamkeitstraining*. Einzusehen unter: ↗ https://www.tk.de/techniker/magazin/life-balance/aktiv-entspannen/body-scan-download-2007110 (letzter Aufruf am 22.06.2024).
83. Van den Brink, E. & Koster, F. (2015): *Mindfulness-based compassionate living*. Routledge.
84. Vgl. Anm. 51.
85. Nach Lippke, S., & Derksen, C. (2023): *Gesundheitskompetenz lehren und lernen: Trainingsprogramm für Sozial- und Gesundheitsberufe*. Hogrefe.
86. Leary, T. (1957): *Interpersonal diagnosis of personality*. Ronald.
87. Dorsch – Lexikon der Psychologie: Stichwort „Zirkumplex". Einzusehen unter: ↗ https://dorsch.hogrefe.com/stichwort/zirkumplex-interpersoneller (letzter Aufruf am 22.06.2024).
88. Vgl. Anm. 51.
89. Vormbrock, F. & Neuser, J. (1983): Konstruktion zweier spezifischer Fragebögen zur Erfassung von Angst in sozialen Situationen (SANB und SVSS). *Diagnostica* 29(2), 165-182.

Notizen

Notizen